sobinfluenciaedições

Meus agradecimentos especiais vão para Emmanuel Biset, Claudio Cavallari, Pierpaolo Cesaroni, Edgardo Castro, Girolamo De Michele, Jorge Dotti, Bruno Karsenti, Sandro Mezzadra, Toni Negri, Michele Nicoletti, Judith Revel, Michel Senellart, Paolo Slongo, Lorenzo Rustighi, Giulia Valpione, Adelino Zanini, Castor Bartolomé Ruiz, Carolina Bruna, Ilaria Bussoni, Rodrigo Castro, Emmanuel Chamorro Sánchez, Mariano Croce, Mario Domenichelli, Veronica Gago, Augusto Jobim do Amaral, Rodrigo Karmy Bolton, Fernanda Martins, Clara Mogno, Sabrina Morán, Fernando Venturi Dicho Monti, Marco Ferrari.

Apresentação

O pior dos riscos para um pensamento é convertê-lo, de um exercício preocupado com a reivindicação de experiências e elaboração de práticas, num dado morto. Retirar a filosofia de Foucault de fixações neutralizantes ou de caricaturas esquemáticas é o que pode inscrever seu trabalho na sua primordial dimensão ético-política. Esta é a abertura fundamental de horizonte contida num livro como este de Sandro Chignola. Se a emergência da vida como nova aposta do poder se deu com a ascensão do liberalismo, nada melhor do que colocar à plena luz a única resistência possível: uma nova biopolítica, uma potência criativa da vida. Daí o lugar da criação de novas subjetividades, sublinhado por Judith Revel, como "afirmação da potência de vida contra o poder sobre a vida".

Nada mais justo que, ao comentar Foucault, Sandro também o fizesse à maneira foucaultiana, através de um trabalho descontínuo. A ideia de um projeto linear não se conformaria a uma explícita tentativa de construir um pensamento que integrasse a ruptura, o salto, a transformação como conceito motor dessa tarefa. É o próprio *status* filosófico — identificado precisamente por Judith Revel ao ler Foucault, como *pensamento do descontínuo* — que inspira, a meu ver, também a inquieta trajetória deste livro. O ímpeto incessante de se redefinir desde uma descontinuidade contínua é o que faz do acontecimento uma das noções fundamentais em Foucault. Pensar sua emergência é problematizar continuamente nossa própria atualidade. A possibilidade de "deixar de ser, fazer e pensar o que somos, fazemos ou pensamos", como lembrava, é o modo como a descontinuidade insta a diferença, requer a diferença irredutível a uma abstração teórica. Sem dúvida, Sandro segue essa pista, fazendo-a funcionar com complexidade articulada. Entre pensar o singular e o comum, simultaneamente, pulsa a força de uma filosofia da diferença enquanto processo de diferenciação sem fim.

Finalmente, podemos ressaltar que esta, agora traduzida para o português, é uma obra rara, não apenas pela erudição, rigor e precisão com que Sandro Chignola conduz o assunto, mas, sobretudo, pela tomada de postura do autor, ao gosto daqueles que valorizam o esforço foucaultiano. Sandro não monumentaliza Foucault. Arriscar fazer dele um "monumento", fazê-lo falar como um "autor", sem incoerências, contradições e desvios, seria traí-lo. Usá-lo e ativá-lo de modos múltiplos é, de fato, também, ao gosto foucaultiano, perceber a filosofia como um lugar de intervenção permanente, que contesta seu próprio estatuto e, assim, permite, em suma, fazer política — "política da filosofia".

Em hora melhor não poderiam aterrissar, no Brasil, os estudos de Sandro sobre Foucault de modo ainda mais ampliado e aprofundado. A pena de um dos maiores conhecedores do autor francês torna possível a inadiável obrigação de liberar Foucault — quando não de questionáveis conduções (neo)liberais — da docilização que, não raro, acomete seus comentadores em praticamente todas as áreas. Contra o adestramento, torção pouco honesta na direção de ideários que jamais passariam pelo engajamento foucaultiano; que, frequentemente, dispõe o autor como preocupado centralmente com o poder — juridificado e meramente repressivo —, e não com a produção de subjetividades, como, rigorosamente, se empenhava; quando não o reduz à disciplina ou, pior ainda, a certa linearidade filosófica que acaba, hoje em dia, com força talvez hegemônica, fazendo com que Foucault seja encampado e reduzido por tanatofilosofias soberanistas e estatalizantes, Sandro lembra, com o eco do professor de todos nós, Toni Negri, que *la vita sfugge senza posa* [a vida passa sem pausa].

***

O livro que vem a público reúne os ensaios publicados em *Foucault oltre Foucault: Una politica della filosofia* (DeriveApprodi, 2014) e em sua segunda edição expandida e revisada, *Foucault oltre Foucault: Una politica della filosofia: Seminari*, pela mesma editora, de 2022. Ainda fruto da primeira edição, alcançou tradução em língua espanhola, *Foucault más allá de Foucault: Una política de la filosofía* (Editorial Cactus, 2018), e, mais tarde, uma edição em língua inglesa, *Foucault's Politics of Philosophy. Power, Law and Subjectivity* (Routledge, 2019).

Se *Foucault além de Foucault: Uma política da filosofia* (Criação Humana, 2020) já guardava contorno especial por ser o primeiro livro publicado do autor no Brasil, esta nova obra, trazida pela sobinfluencia, vem após completados 40 anos do desaparecimento de Michel Foucault. Além disso, há algo de profundamente inédito. O conteúdo resguardado para esta versão é *substancialmente inédito* mesmo em relação ao original italiano. A primeira edição italiana comportava seis ensaios (assim como a inglesa), tendo sido, na tradução espanhola, acrescentado o apêndice "Sobre el Dispositivo: Foucault, Agamben, Deleuze".[1] A primeira edição brasileira optou por trocá-lo por outro apêndice, intitulado "A toupeira e a serpente", que já circulava desde a sua publicação, em 2018, com tradução nossa.[2] Já a segunda edição italiana trouxe a novidade de mais dois ensaios somados aos originais: "Michel Foucault e il neoliberalismo" e "Michel Foucault e le 'Confessioni

[1] Trata-se de conferência dada pela primeira vez na Unisinos em 25 de setembro de 2014. Foi publicada em castelhano: *La actualidad de Michel Foucault*, com edição de R. C. Orellana e A. S. Araya (Madrid, 2016). Há uma versão em português que foi publicada em *Cadernos IHU Ideias*, v. 12, n. 214. Não utilizaremos nenhuma das duas, dando preferência ao texto original em italiano oferecido gentilmente pelo autor.

[2] CHIGNOLA, S. A toupeira e a serpente. *Revista de Direito e Garantias Fundamentais*. Vitória, v. 19, n. 3, p. 239-270, set./dez. 2018. DOI: http://dx.doi.org/10.18759/rdgf.v19i3.1599.

della carne"'.[3] Assim, percebe-se o caráter inovador e atualizado desta edição brasileira.

Augusto Jobim do Amaral
PPGFil e PPGCCRim da PUCRS

[3] CHIGNOLA, S. O olho e a orelha: Michel Foucault e as "Confissões da carne". Tradução Augusto Jobim do Amaral; José Luís Ferraro. *Veritas*. Porto Alegre, v. 68, n. 1, p. 1-13, jan.-dez. 2023. DOI: http://dx.doi.org/10.15448/1984-6746.2023.1.44632.

1. O impossível do soberano: governamentalidade e liberalismo

I.

Comecemos pelo princípio. Há um texto que ocupa, ao que me parece, um lugar fundamental na última fase do percurso da pesquisa foucaultiana. Trata-se do texto que, junto com outros do mesmo período, Foucault dedica a Kant em 1984, com o título *Qu'est-ce que les lumières?*.[4] Com ele, Foucault coloca no centro de seu próprio discurso — e o faz com uma intenção que transcende o texto kantiano, uma questão inquietante e decisiva para a filosofia: a pergunta que ela, nos diz o autor, não soube responder, fazendo-a reverberar durante todo o século XX — a "questão da atualidade". Desde Kant, passando por Nietzsche até Foucault, essa é a pergunta que domina o pensamento.

Segundo Foucault, Kant formula o problema em termos estritamente negativos. "O que é o iluminismo" é uma questão que não se pode responder atrelando-a ao interior de um horizonte histórico

[4] FOUCAULT, M. Qu'est-ce que les Lumières? In: RABINOW, P. (ed.). *The Foucault Reader*. New York: Pantheon Books, 1984, p. 32-50. In: Dits et écrits II, 1976-1988 [=DEII]. Édition établie sous la direction de D. Defert et F. Ewald avec la collaboration de J. Lagrange. Paris: Gallimard, 2001, p. 1.381-1.397. [FOUCAULT, M. O que são as Luzes? In: *Arqueologia das ciências e história dos sistemas de pensamento*: Ditos e Escritos II. Organização e seleção de textos de Manoel Barros da Motta. Tradução de Elisa Monteiro. 3. ed. Rio de Janeiro: Forense Universitária, 2015, p. 273-295].

totalizável desde um ponto de vista exterior (o iluminismo não é nem uma "época", nem um "evento" que se dá, tampouco a "aurora" da realização progressiva da história). Aplicando isso a Kant, é necessário delimitar *diferencialmente* o presente ao qual pertence o próprio pensamento, isolando-o em um plano de forças móveis que caracteriza o processo histórico. Pela primeira vez com Kant — no auge de um percurso em que a *Kritik*, como forma geral e *livre de bord* [livro de bordo] do processo de emancipação da razão, se enrosca sobre si mesma, atribuindo uma qualificação específica ao tempo histórico em que se vive e se pensa (*Aufklärung* [ilustração, esclarecimento]: nome próprio, assinatura que assinala um momento, estriamento que a crítica inscreve no tempo liso da memória) — a filosofia chega a interrogar-se sobre o próprio sentido em relação ao conhecimento, ao processo histórico em geral e à singularidade do tempo em que e para o qual se escreve.[5]

Com Kant, a modernidade se torna *attitude* [atitude]: o desdobramento do pensamento sobre a própria atualidade, como aquilo que é chamado a estabelecer seus limites e suas condições de possibilidade; a dizer o que e quem somos hoje e, ademais, o que significa justamente "hoje": o ponto alto em que começamos a "escavar sob nossos pés" para extrair desse trabalho de escavação um *diagnóstico* capaz de cristalizar as linhas de força que atravessam o presente e que o mantém em tensão, entre passado e futuro, restituindo-o integralmente à sua natureza de acontecimento.[6] A modernidade é uma atitude no sentido de que nela se produz um modo de relação particular e irreduzível com a atualidade; um

[5] DEII, p. 1.386-1.387.

[6] FOUCAULT, M. *Qui êtes-vous, professeur Foucault?* [1967]. In: Dits et écrits I, 1954-1975 [=DEI]. Édition établie sous la direction de D. Defert et F. Ewald avec la collaboration de J. Lagrange. Paris: Gallimard, 2001, p. 629-648, p. 634 [FOUCAULT, M. "Que é o senhor, professor Foucault?" In: *Filosofia, diagnóstico do presente e verdade*: Ditos e Escritos X. Organização, seleção de textos e revisão técnica de Manoel Barros da Motta. Tradução de Abner Chiquieri. Rio de Janeiro: Forense Universitária, 2014, p. 29-49].

ethos, diz Foucault. Esse modo coincide com a decisão que atribui ao pensamento o seu presente como *tarefa*.[7] Esse é o primeiro ponto a ser fixado.

Nas páginas kantianas, enraíza-se uma interrogação — a única em condições de se chamar propriamente filosófica, a juízo de Foucault — que problematiza a relação entre o pensamento e o presente, o modo complexo da historicidade, a constituição do sujeito na dobra de um pertencimento que não concede formas preliminares de exterioridade e que desestabiliza definitivamente a posição que assume o próprio sujeito como fundamento da representação histórica. Ser fiel às luzes não significa, para Foucault, ser fiel a um sistema de doutrinas ou a uma forma de pensamento. Significa, pelo contrário, reativar constantemente a ética da pesquisa e da crítica que se expressa sob os termos de uma "crítica permanente do nosso ser histórico".[8]

Aí está o segundo passo. O *ethos* filosófico que Foucault remete como cifra da modernidade do pensamento em Kant, outorga outro significado ao termo "crítica". Uma "atitude", diz: um estilo ou uma ética. Vale a pena sublinhá-lo para tomar rapidamente posição a respeito daquela parte da literatura que interpreta o último Foucault como um pensador frágil, que havia progressivamente derivado rumo a uma direção impolítica, quando, na verdade, a decisão aqui implicada é a mesma que encontra em Weber ou em Rimbaud. A crítica, portanto, não se entende como expressão de uma recusa ou de uma negação; o termo designa mais propriamente uma atitude-limite, como diz Foucault. O sujeito se constitui na *interexterioridade* que a interrogação sobre a atualidade do pensamento restitui em termos de uma inflexão ou de uma dobra. O *ethos* da modernidade se define na decisão que mantém o pensamento em uma fronteira que separa e une o dentro e o fora: no perímetro definido pelos limites de um *a priori* histórico, que ar-

[7] DEII, p. 1.387.

[8] DEII, p. 1.390.

ticula um jogo particular entre saber e poder, e na reabertura que pode operar-se *mais além* dele, uma vez assumida a completa contingência do presente (configuração específica, simples segmento de tempo no qual se cristaliza uma relação de força, puro tornar-se). Nada, do presente, é necessário. Isso significa que, mesmo no marco constitutivo do sujeito que pensa — e que pensa dentro de uma rede de referências e de significados que o incluem num sistema de saberes e poderes que lhe atribui a um dado presente —, é possível a liberdade e o movimento, desde que se tenha a coragem de assumir a responsabilidade desta posição peculiar.

Aufklärung, portanto, significa, para Foucault, decidir pelo pleno pertencimento ao tempo em que se vive, e assumir o tempo — o presente no qual se pensa, e em que se constitui a própria subjetividade do pensamento — como um devir. *Aufklärung* é, na definição oferecida a Kant pela interpretação foucaultiana, a história da razão e o lugar onde essa mesma razão põe o problema do que ela é, quais os seus limites, qual a sua potência, qual a tarefa que deve ser colocada "agora", quer dizer, no momento preciso em que se escreve e, em escrevendo, toma-se posição a respeito. Para Foucault, o sujeito que pensa pratica essa experiência-limite. E é moderno na medida em que seja capaz de *insistir* sobre este *limiar*: "*il faut être aux frontières*" [é preciso estar entre as fronteiras] é o imperativo que expressa, em termos foucaultianos, o *ethos* da modernidade como atitude.[9]

Eis a terceira questão que, ao meu modo de ver, seria preciso estabelecer para continuar. O *ethos* filosófico da modernidade coincide com a decisão de sustentar essa atitude-limite em relação ao presente. É esta a figura do moderno, irredutível, o copertencimento do presente ao pensamento. A *Kritik* não é, então, simples "rejeição" do presente, nem simplesmente analítica dos limites que o circunscrevem. Foucault insiste sobre esse ponto porque tem uma importância decisiva para o significado global da sua

[9] DEII, p. 1.393.

obra. Crítica não significa ablação do existente a partir de uma imagem de pensamento capaz de nos dizer como o mundo deveria ser, nem, simplesmente, com Kant, uma análise das condições gerais do exercício do juízo nos limites da razão pura. Aqui, crítica significa precisamente — e se trata de uma categoria que Foucault voltará a utilizar exatamente neste sentido — "crítica prática" e "superação possível" dos universais (sejam as teleologias que orientam a representação do processo histórico, sejam os índices que permitem julgá-lo, seja o sistema de referências que o impõe), dos quais se pode rastrear e identificar sua unilateralidade e sua contingência. A *Kritik* pode, portanto, ser reescrita em termos produtivos: assumir a singularidade, a diferença, a liberdade, em lugar do geral, do necessário, do obrigatório; a partir de uma posição que, no Foucault dos meados dos anos 1970, redobra a investigação arqueológica com a genealogia: o presente como efeito de procedimentos seletivos, como produto da particular configuração assumida pelas relações de força, como atualização unilateral das possibilidades que permanecerão virtualmente à disposição para outras combinações, e mais além do puro negativo que faz da crítica uma simples instância de dissolução.

Segundo a perspectiva de Foucault, o processo de constituição do sujeito que pensa, do presente em que ele pensa e do modo de pensamento que este presente habilita são atribuídos a uma dimensão inteiramente temporal, integralmente histórica. O ato de pensamento se dá, modernamente, apenas no trabalho de escavação que o sujeito que pensa assume a responsabilidade de conduzir sob ele, a partir de si mesmo e de seu problema.[10] A *Kritik* torna-se então investigação, procedimento de *événementialisation*

[10] "Meus livros não são tratados de filosofia nem estudos históricos" — escreve Foucault alguns anos antes —, "quando muito, alguns fragmentos filosóficos em ofícios históricos". FOUCAULT, M. Table ronde du 20 mai 1978. In: PERROT, M. *L'impossible prison*: Recherches sur le système pénitentiaire au XIXe siècle. Paris: Seuil, 1980. In: DEII, p. 839-853, p. 840 [FOUCAULT, M. Mesa-redonda em 20 de maio de 1978. In: *Estratégia, poder-saber*: Ditos e Escritos IV. Organização e

[acontecimentalização].[11] Não traça limites da experiência possível, nem examina as estruturas formais da razão; ao invés disso — uma vez reconstruídas as passagens, as rupturas, as resoluções sempre parciais das relações de força em que consiste a história da verdade, aquelas que nos conduziram a ser quem somos e que nos atribuem ao presente em que agimos e pensamos —, dispõe-se a redeterminar o posicionamento em relação ao tempo em que se pensa e se age, obrigando o pensamento a confrontar-se com o que constitutivamente não pode ser nele resolvido e que, em razão disso, permanece irredutivelmente externo em relação a ele: a materialidade dos processos que o produzem como um saber, os conflitos que o envolvem, as matrizes singulares da universalidade.

A *enquête historique* [investigação histórica] é necessária ao pensamento. Para Foucault, assumir essa precondição é tornar intransitável o texto de Kant. Esse é o quarto ponto que creio ser importante sublinhar. Acontecimentalização: mobilização e temporalização daquilo que se apresenta, ao invés de homogêneo, necessário, universal. "Neste sentido", escreve Foucault, "esta crítica não é transcendental e não tem como fim tornar possível uma metafísica: é uma crítica genealógica em sua finalidade e arqueológica em seu método", como acabamos de ver.

> Arqueológica — e não transcendental — na medida em que não pretenderá extrair as estruturas universais de todo conhecimento ou de toda a ação moral possível, senão que buscará tratar os discursos que articulam o que pensamos, dizemos e fazemos, como outros tantos acontecimentos históricos. E esta crítica será genealógica no sentido de que não deduzirá da forma do que somos o que nos resulta impossível fazer ou conhecer, senão que extrairá

---

seleção de textos de Manoel Barros da Motta. Tradução de Vera Lúcia Avellar Ribeiro. 2. ed. Rio de Janeiro: Forense Universitária, 2006, p. 335-351].

[11] DEII, p. 842.

> da contingência que nos fez o que somos a possibilidade de já não ser, fazer ou pensar o que somos, fazemos ou pensamos.[12]

Tudo o que é se mostra, aos olhos do genealogista (Nietzsche: o iluminista radical), como a atualização de uma entre as muitas combinações possíveis que o precedem, que o atravessam e que o excedem; o resultado unilateral de uma seleção que acomoda o múltiplo a uma *forma* que poderia sempre ter sido diversa.

A página kantiana inaugura para Foucault esse trabalho feito no limite do que somos. Instala, sobretudo, a filosofia na história. Por um lado, obrigando-a a se recuperar fora de si, ou seja, nos territórios filosoficamente espúrios da política e dos arquivos em que materialmente depositou sua história, seu processo, os materiais sobre os quais trabalhar; de outro lado, abrindo-a à curiosidade e à vigilância. A filosofia se coloca à prova da realidade (uma expressão que retorna muitas vezes na produção de Foucault dos anos 1980 e que veremos de novo) para encontrar os pontos de abertura nos quais irrompe aquilo que desafia a repetição e para avaliar as instâncias em relação às quais a mudança, a transformação, vem se anunciando. É um estilo *experimental* de pensamento e de ação que Foucault recolhe do *ethos* filosófico kantiano. Por uma parte, refuta os projetos de transformação globais da realidade — porque neles se rescinde a ligação entre pensamento e práxis concreta, que atua como pré-condição para a filosofia. Por outra, rechaça a esclerose temporal que, na sua dimensão antecipadora, produz uma visão cristalizada ou "protegida" tanto do presente quanto do futuro. Experimentar significa abrir-se ao risco; praticar a filosofia como *ontologia crítica*: genealogia do presente e colocação em movimento de seu efeito de verdade. Significa assumir a liberdade que nos é atribuída e pensá-la como eixo para o desenvolvimento da relação entre sujeito pensante e experiência

[12] DEII, p. 1.393.

da subjetividade ("como o nosso trabalho sobre nós mesmos em nossa condição de seres livres", diz Foucault).[13]

A *Kritik*, quinto e último ponto, não pode, portanto, ser considerada como uma propedêutica, como um simples trabalho preliminar; já que representa mais precisamente a forma geral do pensamento. A crítica não representa, para Foucault, a premissa destinada a culminar em um "é isto o que se deve fazer", segundo o esquema que determina na modernidade a relação entre teoria e prática, e que atribui ao intelectual o papel de um supervisor do universal. O que se deve fazer não pode ser enunciado a partir do exterior da atualidade que investe e que constitui o sujeito, destituindo-o de suas pretensões de soberania. A história não tem espectadores, disse Foucault.[14]

O que diz ou faz o filósofo não coincide com o dizer ou o fazer do profeta ou do legislador, os outros ícones clássicos de veridicção. A teoria não antecipa a prática e não tem por objeto fórmulas prescritivas. O trabalho do filósofo, muito mais similar à clínica ou à navegação do presente — retomando algumas figuras que aparecerão muitas vezes no último Foucault —, é o diagnóstico da atualidade; a abertura de laboratórios históricos nos quais se verifica o que somos, aquilo que condiciona o posicionamento do filósofo no movimento inteiro da realidade, o campo de possibilidades que lhe pertence ao pertencer a ele. Crítica do presente significa — e outra coisa não pode significar, sendo a realidade fluida e pensada na imanência do devir — colocar-se à disposição daqueles que mantêm aberta a porta estreita do futuro. A crítica "é um desafio àquilo que é".[15] Por conseguinte, deve ser entendida

[13] DEII, p. 1.394.

[14] FOUCAULT, M. *Le savoir comme crime*: Entretien avec S. Terayama (1976). In: DEII, p. 79-89, p. 80 [FOUCAULT, M. O saber como crime. In: *Arte, epistemologia, filosofia e história da medicina*: Ditos e Escritos VII. Organização e seleção de textos de Manoel Barros da Motta. Tradução de Vera Lúcia Avellar Ribeiro. Rio de Janeiro: Forense Universitária, 2011, p. 62-69].

[15] DEII, p. 851.

como o trabalho de *déblocage* [desbloqueio] que libera o pensamento da obsessão pelo real como totalidade que deve ser restituída,[16] e que atua mais como vínculo entre o presente em que vivemos e pensamos, o passado que o produziu e o futuro que permanece disponível quando o presente é posto em movimento e pode então ser praticado como conjunto de possibilidades e de linhas de força. "Procuro provocar uma interferência entre nossa realidade e o que sabemos de nossa história passada",[17] escreve Foucault. Produzir uma interferência entre o presente e sua história — compreendida como ontologia crítica da atualidade, *franchissement* [franqueamento] possível de seu efeito de verdade, libertação das possibilidades que permanecem disponíveis nele quando a história do presente coincide com o registro diagnóstico do mecanismo de seleção que tem atuado nas formas que veio assumindo como tal — é o trabalho filosófico da modernidade, o *ethos* kantiano da pesquisa sobre cujo rastro se move Foucault.[18]

[16] FOUCAULT, M. La poussière et le nuage. 1980. In: PERROT, M. (ed.). *L'Impossible Prison*: Recherches sur le système Pénitentiaire au XIXe siècle. Paris: Éd. du Seuil, 1980. p. 29-39. In: DEII, p. 829-838, p. 834 [FOUCAULT, M. A poeira e a nuvem. In: *Estratégia, poder-saber*: Ditos e Escritos IV. p. 323-334].

[17] DEII, p. 859.

[18] DEII, p. 1396: "A ontologia crítica de nós mesmos há de se considerar certamente não como uma teoria, uma doutrina, nem tampouco como um corpo permanente de saber que se acumula; é preciso concebê-la como uma atitude, um *ethos*, uma vida filosófica na qual a crítica do que somos é tanto uma análise histórica dos limites que nos foram estabelecidos quanto um exame de seu franqueamento possível".

II.

Reabilitar a atitude moderna da filosofia significa, como acabamos de ver, temporalizar a história e reinscrevê-la no acontecimento. "Diagonalizar o presente com a história", retomando a expressão usada por Foucault, é pôr em evidência que a aparente necessidade do que é, de fato, não seja bem isso, e que sua verdade seria o resultado de uma determinada — e, portanto, sempre reversível — seleção de possibilidades. Foucault não trabalha — como reitera explicitamente nos muitos lugares nos quais se vê forçado a se contrastar com a Escola de Frankfurt — no sentido da crítica da ideologia, mas naquele de uma política da verdade.[19] Não se trata de denunciar a falsa consciência dos saberes ou de encontrar sob eles a crua materialidade do real. A alienação dos dois planos produziria o simples efeito — que, no fundo, é reacionário, a juízo de Foucault[20] — de mostrar qual seria a "verdadeira" realidade, confirmando nela, em última instância, sua intransitabilidade. A verdade não pode ser libertada do poder — porque ela mesma é poder: é dessa forma que Foucault confirma a especificidade da filosofia, sua postura em relação a ela. Recusa substituí-la por um trabalho teórico-crítico de outro tipo — que é, frequentemente, muito mais ingênuo —, como no caso daqueles que pensam o poder "afastado" de práticas de comunicação suaves, ou que pensam a verdade reabilitada pela denúncia que poderia ser feita dos mecanismos

[19] Cf. por exemplo: FOUCAULT, M. Entretien avec Michel Foucault, réalisé par A. Fontana et P. Pasquino. [1977]. In: DEII, n. 192, p. 140-160. [FOUCAULT, M. Entrevista com Michel Foucault. In: *Genealogia da ética, subjetividade e sexualidade*: Ditos e Escritos IX. Organização, seleção de textos e revisão técnica de Manoel Barros da Motta. Tradução de Abner Chiquieri. Rio de Janeiro: Forense Universitária, 2014, p. 13-34].

[20] FOUCAULT, M. *Précisions sur le pouvoir*. Réponses à certaines critiques. Entretien avec P. Pasquino. 1978. In: DEII, p. 625-635, p. 632 [FOUCAULT, M. Precisões sobre o poder: respostas a certas críticas. In: *Estratégia, poder-saber*: Ditos e Escritos IV, p. 270-280].

ideológicos de duplicação com os quais o poder opera. A verdade produz instituições, articula saber e poder, um no outro, determina efeitos. O que se trata de fazer, exatamente por isso, é libertar — Foucault escreve *détacher* — a verdade dos regimes de veridicção nos quais ela, por um instante, e de modo sempre revogável, funciona ou funcionou até agora.[21] É este o modo pelo qual Foucault reitera o vínculo entre filosofia e história, entre investigação e presente, entre filosofia e crítica, encontrado no texto kantiano. A referência à história possibilita dissolver o fantasma do real; o plano da discursividade, a forma através da qual se produz tradicionalmente o encontro entre as palavras e as coisas e a hierarquização entre umas e outras: quer dizer, a ideia de que uma realidade mais verdadeira esteja à disposição na visão rarefeita e neutra da pura teoria. À *vérité-ciel* [verdade-céu] a genealogia opõe a *vérité-foudre* [verdade-raio].[22] A Platão, Foucault opõe Nietzsche. O *ethos* kantiano da filosofia como ilustração assume a verdade na história, porque a verdade não está em outro lugar, ela é deste mundo.[23]

Podemos resumir, portanto, o sentido geral que Foucault atribui à sua própria obra: opta por uma filosofia inteiramente imersa na história, isto é, trabalha para produzir uma indagação sobre os regimes de veridicção que se colocam no cruzamento da arqueologia dos saberes (o trato do que se faz ou do que se diz como acontecimentos do discurso) com a genealogia do conhecimento (na qual se dissipa cada resíduo daquela "identidade temporal à qual

[21] DEII, p. 160.

[22] FOUCAULT, M. *Le pouvoir psychiatrique*: Cours au Collège de France, 1973-1974 [=PP]. Paris: Gallimard/Seuil, 2003, p. 238 [FOUCAULT, M. *O poder psiquiátrico*: curso dado no Collège de France (1973-1974). Edição estabelecida por Jacques Lagrange, sob a direção de François Ewald e Alessandro Fontana. Tradução de Eduardo Brandão. Revisão técnica de Salma Tannus Muchail e Márcio Alves da Fonseca. São Paulo: Martins Fontes, 2006].

[23] DEII, p. 158.

amamos contemplar para conjurar as fraturas da história").[24] Totalmente interior à materialidade dos processos, a filosofia poderá, assim, encarregar-se por completo de uma tarefa política: analisar a verdade no interior dos nexos entre o saber e o poder que a produz.

Isso é ainda filosofia? Uma filosofia praticada totalmente por fora de sua tradição, entrelaçada ao trabalho de arquivo, inclinada ao presente como sobre um campo de batalha em cujas dinâmicas toma posição? O que resta, então, da filosofia quando são destruídos os universais aos quais se refere e com os quais trabalha, e quando termina, portanto, sendo tratada como um saber próximo dos demais? E ainda: de qual filosofia falamos quando a verdade à qual se endereça deve ser extraída dos regimes de veridicção que funcionam como suplemento de um poder, como código divisor entre o que se pode, ou não se pode, dizer ou fazer? Para Foucault, a filosofia deve ser pensada na tensão que a liga sempre de novo ao devir, sua pedra angular, e como constante renovação das possibilidades da experiência. Deve ser praticada como deciframento das (e como posicionamento nelas) estratégias de poder que organizam cotidianamente a veridicção — o termo wittgensteiniano não é, obviamente, escolhido ao acaso —, determinando em seu interior regras e papéis de enunciação. Com efeito, trata-se de uma filosofia compreendida no sentido nietzschiano como "jornalismo". Concentrada sobre o *hoje* como aquilo que é dado a pensar; e que se apresenta de forma líquida, inquieta, móvel,[25] para aderir à temporalidade específica dos *jogos de verdade e de poder* que se intentam cartografar com o perfeito desencanto com

[24] FOUCAULT, M. *L'archeologia del sapere*. [1969]. Traduzione di G. Bogliolo. Milano: Rizzoli, 1971, p. 175 [FOUCAULT, M. *Arqueologia do saber*. Tradução de Luiz Felipe Baeta. 3. ed. Rio de Janeiro: Forense-Universitária, 1987].

[25] FOUCAULT, M. *Pour une morale de l'inconfort*. [1979]. In: DEII, p. 783-788, p. 783 [FOUCAULT, M. Para uma moral do desconforto. In: *Repensar a política*: Ditos e Escritos VI. Organização e seleção de textos de Manoel Barros da Motta. Tradução de Ana Lúcia Paranhos Pessoa. Rio de Janeiro: Forense Universitária, 2010, p. 279-284].

que ele compreende a linguagem; como algo que simplesmente existe e funciona e que não pode ser eliminado, como mapa de resistências e de estratégias multilaterais de domínio. O encontro entre filosofia e história formulado por Kant, entre investigação e atualidade, não pode voltar atrás: a filosofia não pode mais se dar como atividade autônoma — e Foucault abertamente reivindica e se apropria dessa informação.[26]

O autor coloca coerentemente fora de circulação (este é o legado de sua constante polêmica com a fenomenologia) tanto a teoria que assume o sujeito como pressuposto da enunciação, quanto a apofântica como forma do juízo verdadeiro.[27] A verdade é um acontecimento. E, como tal, não pode ser constatada, demonstrada ou recuperada. Nem mesmo como substrato sobre o qual a ideologia operaria o seu efeito de distorção. A verdade deve ser *produzida* pela relação de forças que a impõe.[28] Trata-se, portanto, de uma analítica do poder na cotidianidade das relações que o instauram.

26 M FOUCAULT, M. Folie, littérature, société: Entretien avec T. Shimizu et M. Wannabe. [1970]. In: DEI, p. 972-996, p. 973 [FOUCAULT, M. Loucura, Literatura, Sociedade. In: *Problematização do sujeito: psicologia, psiquiatria e psicanálise*: Ditos e Escritos I. Organização e seleção de textos de Manoel Barros da Motta. Tradução de Vera Lucia Avellar Ribeiro. 2. ed. Rio de Janeiro: Forense Universitária, 2006, p. 232-258].

27 FOUCAULT, M. La Maison des fous. [1975]. In: DEI, p. 1.561-1.566, p. 1.562 [FOUCAULT, M. Loucura, literatura, sociedade. In: *Problematização do sujeito*: psicologia, psiquiatria e psicanálise: Ditos e Escritos I, p. 309-315]. Sobre o tema da apofântica, vejam-se as lições reunidas em: FOUCAULT, M. Leçons sur la volonté de savoir: Cours au Collège de France, 1970-1971, suivi de Le savoir d'Œdipe. Édition établie sous la direction de F. Ewald et A. Fontana, par D. Defert. Paris: EHESS/Gallimard/Seuil, 2011, em particular, p. 64-65 [FOUCAULT, M. *Aulas sobre a vontade de saber*: curso dado no Collège de France (1970-1971). Edição estabelecida sob a direção de F. Ewald e A. Fontana. Tradução de Rosemary Costhek Abílio. São Paulo: Martins Fontes, 2014].

28 FOUCAULT, M. *Il faut défendre la société*: Cours au Collège de France, 1975-76 [=FDS]. Édition établie sous la direction de F. Ewald et A. Fontana par M. Bertani et A. Fontana. Paris: Gallimard/Seuil, 1997, p. 22 [FOUCAULT, M. *Em defesa*

A *Kritik* sobre a qual Foucault trabalha, mesmo quando se ocupa do poder, não tem nada em comum — vale a pena afirmar mais uma vez — com a teoria crítica. O poder não é uma substância, não é uma coisa, não trabalha somente em termos de interdição ou de repressão, não se estabiliza, não se fixa nem se faz imutável quanto à sua forma ou quanto à modalidade do seu exercício; alimenta-se, paradoxalmente, das resistências que lhe são oponíveis. Trabalhar em uma crítica analítica do poder significa, para Foucault, inaugurar uma direção de pesquisa que assuma o poder como um sistema de regras e que o considere segundo a especificidade dos "jogos" que o poder torna possíveis em cada caso. Aqui, a referência foucaultiana se orienta diretamente em relação ao segundo Wittgenstein e a Austin. Trata-se de conceber o poder fora dos esquemas de referência moral (o poder em si não é nem bom nem mau, simplesmente circula, redistribuindo cotidianamente as relações às quais se aplica), resistindo à tentação de substanciá-lo (o poder não é refém de ninguém que o detenha enquanto poder; também não organiza um domínio unilateral ou indiscutível. Dependendo da relação examinada, pode funcionar em uma direção ou inverter-se: o poder que um acadêmico exerce durante um curso universitário pode ser imediatamente invertido quando esse mesmo sujeito se encontra, por exemplo, dominado por um sintoma que lhe causa ansiedade, e se submete ao juízo impenetrável de um médico). O poder, a partir do campo de imanência no qual opera, deve ser analisado em termos de pura constatação — ele existe e não podemos dizer mais nada além disso — e na regularidade dos jogos estratégicos que forma, reproduz e mantém em tensão.[29]

da sociedade: curso no Collège de France (1975-1976). Edição estabelecida sob a direção de F. Ewald e A. Fontana, por Mauro Bertani e A. Fontana. Tradução de Maria Ermantina Galvão. São Paulo: Martins Fontes, 1999].

[29] FOUCAULT, M. *La philosophie analytique de la politique*. [1978]. In: DEII, p. 534-551, em particular, p. 540-542 [FOUCAULT, M. A filosofia analítica da política. In: *Ética, sexualidade, política*: Ditos e Escritos V. Organização e seleção de

O trabalho da filosofia não é nem o trabalho da crítica transcendental nem o da história da filosofia — um é tão impotente quanto o outro. A relação entre filosofia e história, que é uma marca da ontologia da atualidade, é o vínculo constitutivo que a modernidade firma como aliança consigo mesma — um *ethos*, uma atitude, uma decisão, como vimos acima —, a partir da simples constatação de que não existem referentes do pensamento fora do fluxo do devir. Foucault assume a história nos termos da *wirkliche Historie* nietzschiana.[30] Ou seja, uma história móvel, centrífuga, dispersa, feita de cotidianidade, que é preciso iluminar, expondo à luz as forças que a atravessam: poderes que decidem batalhas e que impõem convenções; insubordinações e desobediências que ressurgem como aquilo que deve ser controlado ou contido; tecnologias de governo capazes de estabilizar relações ordenadas; códigos de normalização dos comportamentos individuais e coletivos; dispositivos e estratégias de veridicção que produzem efeitos de verdade. A atitude moderna da filosofia se dá no encontro "sagital" que estabelece com sua própria atualidade[31] — como *ethos* de uma interrogação vertical que subjetiva a posição de quem interroga, o espaço de pertencimento a um presente que evolui e se move, e que, por isso mesmo, apreende a filosofia sempre *fora* de si, *entièrement politique et entièrement historienne* [inteiramente política e inteiramente historiadora], como escreve Foucault.[32]

---

textos de Manoel Barros da Motta. Tradução de Elisa Monteiro et al. 2. ed. Rio de Janeiro: Forense Universitária, 2006, p. 37-55].

30 FOUCAULT, M. Nietzsche, la généalogie, l'histoire. In: *Hommage à Jean Hyppolite*. Paris: PUF, 1971. In: DEI, p. 1.004-1.024. [FOUCAULT, M. Nietzsche, a genealogia, a história. In: *Arqueologia das ciências e história dos sistemas de pensamento*: Ditos e Escritos II, p. 273-295]. [Nota do Tradutor]

31 FOUCAULT, M. *Qu'est-ce que les Lumières?* [1984]. In: DEII, p. 1.498-1.507, p. 1500.

32 FOUCAULT, M. *Non au sexe roi*. [1977]. In: DEII, p. 256-269, p. 266 [FOUCAULT, M. Não ao sexo rei. In: *Microfísica do poder*. Organização e tradução de Roberto Machado. Rio de Janeiro: Edições Graal, 1979, p. 229-242].

Pouco acima nos perguntávamos: isso ainda é filosofia? Agora poderíamos perguntar: o que *pode* a filosofia, se não critica o poder julgando as condições do seu exercício a partir do ponto de vista moral ou "político", se exercita-se com a consciência de que o poder não pode ser abolido, se a pretensão de verdade da filosofia, ainda que distinta da pretensão de verdade do poder, não permite à filosofia ancorar-se na realidade como se fosse um dado com base no qual se poderia denunciar a falsidade da "ideologia"? Se a filosofia ainda pode alguma coisa, disse Foucault, a verdade que ela é capaz de extrair das coisas é da ordem da pura constatação: a filosofia demonstra que a realidade é polêmica,[33] que os *jeux de pouvoir* [jogos de poder] que faz emergir (trazendo à tona sua multilateralidade, a diferença, os *enjeux* [desafios], as dinâmicas contraditórias e as tensões contrastantes) são a trama que compõe nossa vida cotidiana.[34] E que esses mesmos jogos de poder, análogos *histórico-concretos* dos jogos de linguagem tratados pelo segundo Wittgenstein, só podem ser analisados em termos tático-estratégicos, ou seja, como conjunto de jogadas orientadas a resolver confrontos e a impor perspectivas.

Dessa realidade contraditória — dessa batalha, que é também uma batalha pela verdade, sendo a verdade, no fundo, uma batalha em si mesma — o filósofo iluminista, sem dúvida, é inelutavelmente parte implicada e não um espectador desencantado. A verdade que é capaz de produzir nos jogos de poder, extraindo-a e trazendo-a à luz do anônimo circular dos discursos, é provisória e contestável, exatamente como aquela de todos os outros. Dissolve a ilusão de que o poder seja uma "coisa" e de que, ao sujeito que fala — seja ele o soberano que impõe a lei ou o próprio filósofo que se atribui o papel de soberano instituidor do sentido —, possa ser restituída uma universalidade que não existe. A verdade, assim como o sujeito, é um produto. A cada poder de fala corresponde,

[33] DEII, p. 633.

[34] DEII, p. 542.

nessa batalha cotidiana que faz da realidade um conflito, um posicionamento específico e uma irredutível parcialidade, não a irônica neutralidade que corresponderia, por direito, a uma impossível posição de sobrevoo.

"Para dizer as coisas com clareza", escreve Foucault, "meu problema é saber como se governam os homens (a si mesmos e aos demais) por meio da produção de verdade". Daí vem o que devemos entender por *verdade*: uma vez mais, não a produção de enunciados (supostamente) verdadeiros, mas, sim, a regulação — Foucault escreve, o *aménagement* — dos âmbitos nos quais a fronteira entre verdadeiro e falso pode ser "governada" e continuar trabalhando com pertinência.[35] O poder, enquanto tal, não existe.[36] Ele circula, distribui e organiza o espaço social.[37] O poder é um feixe de relações mais ou menos hierarquizadas, mais ou menos coordenadas, constantemente ameaçadas pela própria liberdade que procura domesticar e pelas formas de resistência que o atravessam. Do poder, não é possível reconstruir tipos-ideais — disse Foucault com uma expressão que nos convida a problematizar o seu encontro com Weber[38] —, nem ele pode ser univocamente imputado a instituições ou coisas. O poder é "espacializado"; tratado como ponto de articulação e de inflexão das verdades — cujo *efeito* consiste precisamente nisto — por meio

[35] DEII, p. 846.

[36] FOUCAULT, M. *Le jeu de Michel Foucault*: Entretien avec D. Colas, L. Grosrichard, G. Le Gaufey, J. Livi, G. Miller, J. Miller, J.-A. Miller, C. Millot, G. Wajeman. [1977]. In: DEII, p. 298-329, p. 302 [FOUCAULT, M. O jogo de Michel Foucault. In: *Genealogia da ética, subjetividade e sexualidade*: Ditos e Escritos IX, p. 44-77].

[37] É simplesmente uma "terceira dimensão do espaço", como observa Gilles Deleuze em: DELEUZE, G. Qu'est-ce qu'un dispositif? In: BALBIER, E. et al. *Michel Foucault philosophe*. Paris: Seuil, 1989, p. 185-195, p. 186 [DELEUZE, G. ¿Qué es un dispositivo? In: BALBIER, E. et al. *Michel Foucault, filósofo*. Barcelona: Gedisa, 1990, p. 155-161; DELEUZE, G. *O mistério de Ariana*. Tradução e prefácio de Edmundo Cordeiro. Lisboa: Passagens, 1996, p. 56-62].

[38] DEII, p. 846-847.

das quais as relações entre os sujeitos podem ser ordenadas e se tornam decifráveis.

Podemos extrair disso algumas consequências adicionais. A primeira: o poder (estrutura anônima, silenciosa e fugidia que atravessa a realidade de forma multilateral) pode ser analisado, em suas formas heterogêneas, apenas ali onde se faz visível. Isto é: *a partir daquilo que resiste a ele*. A resistência ao poder (o corpo a ser disciplinado, o indivíduo a ser educado, o louco a ser internado) deve ser entendida como o "catalisador químico" que permite traçar seu perfil e trajetória[39] (e aqui se confirma a atitude experimental que Foucault atribui ao pensamento). A resistência põe em evidência aquilo sobre o qual as relações de poder se inscrevem, seus pontos de aplicação, os métodos dos quais se serve. A segunda consequência é igualmente importante: não apenas a liberdade, a resistência, os excessos que transbordam o seu código, *antecipam e precedem* o poder, mas ele não pode ser analisado com base em uma suposta racionalidade interna (uma teleologia, uma intenção, uma linearidade). Aquilo que o caracteriza, em seus diferentes campos de aplicação, é mais precisamente a sua capacidade ou não de resolver confrontos estratégicos. Os jogos de verdade, que a filosofia analítico-política de Foucault busca evidenciar, são atribuídos a uma realidade que se revela agonística e dividida: a base da relação de poder é o choque bélico de forças.[40] A terceira e última consequência que me parece importante extrair do percurso que temos seguido até aqui é a seguinte: para Foucault, compreender como os homens se governam por meio da produção da verdade significa analisar o poder fora — e além — do esquema jurídico através do qual o poder foi pensado no momento hobbesiano da teoria política moderna. O que se torna decisivo, uma vez abandonado o problema teológico-político da fundação e da

[39] M FOUCAULT, M. *Le sujet et le pouvoir*. [1982]. In: DEII, p. 1.041-1.062, p. 1044 [FOUCAULT, M. O sujeito e o poder. In: *Genealogia da ética, subjetividade e sexualidade*: Ditos e Escritos IX, p. 118-140].

[40] FDS, p. 17-18.

legitimação do poder como soberania, é buscar compreender de que modo a produção de verdade, segundo as características que fazem dela um efeito histórico, regula e discrimina a circulação dos nossos discursos, determina a nossa individualização e permeia os espaços sociais que habitamos.

A partir de Kant, a tarefa mais urgente para a filosofia é, como vimos, responder à pergunta: "em que ponto estamos?". Não para deixar que a questão se dissolva naquilo que podemos descobrir isolando a especificidade do presente ao qual pertencemos em relação ao decurso universal da história, mas, ao contrário, *rechaçar* o que, assim, descobrimos ser.[41]

III.

Aqui chegamos finalmente ao ponto central. O que é que define o presente? Como funcionam os dispositivos de poder que atuam no momento preciso em que a filosofia volta a acender seus refletores sobre o presente? Sobre qual transformação da estrutura política se cruzam investigação histórica e genealogia para poder lançar luz sobre ela e esclarecer o alcance do acontecimento no momento exato em que Foucault toma palavra no Collège de France, entre 1977 e 1979, "inventando", com criatividade deleuziana, os conceitos de *biopoder* e de *biopolítica*? O que age como espaço posterior de dispersão das análises foucaultianas (dispersão: aqui entendida como uma problematização constantemente renovada, não como produção de uma univocidade e de uma coerência de uma analítica destinada a se sedimentar em uma obra), uma vez alcançado o ponto em que foi possível esclarecer não só o papel restritivo do poder, mas também produtivo, reticular, microfísico? Além disso — com aquilo que Foucault chama de "inversão do princípio de Clausewitz" (o tema proposto no curso de 1976-1977, segundo o qual a guerra não deve ser entendida como a continuação da

[41] DEII, p. 1.051.

política "por outros meios", mas, sim, que a política e a realidade que ela circunscreve revelam-se uma guerra) —, como analisar os mecanismos pelos quais algo resta permanentemente inassimilável, não neutralizável, decididamente *externo* em relação ao poder e aos processos de juridificação com os quais ele busca exorcizar a crise que marca estruturalmente o processo?

Não me interessa, neste momento, reforçar ainda mais (disto estou perfeitamente consciente) os efeitos de continuidade e de coerência que estas páginas arriscam projetar sobre a pesquisa foucaultiana, ao tentar considerar como questão interpretativa se, e eventualmente até que ponto, os Cursos no Collège de France de 1977-1978 e de 1978-1979 — *Sécurité, territoire, population* [=STP] e *Naissance de la biopolitique* [=NBP] — marcam ou não, como alguns já propuseram, um rompimento drástico com as análises desenvolvidas anteriormente, em especial com o modelo de "guerra" estudado naquele curso de 1975-1976 (*Il faut défendre la société* [=FDS]). O que me parece, contudo, sustentável é que toda a produção foucaultiana, ao menos desde meados dos anos 1970 em diante, esforça-se para pôr em crise o paradigma clássico da filosofia política moderna e a redução, operada por este paradigma, do tema do poder ao esquema jurídico da soberania. Pode-se dizer, apesar da óbvia simplificação que isso comporta, que Foucault trabalha de maneira constante em uma dupla direção. De um lado, contesta os efeitos decorrentes da crítica da ideologia quando esta é acomodada na filosofia normativa. Trata-se de abandonar a concepção da filosofia como discurso verdadeiro capaz de corrigir e de fixar limites ao exercício do poder, para estudar, mais precisamente, o poder através dos dispositivos e regras que produzem e estabelecem efeitos de verdade.[42] De outro lado, graças à valorização da genealogia (como vimos recentemente: a redescoberta da luta dentro da paz, do enfrentamento em tudo aquilo que parece neutralizado, a assunção da política como pro-

[42] FDS, p. 22.

longamento da guerra), Foucault dá um passo além com relação às análises realizadas em *Vigiar e punir* (1975) e ao isolamento do vértice disciplinar no qual se resume a triangulação entre poder, direito e verdade nos aparelhos penais da Idade Clássica. Foucault se encaminha — a partir de um diagnóstico preciso sobre o estatuto da política na atualidade, dos processos de subjetivação que o atravessam, dos dispositivos de governo que o marcam — ao abandono definitivo de uma filosofia política caracterizada pelo problema moderno da gênese e da legitimação do soberano. Dirigindo-se à transformação decisiva que, a partir do século XIX e prolongando-se até a segunda metade do século XX, investe as relações de poder e desloca o lugar da veridicção do Estado para o mercado — sendo que é este, e não o esquema jurídico de composição dos direitos, que passa a definir o sistema de relações por meio do qual os sujeitos se representam como indivíduos. O que se trata de governar — com essa passagem decisiva, que vai além do esquema de fundação próprio da teoria política moderna (é o soberano que faz o povo, e não o contrário, teria dito Hobbes) — são interesses, necessidades, processos de valorização indexados sobre às singularidades que os encarnam e que estejam alocadas em curvas de generalização que o soberano, definitivamente destronado da posição panóptica na qual é colocado pelo frontispício do *Leviathan*, já não pode antever nem instituir. É este duplo *déplacement* — um deslocamento que produz novas dimensões institucionais, que atribui relevância a outros saberes, que *desovranizza* [dessoberaniza] a política e a própria noção de sujeito com a qual o direito trabalha — que Foucault considera necessário para começar a pensar o presente ao qual pertencemos.

A introdução dos termos *biopoder* e *biopolítica* marca exatamente essa virada em Foucault. Por um lado, como índice para a desconstrução do conceito de indivíduo: na perspectiva que o assume como agente dos processos de troca e de mercado, algo radicalmente diferente do sujeito natural portador de direitos exigíveis do Estado e que se alça frente a ele como limite, como barreira natural à expansão de sua ação. Por outro, para ultrapassar a longa sombra projetada pela história do Estado e inaugurar uma investigação sobre os dispositivos de governamentalidade capazes de marginalizar o Estado — suposto protagonista da história constitucional ocidental — e demonstrar que, na verdade, o Estado não foi mais do que uma simples "peripécia" (*péripétie*, escreve Foucault) de processos muito mais gerais que o produziram, que atravessaram seus contornos jurídicos e suas dimensões institucionais, e que o excederam para continuar a transbordá-lo.[43]

Foucault trabalha agora na margem do direito, abrindo-o em direção ao seu exterior. O que lhe interessa é como, no presente, governo e produção da verdade — e em particular aquela produção de verdade na qual se enxerta obediência, uma vez que a obediência não seja mais entendida como aquilo que o direito torna imediatamente exigível, mas como efeito indireto de condutas individuais livres e, não obstante, ordenadas — instalam-se em torno de um outro centro de veridicção.

Sigamos o argumento de Foucault. Primeiro passo: o direito não se opõe ao poder, nem pode ser pensado como uma instância separada dele. O discurso jurídico tem historicamente representado, mais precisamente, o código sobre o qual têm se estabelecido os aparelhos de Estado. As monarquias ocidentais — enquanto incorporavam o puro arbítrio do domínio, em particular na fase da soberania absoluta, cujos dispositivos foram, entretanto, transmitidos ao Estado constitucional moderno — edificaram-se como sistemas de direito, foram pensadas através da teoria do direito e fizeram funcionar seus mecanismos de poder na forma do direito. O saber dos juristas (aqui Foucault assume os resultados conso-

[43] FOUCAULT, M. *Sécurité, territoire, population*: Cours au Collège de France, 1977-1978 [=STP]. Édition établie sous la direction de F. Ewald et A. Fontana par M. Senellart. Paris: Gallimard/Seuil, 2004, p. 253. [FOUCAULT, M. *Segurança, território, população*: curso dado no Collège de France (1977-1978). Edição estabelecida por M. Senellart sob a direção de F. Ewald e A. Fontana. Tradução de Eduardo Brandão. Revisão da tradução de Claudia Berliner. São Paulo: Martins Fontes, 2008].

lidados pela história jurídica) é o modo pelo qual a monarquia tomou para si o monopólio do Político, esvaziou a constituição por ordens e estamentos e submeteu a nobreza, absorvendo suas prerrogativas e poderes. Não obstante todos os esforços da crítica — primeiramente por parte da nobreza, e depois por parte da revolução — para separar política e direito e isolar na forma de lei uma instância autônoma capaz de defender a sociedade da primazia do soberano e da violência que seu domínio absoluto é capaz de produzir (por exemplo, a ideia dos direitos fundamentais; ou a ideia de que o direito possa se representar como a forma pura da obrigação — basta pensar em Kelsen, no fim das contas), a legitimação do poder continuará, por séculos, a depender do esquema jurídico, observa Foucault.[44]

Segundo passo: é preciso reconhecer que, enquanto a soberania continuar a ser colocada no coração da teoria política, ainda não terá sido cortada a cabeça do rei. O fantasma de Hobbes é a obsessão da qual nem o pensamento crítico, muito menos o pensamento revolucionário, foi até agora capaz de se libertar. Pensar a liberação significa, para Foucault, abandonar definitivamente o problema da tomada — ou da democratização — do poder (que é um resquício da abordagem jurídica, o mesmo argumento da fundação e da autorização do soberano, que se transmite na teoria burguesa do direito desde Hobbes até a Revolução Francesa), para descentrar a atenção do Estado e seus aparatos, deslocando-a para suas margens, para os processos de sujeição e de dominação, para as estratégias locais, não marcadas pela universalidade do direito, por meio dos quais o poder investe os corpos e plasma os indivíduos. Trata-se de compreender o poder ali onde se faz cada vez menos jurídico no seu exercício, como escreve precisamente

[44] FOUCAULT, M. *La volontà di sapere*. [1976]. [=VS]. Tradução de P. Pasquino e G. Procacci. Milano: Feltrinelli, 1991, p. 78-79. [FOUCAULT, M. *História da sexualidade I*: a vontade de saber. Tradução de Maria Thereza da Costa Albuquerque e J. A. Guilhon Albuquerque. Rio de Janeiro: Edições Graal, 1988].

Foucault.[45] Novamente, o crucial não é o interior do poder (uma suposta intencionalidade que possa ser revelada), mas sua *linha de torção*, por meio da qual se conecta àquilo que lhe permanece exterior: os indivíduos, os corpos, os sistemas de relações, densas e opacas, que os interesses sedimentam naquilo que, a partir do século XVII, começa a ser chamado "sociedade civil".

Terceiro passo: se o poder não é uma "coisa" que alguém possa possuir; uma soberania que possa ser derrubada e apropriada para torná-lo diferente e legítimo, construindo-o de baixo para cima; a aposta de um enfrentamento entendido como choque entre direitos opostos (o do súdito e o do soberano); se o próprio lugar do soberano deixa de ser o centro de gravidade em torno do qual se constrói o espaço da teoria — então se torna necessário descentralizar a análise e deslocá-la na direção dos processos de circulação do poder, verificar as trajetórias que ele desenha no interior do corpo social, nas relações que atravessam sujeitos e que existem entre si. A Foucault não interessa tanto, ou não apenas, a fabricação do soberano (o tema sobre o qual se debruçou a teoria política moderna, de Hobbes a Rousseau), senão a concreta fabricação dos indivíduos na operatividade dos dispositivos de poder que se ligam, atravessando-os, ao complexo jogo dos interesses individuais e coletivos. Libertar-se da obsessão com o *Leviathan*, para usar a expressão foucaultiana, significa analisar o poder dentro da densa trama de relações que o desloca da forma jurídica para reinvesti-lo na vitalidade dos processos sociais.[46]

Trata-se de uma transformação que investe no direito e na reflexão política entre os séculos XVIII e XX, embora tenha antecedentes importantes também nos séculos anteriores. Literalmente, Foucault afronta *outra* genealogia da política, em que uma *thanatopolítica*, associada aos dispositivos de soberania (com as conexões que mantém em relação à história da penalidade reconstruí-

[45] FDS, p. 25.

[46] FDS, p. 39.

da em *Vigiar e punir* [1975]), redobra-se numa *biopolítica*, cujas tecnologias já não aquelas da matriz jurídico-formal do direito. Desde o início, a lógica da soberania se liga à vida e à morte. Em Hobbes, essa junção assume uma relevância decisiva ao permitir a sobreposição entre monopólio da violência e representação jurídica do poder. O soberano, a quem indivíduos transferem poder com o pacto que lhes permite escapar do estado de natureza, e que tira o *metus* [medo] que os define em torno de uma ameaça concretíssima de morte violenta (o "contínuo temor e perigo de morte violenta" é o que, para Thomas Hobbes, faz a vida no estado de natureza "solitária, pobre, tosca, embrutecida" e, sobretudo, "breve"),[47] incorpora a multidão vinculando sua distribuição ordenada à existência de leis garantidas pela espada. A liberdade que *individualiza* o indivíduo, domesticando seus instintos predadores; sua alma ferina torna-se compatível e privatizada — "a liberdade de um súdito radica, portanto, somente naquelas coisas que, na regulação de suas ações, determinou o soberano: por exemplo, a liberdade de comprar e vender e de fazer, entre si, contratos de outro gênero"[48] — pelo sistema de sanções que o poder do soberano é chamado a administrar no interesse de todos, liberando suas relações na medida em que remove o obstáculo que cada um deles representa para cada um dos outros na ausência de regras comuns.[49] "Somente em relação a esses vínculos" — aqueles que pouco antes Foucault definiu como as "cadeias artificiais" das leis civis —, escreve Hobbes, é possível falar de uma "liberdade dos

[47] HOBBES, T. *Leviathan*. Part I, Of Man, capítulo 13. [HOBBES, T. *Leviatã*. Organizado por Richard Tuck. Tradução de João Paulo Monteiro, Maria Beatriz Nizza da Silva, Claudia Berliner. Revisão da tradução e supervisão de Eunice Ostrensky. São Paulo: Martins Fontes, 2003].

[48] HOBBES, T. *Leviathan*. Part II, Of Common-Wealth, capítulo 21.

[49] HOBBES, T. *Leviathan*. Part II, Of Common-Wealth, capítulo 21: "De acordo com esta genuína e comum significação da palavra, é um homem livre quem, naquelas coisas de que é capaz, por sua força e engenho, não está obstaculizado e passa a fazer o que deseja".

súditos".[50] Naquilo que Thomas Hobbes chama de estado de natureza — cenário que, pela primeira vez na história do pensamento político, concebe a igualdade entre viventes —, não há liberdade.

O poder nos faz livres. Eis a extraordinária descoberta de Hobbes, que se irradia por grande parte da teoria jurídico-política moderna.[51] As leis aprisionam o lobo do estado de natureza e domesticam seus instintos. A espada do soberano produz sujeitos *assujeitando* a fera que é o ser humano, *disciplinando-a* para um uso *razoável* e *apropriado* da liberdade. O soberano e seu direito garantem a vida: mas somente dentro do desequilíbrio em que essa vida se recorta como um intervalo de tempo atravessado pela morte e suspenso sobre seu abismo. É para essa constitutiva *assimetria* entre vida e morte que Foucault chama a atenção.[52] A morte paira sobre os processos administrados pelo soberano com a mesma força com que o faz sua espada. O direito do soberano se exerce como direito de vida ou de morte; É ele quem *decide* entre a vida e a morte. O monopólio da violência legítima — do qual o soberano está investido para pacificar as relações entre os súditos e fazer cessar a guerra — torna-se visível em todo seu alcance no direito que reivindica, e que as leis lhe atribuem, de poder matar quem se comporte novamente como lobo entre humanos. *Ri-belle* [*re-belde*] é quem reintegra o *bellum* no espaço de paz. A espada da justiça não tem bainha porque deve ameaçar e golpear continuamente, assinala o gélido desencanto reacionário de De Mais-

[50] HOBBES, T. *Leviathan*. Part I, Of Man, capítulo 13.

[51] Acerca do tema, consultar as pesquisas coletivas reunidas em: DUSO, G. (org.). *Il Potere*: per la storia della filosofia politica moderna. Roma: Carocci, 2001; DUSO, G. (ed.). *Il contratto sociale nella filosofia politica moderna*. Milano: Franco Angeli, 2003.

[52] FDS, p. 214.

tre.[53] O coração negro da moderna soberania é uma *thanatopolítica* cujo ícone paroxístico é a função divina do carrasco.

IV.

A transformação de que se falava, aquela entre *thanatopolítica* e *biopolítica*, não desencadeia uma sucessão linear de dispositivos. Não marca uma "época" diferente no plano da história. O direito de fazer morrer ou de deixar viver, no qual se resume o próprio poder soberano, será infiltrado, penetrado e deslocado por uma racionalidade política distinta entre os séculos XVII e XVIII. Ademais, um dispositivo jamais produz, para Foucault, um efeito totalizante sobre a realidade. Tampouco pode ser pensado como um discurso que estrutura um campo inteiro de relações, suturando-o como um "sistema" ao seu repertório de categorias e conceitos.

Se a história da juridificação do poder — entre a Idade Média e o Absolutismo — assume a morte como seu referente e a sua "extração" como marca constitutiva (isto é, subtrair os indivíduos da morte, eliminar o culpado, segregar o louco, consumir os recursos do território), aquilo que sobrepõem-se a ela é uma perspectiva que inverte o sentido das estratégias e das tecnologias do poder. A partir de um determinado momento, segundo Foucault, um dispositivo inteiramente *heterogêneo* àquele do direito e da penalidade vai progressivamente adquirir centralidade: aquele que considera os homens não mais como formas, como pessoas jurídicas ou sujeitos abstratos, mas sim como corpos e animalidades viventes.[54] Ao direito de soberania, como poder de *fazer morrer e de deixar viver*, sucede o poder de *fazer viver e de deixar morrer*.[55]

[53] DE MAISTRE, J. *Les soirées de Saint-Pétersbourg, ou Entretiens sur le gouvernement temporel de la Providence.* [1821]. Entretien I.

[54] VS, p. 80.

[55] FDS, p. 214.

Na reconstrução de Foucault, essa transição ocorre em dois tempos. Ou melhor: insere duas tecnologias diferentes, uma sobre a outra. De um lado, aquela que Foucault chama de "disciplina". O sistema de práticas pelas quais o corpo do indivíduo vivo, ao longo daquilo que o Marx do primeiro livro do *Capital* chamará de "acumulação primitiva", é investido para torná-lo socialmente compatível e economicamente produtivo. A *disciplina* conforma o ser humano aos critérios de socialização do campo no qual está inserido (por exemplo, o da valorização econômica, o do exército, o da correção-escolarização). Designa tanto o conjunto de instrumentos por meio dos quais o corpo é adestrado para uma função específica, quanto as modalidades e os conteúdos desse adestramento, e ainda o resultado de todo o processo — nesta adesão o sujeito realiza livremente e tende a "naturalizar" a disciplina na forma de comportamento cotidiano.[56] A *disciplina* fabrica indivíduos partindo dos corpos que controla: alinha o trabalho dos militares, dos pedagogos e dos funcionários ao dos juristas e ao dos teóricos do contrato social.[57] Tanto no caso dos primeiros, os "técnicos" dos saberes de adestramento, quanto no caso dos filósofos, o problema para Foucault é o mesmo: organizar a ação geral a partir de um esquema de individualização que produza sujeitos como pontos de articulação entre o comportamento individual e o coletivo.[58] A norma, em ambos os casos, é pensada como um esquema de

[56] Sobre o tema: SCHIERA, P. Il rapporto tra disciplina/disciplinamento fra sociologia del potere e storia costituzionale. In: *Specchi della politica*: disciplina, melancolia, socialità nell'Occidente moderno. Bologna: Il Mulino, 1999, p. 59-105.

[57] FOUCAULT, M. *Sorvegliare e punire*. [1975]. Traduzione di A. Tarchetti. Torino: Einaudi, 1976, p. 185. [FOUCAULT, M. *Vigiar e punir*: nascimento da prisão. Tradução de Raquel Ramalhete. Petrópolis: Vozes, 1987].

[58] O esquema de disciplinamento individual na construção da experiência moderna da política também chamou a atenção de Gerhard Oestreich: OESTREICH, G. *Filosofia e costituzione dello Stato moderno*. Organização de P. Schiera. Napoli: Bibliopolis, 1989.

normação.[59] O indivíduo é observado, examinado, vigiado. Seu comportamento é analisado, examinado, avaliado. O movimento de seu corpo no espaço é decomposto, racionalizado, tornado mais eficiente. Formação e adestramento num constante autoexame objetivam o sujeito, "grampeando-o" — escreve, com uma expressão extraordinária, Foucault — à sua singularidade. Uma singularidade individual (porque imputável ao sujeito) e, todavia, anônima (porque produzida como efeito de um esquema geral).

A disciplina inverte o processo de individualização "clássica", observa Foucault. Se esta última conhece apenas individualidades memoráveis — o *bíos* do homem capaz de se tornar imortal por meio de suas ações,[60] o "nome" ao qual se ligam a dinastia e a his-

[59] Optamos por "normação" ao invés de "normalização" para destacar a distinção entre o exercício do poder *disciplinar* daquele da *segurança*, tal como faz Foucault sobretudo no seu curso de 1977-1978 [STP]. Há que se insistir na diferenciação entre a dita *normação* disciplinar e a *normalização* securitária. A *normalização* de ordem securitária analisa os lugares, os gestos, os tempos, as operações, e decompõe os indivíduos para, mais que percebê-los, modificá-los. Já a *normação* disciplinar, a seu turno, classifica os elementos em função de objetivos determinados, estabelece sequências e coordenações otimizadas, fixa procedimentos de adestramento e controles permanentes. A partir daí faz uma partilha entre o normal e o anormal, desde um *modelo ótimo*. O normal, obviamente, é aquilo capaz de se adequar à *norma postulada*; ela, sim, é o fundamental, não a dicotomia em si, por isso seu caráter prescritivo: "o que ocorre nas técnicas disciplinares trata-se mais de uma *normação* do que uma *normalização*", dirá Foucault. Ao inverso do *sistema disciplinar*, em que se parte de uma norma e se deduz a distinção entre normal e anormal, assinalam os *dispositivos de segurança* diferentes *curvas de normalidade* em que passam a interagir *distintas atribuições de normalidade*. Opostamente, a primazia está no *normal* — melhor, no *jogo das normalidades diferenciais* —, e a norma será deduzida apenas depois disto. Por esta razão, aqui sim, mais adequado é dizer que se trata propriamente de *normalização* securitária. [N.T.]

[60] Cf. ARENDT, H. Il concetto di storia: nell'antichità ed oggi. In: *Tra passato e futuro* [1954]. Traduzione di T. Gargiulo. Milano: Garzanti, 1999, p. 70-129, em

tória nobiliárquica[61] —, a normação, por outro lado, trabalha desde baixo, isto é, examina os resíduos, os desvios. O que Foucault chama, na sutura entre ciências sociais e psicologia de generalização da *fonction-Psy*,[62] é o complexo de tecnologias que operam medindo o diferencial entre o indivíduo e a norma.

De outro lado, o esquema governamental. Esta é a segunda passagem sobre a qual Foucault concentra sua atenção. Além do exercício de poder sobre o corpo, voltado a fabricar indivíduos (a disciplina da caserna, do colégio, da fábrica, como dispositivos destinados a lidar com a indócil massa multitudinária de ociosos, camponeses proletarizados, vagabundos), desenvolve-se, também, algo que caminha na direção oposta, ou seja, no sentido da massificação: a consideração da população, por parte das ciências econômicas, administrativas e policiais, como um complexo de processos, necessidades e interesses vitais. Àquilo que Foucault chama de "anatomopolítica" do século XVIII — a produção do indivíduo, em contraposição às teorias jurídico-políticas do contrato social, a partir da decomposição e recomposição de seus movimentos e de sua gestualidade, singulares e coletivos[63] — sucede, entre os séculos XVIII e XIX, a *biopolítica* como técnica de gestão das trocas metabólicas entre sociedade e Estado.[64]

particular, p. 70-76. [ARENDT, H. *Entre o passado e o futuro*. Tradução de Mauro Barbosa. São Paulo: Perspectiva, 2016].

[61] Cf. RANCIÈRE, J. *Le parole della storia*. [1992]. Traduzione di Y. Melaouah. Milano: Il Saggiatore, 1994. [RANCIÈRE, J. *Política da escrita*. Tradução de Raquel Ramalhete et al. São Paulo: Editora 34, 2017. p. 243-268].

[62] PP, p. 86.

[63] FDS, p. 216.

[64] Se alguma "ruptura" se produz entre o curso de 1975-1976 (FDS) e os sucessivos (STP e NBP), deve-se, a meu juízo, unicamente ao modo no qual a análise de Foucault sobre a biopolítica se desloca da temática de "racismo de Estado" à análise do liberalismo.

O princípio panóptico de uma vigilância centralizada, que está no coração da disciplina, não é alheio ao processo biopolítico. O dispositivo disciplinar de poder é capaz de representar e de lidar com o geral, e não apenas de se vincular à individualidade. Foucault verifica essa questão, por exemplo, nos regulamentos policiais estabelecidos para as epidemias:[65] a cidade-segregação da lepra (o lazareto, onde os doentes são confinados como modelo de um código binário de inclusão e exclusão) não é a cidade-pestilenta, inteiramente atravessada e reproduzida pelo olhar disciplinar. A peste não é a lepra, e o contágio que ela acarreta é um risco inevitável, pois o agente infeccioso não pode ser isolado. E mais: apesar da crise epidêmica, a cidade precisa continuar funcionando; é necessário que viventes sejam assistidos, que a população receba comida e água constantemente, que o avanço do contágio seja mapeado, que os cadáveres sejam removidos e as pessoas doentes, enquanto possível, cuidadas. A cidade-pestilenta — a cidade investigada, regulamentada, produzida como cena de visibilidade total dos corpos e das trocas — representa, para a teoria disciplinar, o equivalente do estado de natureza para a teoria política, escreve Foucault.[66] Representa, nos regulamentos sanitários e administrativos que a ela se referem e que a atravessam, a condição preliminar para pensar a "utopia da cidade perfeitamente governada".[67]

Daqui passamos definitivamente rumo à delimitação dos códigos de funcionamento dos dispositivos de biopoder. A cidade disciplinar, a cidade bem governada, traz à luz aquilo que de outro modo correria o risco de permanecer nas sombras: se o poder decompõe, corrige e aperfeiçoa a atitude dos corpos e a

[65] Para uma primeira informação sobre a "*Police*" administrativa, verificar os ensaios reunidos em *Filosofia politica*, I/1988; PIASENZA, P. *Polizia e città*: Strategie d'ordine, conflitti e rivolte a Parigi tra Sei e Settecento. Bologna: Il Mulino, 1990; CAVALLETTI, A. *La città biopolitica*: mitologie della sicurezza. Milano: Bruno Mondadori, 2005.

[66] SP, p. 217.

[67] SP, p. 216.

performatividade do indivíduo, não o faz apenas para reprimir a insubordinação potencial dos sujeitos ou para exorcizar a ameaça representada por sua liberdade — objetivos pelos quais a disciplina se articula com os esquemas da penalidade moderna —, mas, também, em termos muito mais amplos, para tornar mais seguro, mais econômico e mais eficiente o intercâmbio social como um todo. A disciplina *amplifica* e *intensifica*: não apenas produz controle. Ela assume como tarefa própria o crescimento e a multiplicação das forças às quais se aplica. De um lado, a instituição fechada: a fábrica, o cárcere, a caserna. De outro, a sociedade disciplinar: a expansão da racionalidade administrativo-regulamentar até cobrir toda a rede de relações entre os sujeitos — uma física do poder relacional que encontra sua intensidade máxima não do lado da autoridade (na figura do rei ou do soberano), mas nos corpos que ela permite individualizar e potencializar, valorizando suas prestações individuais e coletivas.[68]

A implementação de tecnologias biopolíticas pode ser observada no deslizamento que ocorre neste ponto. Trata-se da consideração dos processos vitais de um corpo social que emerge cada vez mais como massa e população (volume de trocas, conjunto de curvas estatísticas, nó de relações que se referem à liberdade de movimento e de intercâmbio dos agentes) e que não é concebido como redutível aos corpos individuais que o compõem. Os objetos do biopoder são os problemas da natalidade, da mortalidade e da longevidade, assumidos a partir de uma orientação que valoriza, como saberes políticos, a demografia, a economia e a estatística, muito mais do que o direito privado ou o direito público.[69] O novo sujeito que entra em cena aqui é a *população*: não a *sociedade*, cujo ancoramento permanece no interior das ciências do Estado; não o *indivíduo*, que corresponde às tecnologias disciplinares. A população — o quadro de relações definido por um determinado

[68] SP, p. 226-228.

[69] FDS, p. 216-217.

estado de trocas entre homens e coisas (taxas de emprego e desemprego, composição evolutiva de oferta e demanda, grau de salubridade ou de mortalidade num território, sinal de potência ou de degeneração de uma civilização) — é aquilo cuja regulação se busca assegurar, ainda que seus circuitos de reprodução permaneçam, de fato, *indisponíveis* para o soberano.

A genealogia da razão governamental localiza o ponto de derivação das tecnologias biopolíticas — *Entstehung*, *Herkunft*, e não *Ursprung*, como Foucault esclarece num texto muito importante dedicado a Nietzsche[70] — na inflexão particular que a literatura antimaquiavélica imprime ao tema da conservação e do incremento das forças de um Estado. Uma inflexão, e não uma simples inversão do *Príncipe*; uma *représentation ancrée* [representação anquilosada] do dispositivo, e não sua substituição, sublinha Foucault.[71] O que a nova arte de governar critica em Maquiavel é o caráter singular, exterior e transcendente da figura do Príncipe em relação ao seu domínio — quer dizer, a unidirecionalidade de uma relação que parece reproduzir, como numa espécie de antecipação invertida, a descontinuidade do poder implícita na teoria jurídica do soberano. Em Maquiavel, segundo Foucault, o príncipe conquista e conserva seu poder tratando a matéria política como algo que pode sempre escapar ao seu controle e que, por isso mesmo, deve e pode ser reconduzido e submetido ao seu domínio.

A correção proposta pela literatura antimaquiavélica da razão de Estado — e que move toda a lógica do poder na direção de uma arte de governar irredutível à pura soberania — valoriza, em contraste, a rede dos poderes sociais e a continuidade ascendente/descendente de um circuito de governo que intercepta, sem suprimir, aquilo que permanece exterior a ele, e com o qual pode se relacionar apenas em termos de troca. A grandeza do príncipe de-

70 FOUCAULT, M. Nietzsche, la généalogie, l'histoire. [1971]. In: DEI, p. 1.004-1.024.

71 FOUCAULT, M. *La "gouvernamentalité"*. [1978]. In: DEII, p. 635-657, p. 640. [FOUCAULT, M. A "governamentalidade". In: *Estratégia, poder-saber*: Ditos e Escritos IV, p. 281-305].

pende da grandeza e do esplendor de seu principado, das modalidades com que administra, favorecendo a riqueza e a prosperidade da população, que atua como resposta constante à bondade de suas ações. Sua glória não é de tipo militar, uma glória predatória, de conquista; é, ao contrário, uma glória *indireta*. O fato de que governe bem se demonstra pela prosperidade dos cidadãos, pelo volume geral das trocas, pelo incremento da riqueza acumulada em seus territórios. Por isso mesmo, o que aqui está em questão é, literalmente, uma nova *economia* do poder.

Daí a história que Foucault reconstrói como genealogia da governamentalidade. De um lado, a literatura dos *specula principis*. A continuidade ascendente de uma função de governo que o príncipe deve saber administrar, sobretudo, como governo de si mesmo; em seguida, como exercício prudente da *patria potestas* sobre a esposa e os filhos; depois, como administração ampliada da casa senhorial; e, por fim, como funções políticas gerais em relação ao território. O bom governo se forma, em primeiro lugar, no autogoverno do príncipe. De outro lado, a continuidade descendente de toda uma *police* das relações "sociais", que faz com que, na cidade bem administrada, a ordem reine até nos mais ínfimos espaços privados, e que a finalidade geral da ação coletiva orientada para o bem seja assumida como norma do próprio comportamento individual.[72] Trata-se de um modelo econômico do poder, no qual, segundo uma tradição clássica — de Aristóteles à *Hausväterliteratur*[73] alemã e, portanto, de acordo com uma ordem discursiva que não opõe economia e política, mas concebe as funções de governo partindo da *oikonomia* da casa como sistema de relações políticas

[72] DEII, p. 641.

[73] Literatura para os pais de família (*Hausvater-Literatur*), literatura doméstica. Amplamente difundida no século XVII, em que se mostra, por exemplo, como deve ser gerida uma granja com a finalidade de obter um benefício ou como manter o *status* e a posição social do proprietário. Cf. BARNETT, V. (ed.). *Routledge Handbook of the History of Global Economic Thought*. New York: Routledge, 2015. [N.T.]

organizadas, dentro do qual se desenvolve a ontologia social do vivente humano, e que depois se generaliza ao conjunto das relações políticas[74] —, a gestão de homens e coisas atua, nesse modelo, entre âmbitos da ação que apenas a representação jurídica moderna do poder tenderá a separar.[75] "A introdução da economia no interior do exercício político — é isso, creio eu, que constituirá o desafio essencial do governo", escreve Foucault.[76]

Contudo, será necessário um passo adiante. A razão governamental, em seus primórdios, ainda aparece estreitamente ligada ao ciclo político descrito por Maquiavel. Ela ilumina uma dimensão ampliada do problema, mas ainda marcada por certa unilateralidade. O que está em questão é apenas a relação entre o príncipe e a manutenção, ordenação e conservação de seu principado: uma relação presa entre um conceito ainda rígido e abstrato de domínio e uma noção ainda restrita e indefinida de troca e de economia, segundo Foucault.[77] Para que a nova racionalidade política governamental possa se instaurar plenamente, será necessário realizar uma *regressão* radical do princípio jurídico — ou seja, esgotar o pressuposto segundo o qual a função de governo se expressa sob a forma do decreto e coincide com o raio de extensão da vontade do soberano. E será necessário que emerja um referente da ação administrativa que se dissolva no sistema de processos que a atravessam e a definem como ponto de articulação intermediário de

[74] Sobre o tema: BRUNNER, O. La "casa come complesso" e l'antica "economica" europea. In: SCHIERA, P. (coord.). *Per una nuova storia costituzionale e sociale.* Milano: Vita e Pensiero, 1970, p. 133-164.

[75] Esta cesura foi considerada chave da transição que afeta a política entre pré-modernidade e modernidade em um livro importante de Giuseppe Duso: DUSO, G. *La logica del potere*: storia concettuale come filosofia politica. Roma-Bari: Laterza, 1999, em particular o capítulo 3, "Fine del governo e nascita del potere", p. 55-85. [DUSO, G. *O poder*: história da filosofia política moderna. Tradução de Andrea Ciacchi et al. Rio de Janeiro: Vozes, 2005].

[76] DEII, p. 642.

[77] DEII, p. 650.

regularidades muito mais gerais — precisamente aquela família à qual a antiga arte de governar havia se referido, desde o início, para tematizar a especificidade da *oikonomia*. A inversão definitiva do esquema jurídico se dá, para Foucault, justamente com a entrada em cena da população: sujeito de interesses e necessidades irredutíveis e independentes em relação ao príncipe, e objeto de tecnologias de governo que não visam ao incremento da potência soberana, mas, ao contrário, à conservação e à otimização das relações e forças sobre as quais essas tecnologias se aplicam.[78]

A população não é uma simples soma aritmética de indivíduos. O que a define — como conceito político cuja história está marcada por sua introdução nas fontes econômicas e cameralistas, mais do que nos textos propriamente filosóficos — é, antes, uma massa opaca que resiste ao olhar do soberano e que se manifesta apenas obliquamente nos dados da demografia e da estatística: nas curvas das taxas de natalidade e de mortalidade, nas representações gráficas dos volumes de trocas e do comércio, na avaliação dos riscos epidemiológicos. A população é, todavia, ao mesmo tempo, o coletivo singular que emerge atravessado por disposições e limites individuais (atitudes laborais a serem formadas, custos sociais a serem contidos, riscos a serem evitados), como aquilo que as ciências sociais surgidas no século XIX irão chamar de "questão social", convocando a um esforço de reforma dos saberes voltado à disciplina da inquietação moral (embriaguez, promiscuidade sexual, exposição irresponsável a trabalhos nocivos, baixa propensão à poupança)[79] das classes trabalhadoras. Essa inquietação requer a adoção de uma ótica de gestão capaz de articular, de forma cada vez mais estreita, produção normativa, aparelhos disciplinares e tecnologias governamentais.

[78] DEII, p. 652.

[79] Sobre o tema: EWALD, F. *L'État providence*. Paris: Grasset, 1986; PROCACCI, G. *Gouverner la misère*: la question sociale en France (1789-1848). Paris: Seuil, 1993.

Governar e administrar uma população, sublinha Foucault, não significa apenas gerir a massa dos fenômenos que a atravessam no plano dos grandes processos agregados, mas tratá-la em profundidade — ou seja, segundo uma lógica do detalhe, na qual governo e disciplina se coordenam, em vez de se oporem. A relação entre governamentalidade e disciplina, assim como entre sociedade de direito e soberania, ou ainda entre sociedade disciplinar e sociedade "governada", não obedece à lógica de um *remplacement* [substituição] linear, à ordem de uma simples sucessão. Tampouco remete a perfis de época distintos que permitiriam identificar uma fase disciplinar e outra fase governamental da política moderna. O processo deve ser, antes, compreendido como uma triangulação entre soberania, disciplina e gestão governamental, e avaliado como efeito do deslocamento segundo o qual a soberania — entendida como descritor fundamental da política e como referência privilegiada do discurso jurídico — vai sendo deslocada da centralidade, lentamente, mas de modo inexorável, pela emergência do problema das decisões de governo e pela ótica de regulação que as sustenta. A população — objeto sobre o qual convergem, de um lado, a renovação interna das ciências de polícia, e de outro, o isolamento progressivo da economia política como discurso autonomizado no plano dos saberes — impõe-se, nessa oscilação entre tecnologias disciplinares e tecnologias biopolíticas, tanto como dado objetivo (população como uma configuração de relações fotografada pela estatística) quanto como campo de intervenção específico (intermediário entre o indivíduo e a sociedade), mas, também, como finalidade geral da ação de governo (a qual verifica sua eficácia justamente sobre ela e sobre sua prosperidade desejável). Assim, a população contribui para consolidar aquilo que Foucault chama de uma "série sólida" entre economia e política — cuja indivisibilidade aparece como símbolo do sistema de relações que constitui a atualidade à qual pertencemos.[80]

[80] DEII, p. 654-655.

V.

Talvez valha a pena lembrar que a genealogia parte sempre do fim. E, como sabemos, está materialmente imersa na história. Ela rompe as linearidades e os efeitos de continuidade próprios da representação vulgar da história. A genealogia não busca origens, mas traz luz a pontos de fricção entre lógicas heterogêneas que determinam desvios, rupturas, novos inícios na conexão entre saberes e poderes. O genealogista, recorda Foucault, precisa da história — dos arquivos nos quais se sedimentam práticas, da memória dos embates entre liberdade e poder, do campo de batalha que a analítica do cotidiano revela — justamente para exorcizar a quimera da origem.[81]

Portanto, mais uma vez, o ponto de partida da analítica foucaultiana dos biopoderes deve ser a urgência do presente. O filósofo ilustrado — aquele que trabalha com a lúcida consciência de que não há um "fora" da história — deve tomar posição em relação ao presente ao qual pertencem seu pensamento e sua palavra. Fazer a genealogia da governamentalidade significa problematizar a transformação da política produzida pela imposição sobre ela de um novo princípio de realidade — pela sua inscrição no *Umwelt* [entorno, ambiente, mundo circundante] indisponível dos interesses sociais. A governamentalidade é o conjunto de instâncias que ajustam o exercício do poder à centralidade da economia, e não do direito. Mas é também, como afirma Foucault, uma linha de força que conduz à primazia de uma função — o governo — sobre os mecanismos da soberania e da disciplina. E é, por fim, o ponto de vista que exorciza o espectro do Estado e o efeito de *survalorisation* [sobrevaloração] que o atravessa, tanto na forma lírica do "monstro frio", cuja presença paira sobre nossas relações, quanto naquela outra, paradoxal — pois aparentemente reducionista — que o concebe como superestrutura de processos

[81] DEI, p. 1.008.

de reprodução que o atravessam, tornando-o tanto mais importante de ser conquistado, já que garante a disposição geral do domínio.[82] Para Foucault, o Estado nunca teve a unidade que lhe é atribuída. Nem como "sujeito" da história constitucional, nem como síntese soberana de suas funções. O Estado sempre foi um conjunto de procedimentos e de tecnologias jurídicas e extrajurídicas que apenas o encantamento filosófico-político ao qual a modernidade se submeteu logrou fazer pensar em termos unitários e de monopólio soberano da decisão. Se algo marca a atualidade liberal à qual estamos vinculados, o indicador capaz de captar a tendência que arrasta o presente não é o processo de estatização do social, como afirma a teoria crítica (essa invasão de um poder exorbitante e totalitário que permeia todos os resíduos interstícios da cooperação e reduz a liberdade dos indivíduos a uma dimensão única), mas, sim, como Foucault compreende perfeitamente, a ponto de reformular toda a sua analítica do poder, a drástica limitação da racionalidade do Estado. Limitação, imposta pela centralidade adquirida dos processos de mercado, que obriga o Estado a governamentalizar seus próprios dispositivos.[83]

No centro da atenção impõe-se novamente uma separação, uma fratura. Não apenas aquela definida pelo ambiente operativo dos biopoderes — cujas condições de possibilidade e limites de exercício são analisados pela economia política, autêntica *Kritik* em sentido kantiano[84] — em relação ao código autorizativo da lei, mas, ainda mais radicalmente, aquela constituída pelos agentes de mercado, cujo cálculo de utilidade, único e livre motor do intercâmbio, representa uma exterioridade incontornável para os aparelhos de poder, e o objeto de práticas de governo que não podem pretender instruí-lo, ditando-lhe as condições e possibilidades de exercício a

[82] DEII, p. 655-656; STP, p. III.

[83] STP, p. 112.

[84] NBP, p. 286.

partir de um ponto de vista soberano. Um interesse, para dizer de outro modo, é algo radicalmente distinto de um direito.

O deslocamento do biopoder à biopolítica indica a especificidade dessa transição em Foucault. De um lado, o biopoder: o conjunto de mecanismos pelos quais a humanidade — no que diz respeito às suas funções biológicas e vitais — ingressa, a partir do século XVIII, no campo de intervenção do poder, que a objetiva como *população* (as ciências de polícia, a cameralística, a estatística; a referência ao território de competência do soberano, não apenas em termos espaciais, delimitados pela vigência da lei, mas em termos econômicos, demográficos, atuariais; a ressemantização da ciência política a partir dos saberes funcionais ao desenvolvimento da prosperidade e do bem-estar dos súditos).[85] De outro lado, a biopolítica: o surgimento, na antropologia política sobre a qual se funda a economia, de um sujeito cuja cooperação — com desinência estritamente egoísta e, portanto, sempre potencialmente entrópica no intercâmbio social global — entrelaça redes de valorização que se dirigem ao Estado apenas de modo indireto, para exigir dele a garantia das condições de liberdade sobre as quais se relançam as dinâmicas aquisitivas e proprietárias. Tais dinâmicas expressam reivindicações e necessidades que jamais podem ser formalizadas, previstas ou totalizadas do ponto de vista estatal.[86]

[85] Sobre o tema, Cf. ao menos: SCHIERA, P. *Dall'arte di governo alle Scienze dello Stato*: Il cameralismo e l'assolutismo tedesco. Milano: Giuffrè, 1968; MAIER, H. *Die ältere Deutsche Staats- und Verwaltungslehre*. Munique: Beck, 1969; SCATTOLA, M. *La nascita delle scienze dello Stato*: August Ludwig Schlözer (1735-1809) e le discipline politiche del Settecento tedesco. Milano: Franco Angeli, 1994.

[86] Sobre a analítica foucaultiana do discurso econômico, Cf. ZANINI, A. *L'ordine del discorso economico*: linguaggio delle ricchezze e pratiche di governo in Michel Foucault. Verona: ombre corte, 2010. Do mesmo autor, ver também: ZANINI, A. *Filosofia economica*: fondamenti economici e categorie politiche. Torino: Bollati Boringhieri, 2005.

Na transição entre o liberalismo clássico e o ordoliberalismo austríaco — analisada no curso foucaultiano de 1978-1979 —, o deslocamento do lugar de veridicção do Estado ao mercado[87] (isto é, da lei do soberano — que discrimina entre o legal e o ilegal e preconstitui a possibilidade da ação — a uma ação de troca livre e espontânea entre indivíduos, que exige no máximo regulação para restabelecer, a cada ciclo, as mesmas premissas e condições) não significa apenas que se inverte a lógica geral da relação entre sociedade e Estado, e que os mecanismos desiguais da concorrência passam a ditar o ritmo da adaptação institucional ao sistema de variáveis econômicas tidas como fundamentais.[88] Significa também que o sujeito, muito mais do que antes, tende a se constituir *fora* dos mecanismos disciplinares tradicionais, fundando-se antes sobre uma autonomia que mobiliza as razões do interesse, valorizando uma liberdade que lhe deve ser constantemente restituída.

Se o espaço das disciplinas é um espaço de plena visibilidade — o território fechado sobre o qual se irradia, de forma unidirecional, o olhar panóptico dos dispositivos de vigilância —, o ambiente biopolítico, ao contrário, apresenta-se como um circuito opaco de interesses e trocas que torna literalmente impossível o ponto de vista soberano. Trata-se de um dado que consolida o sistema de referências indisponíveis sobre o qual se mede a utilidade social das próprias funções de governo.[89]

Foucault avança, todavia. No interior dessa transição, dissolve-se mais um dos universais com os quais trabalham a história e a teoria política — inclusive aquela dita crítica. A sociedade dos indivíduos, uma vez traduzida em mercado, já não pode ser pensada como o limite intransponível do Estado, como nas teorias liberais clássicas, nem pode ser evocada, como nas retóricas da cidadania, para integrar suas dimensões institucionais. Ela se revela, ao menos

87 NBP, p. 31.

88 NBP, p. 120-121.

89 NBP, p. 47-48; p. 285-286.

a partir do ordoliberalismo alemão, como um conceito específico da tecnologia governamental, utilizado para pensar a indexação do direito às dinâmicas da troca.[90] A *sociedade* existe apenas como petição e demanda por um *governo*, cujas funções são simultaneamente necessárias e, ainda assim, mantidas no mínimo.

O sujeito de interesse pede ao Estado que o mantenha no *des-vínculo* imposto por seu próprio cálculo de utilidade. E justamente por isso — mais do que parece à primeira vista — tal operação só é possível na presença de um governo. O conjunto de relações que a tecnologia governamental percorre e mantém em tensão define um sistema extremamente frágil: de um lado, o elemento intangível (em relação ao exercício do poder) do interesse, do qual o indivíduo é o único depositário; de outro, uma *soziale Umwelt* à qual esse interesse individual está constitutivamente entrelaçado — o jogo da livre concorrência, fruto de um *contrat social à l'envers* [contrato social ao revés], como o chama Foucault, que inclui todos os sujeitos sem que o tenham solicitado, e que só pode funcionar sob a condição de que ninguém dele se retire antecipadamente, obstruindo o mecanismo.[91] Esse ambiente deve ser mantido em condições ótimas para que o entrelaçamento das trocas possa prosseguir, embora não se oriente, em hipótese alguma, para um bem coletivo — que, por definição, não pode ser objeto do mercado.[92]

É precisamente nesse ponto que a conexão entre biopoder e biopolítica deve ser ressaltada. A relação de governo é uma relação que se refere a um ambiente, e não a um território, como no caso da soberania. O ambiente social das relações de mercado é descrito por variáveis (o jogo da oferta e da demanda, as dinâmicas

[90] NBP, p. 299-300.

[91] NBP, p. 207.

[92] Cf. LEMKE, Th.; KRASMANN, S.; BRÖCKLING, U. Gouvernamentalität, Neoliberalismus und Selbsttechnologien. In: LEMKE, Th.; KRASMANN, S.; BRÖCKLING, U. (ed.). *Gouvernamentalität der Gegenwart*: Studien zur Ökonomisierung des Sozialen. Frankfurt a. M.: Suhrkamp, 2000, p. 7-40, em particular, p. 14 e ss.

de troca, a valorização ou desvalorização dos recursos humanos disponíveis, a competição entre interesses) totalmente independentes de qualquer perspectiva de planejamento político. O *homo oeconomicus* que o habita é um *élément intangible* [elemento intangível] para o poder: deve-se, literalmente, *deixá-lo fazer*.[93] Trata-se de uma ação livre que *consome* liberdade — liberdade que, por isso mesmo, precisa ser continuamente restituída e garantida por um governo capaz de uma ação simultaneamente eficaz e indireta. Essa liberdade é o objeto específico do cuidado governamental.

A ação de governo é, com efeito, uma ação crítica. Ela se realiza como otimização das condições de exercício da liberdade de ação de um sujeito indisponível — porque não produzido como assujeitado pelo direito soberano, não restrito a um território jurídico, tendencialmente irredutível ao esquema formal da *pessoa* — e, no entanto, "maleável", porque sensível, assim como sua liberdade, às variações das constantes ambientais em que essa mesma liberdade se exerce. A razão governamental — não a planificação de um processo, mas a "programação estratégica" das coordenadas gerais para a livre concorrência entre interesses individuais, nas quais o próprio trabalho assalariado é neoliberalmente retraduzido em termos de atividade empresarial, ou a mobilidade dos migrantes, em investimento subjetivo sobre a própria capacidade de autovalorização[94] — encontra-se sempre suspensa, poder-se-ia dizer, entre uma *carência* e um *excesso*.[95] O governo *deve* agir (para que o *free rider* possa livremente perseguir seu próprio interesse em

[93] NBP, p. 274.

[94] NBP, p. 232-233; p. 236.

[95] Sobre o tema: BURCHELL, G. Peculiar Interests: Civil Society and Governing "The System of Natural Liberty". In: BURCHELL, G.; GORDON, C.; MILLER, P. (ed.). *The Foucault Effect*: Studies in Governmentality. Chicago: The University of Chicago Press, 1991, p. 119-150; BURCHELL, G. Liberal Government and Techniques of the Self. In: BARRY, A.; OSBORNE, Th.; ROSE, N. (ed.). *Foucault and Political Reason*: Liberalism, Neo-Liberalism and Rationalities of Government. Chicago: University of Chicago Press, 1996, p. 19-36.

um jogo concorrencial aberto a todos sob as mesmas condições, com tudo o que isso implica nas políticas neoliberais que Foucault é um dos primeiros a captar em sua especificidade: o desmantelamento do compromisso fordista, das proteções sindicais, a abertura, precisamente, dos mercados de saúde, educação, energia etc)[96], mas não deve agir *demais* (sob o risco de invadir um espaço que não lhe pertence, lhe é completamente heterogêneo e que, segundo a inversão característica que Foucault analisa nos escritos dos economistas americanos e austríacos dos anos 1930, não pode ser liberado por uma autolimitação do Estado, como propunham as doutrinas da *juspublicística* continental do início do século XX, mas deve ser assumido diretamente como lugar de uma autorregulação jurídico-política imanente).

Produzir liberdade — e não fabricar sujeitos ou disciplinar corpos, tal como ocorre nos dispositivos analisados anteriormente por Foucault — não significa dispor as condições para que a liberdade, que já existe, venha a existir, mas trabalhar, com diligência incessante, para manter abertas as possibilidades de seu exercício individual. Significa reconhecer o espaço econômico em cada sujeito e governar os riscos implicados na liberdade não por meio de esquemas jurídicos universais, mas singularizando a responsabilidade de seu exercício. Vale a pena observar, a esse respeito, que nem mesmo a noção de interesse permite ancorar a ação de governo em uma referência objetiva. O interesse que o neoliberalismo assume como noção fundamental é pensado em termos de vontade ("uma forma de vontade ao mesmo tempo imediata e absolutamente subjetiva", escreve Foucault)[97] e escapa aos esquemas representativos da equivalência. A desigualdade — dos interesses em jogo, das prestações

[96] Para uma análise em conjunto destes processos: DARDOT, P.; LAVAL, Ch. *La nuova ragione del mondo*: Critica della razionalità neoliberista. Traduzione di R. Antoniucci; M. Lapenna. Roma: DeriveApprodi, 2013. [DARDOT, P.; LAVAL, C. *A nova razão do mundo*: ensaio sobre a sociedade neoliberal. Tradução de Mariana Echalar. São Paulo: Boitempo, 2016].

[97] NBP, p. 277.

individuais, dos objetivos singulares — é o motor da concorrência, e isso implica que, abandonada a sua pretensão de universalidade igualitária, o direito passe a agir apenas como tutela de um espaço diferencial, reescrito a partir dessa subjetividade.

Isso quer dizer que a própria sociedade, à qual se dirigem as tecnologias governamentais, não pode ser delimitada mediante o reconhecimento e a recomposição dos interesses nela presentes segundo uma mecânica tradicional de equilíbrio, possibilitada pelo intercâmbio e pela uniformidade da mercadoria, mas deve ser produzida como um sistema múltiplo de "empresas" individuais indexadas à diferenciação das opções e das escolhas subjetivas.[98] "A sociedade não existe", parece ter dito, aliás, Margaret Thatcher. A superfície normativa sobre a qual se articulam indivíduo e governamentalidade é composta por processos gerenciais e administrativos, voltados à otimização das prestações em vista do crescimento, à redução da complexidade de um *soziale Umwelt* arriscado — pois atravessado por tendências entrópicas, tanto do lado do sujeito, que pode fraquejar em sua capacidade empresarial, quanto do lado coletivo, quando se desaceleram as trocas, formam-se monopólios ou socializam-se as perdas —, exigindo governo, mas definindo, precisamente por isso, o sistema de relações que julga continuamente a eficiência de sua ação e de seus procedimentos. A racionalidade governamental é uma racionalidade asseguradora.[99] Transfere os custos ao sujeito, assumido como responsável pelo uso que faz de sua própria liberdade — mediante processos marcados por uma difusividade que inverte a trajetória centrípeta tradicional das disciplinas, e que, ainda assim, investe em hábitos de consumo e em atitudes psicoafetivas do indivíduo com uma penetração jamais antes alcançada[100] — e pela autovalorização do capital humano de que dispõe. A governamentalidade

[98] NBP, p. 154-155.

[99] Cf. em particular: EWALD, F. *L'État providence*. Paris: Grasset, 1986.

[100] STP, p. 46.

neoliberal passa diretamente pelo sujeito. A ideia de Estado social é desconstruída a partir da ideia de um risco que só pode ser socializado sob a forma de custo e que, por isso, é realocado — por meio de intervenções de governo muito mais sutis, mas igualmente invasivas em relação às tradicionais — ao sujeito individual que deve arcar com ele.

O indivíduo como empreendedor de si mesmo e um ambiente social capaz de autorregular suas próprias relações, desde que mantido livre de ingerências, são os referenciais das tecnologias governamentais. Essa liberdade — assim como o próprio indivíduo capaz de sustentá-la — não está dada, mas é o produto de relações governadas, tornadas possíveis por um poder que não a detém, mas que cresce *dentro* dessas relações, reproduzindo suas condições de possibilidade.

O sujeito — este é um dos principais resultados da investigação foucaultiana — não *é* livre, mas é *produzido* como livre. Ele é pensado, formado, disciplinado como um ente circunscrito por dispositivos securitários que governam o sistema no qual atua, adequando indivíduo e mercado ao que cada um deve ser em relação ao outro. O sujeito empreendedor de si não é o sujeito livre das retóricas liberais clássicas de matriz jusnaturalista, mas o sujeito tornado livre por tecnologias que lhe restituem a possibilidade de sê-lo em um ambiente de outro modo arriscado e complexo — como o dos interesses concorrenciais e das redes de valorização —, e que não pode ser plenamente domesticado ou assujeitado pela lei, como ocorreu com o lobo hobbesiano transformado em cidadão, pois é descrito por trajetórias irredutíveis de uma ação frente à qual deve, ainda assim, ser deixado livre para agir.

Governar — esta é a característica decisiva do conceito — não significa abrir mão do sujeito, nem lhe impor uma coação. Nem mesmo aquela, tipicamente democrática, em que se recapitula toda a história da soberania:[101] a de uma vontade geral formali-

[101] Sobre o tema: DUSO, G. (ed.). *Oltre la democrazia*: un itinerario attraverso i classici. Roma: Carocci, 2004.

zada em termos procedimentais, como efeito de um contrato de cada um com todos. Governar significa *conduzir*, orientar. E, em particular, orientar comportamentos, atitudes e condutas livres para as finalidades que lhes convêm, regulando seus aspectos singulares e suas coordenadas gerais.

Dessa função de governo, Foucault traça uma genealogia precisa que *não passa* — senão de modo extremamente parcial — pela Grécia.[102] O governo, entendido como o cuidado de um sistema de relações que são, ao mesmo tempo, gerais (a população, tomada como referência específica da genealogia do governo) e individualizadas em cada um dos sujeitos (a conduta, o *governo de si*, que a disciplina governamental influencia sob a forma de uma direção impalpável da consciência autorreflexiva), é, segundo Foucault, uma ideia de origem oriental e bíblica. Trata-se da própria ideia de um poder pastoral que se transmite — através da Igreja, das ciências camerais, dos aparelhos da polícia e dos paradigmas econômicos da fisiocracia — ao keynesianismo e às instituições do estado de bem-estar social. O ordoliberalismo alemão e o anarcocapitalismo americano colocam em crise essa lógica geral.[103] E, no entanto, o retorno ao *libéralisme frugal* [liberalismo frugal] que ambos propõem — Estado mínimo, máxima abertura à liberdade dos indivíduos e responsabilização destes quanto ao seu exercício — desenvolve esquemas de regulação igualmente invasivos.

Toda a vida dos sujeitos é subsumida ao mercado. Isso significa que a conduta de cada um deles deve ser formada — e, em seguida, iniciada — em uma práxis de troca e valorização. A sociedade liberal, assim como cada um dos indivíduos que a compõem, demanda governo. E deve ser atravessada por uma intervenção que a coloque em condição de atingir, por meio de cada nó individual, as finalidades que lhe são próprias. A governamentalidade, por

[102] STP, 129; DEII, p. 719.

[103] Tema que Foucault dedica a aula de 31 de janeiro de 1979, Cf. NBP, p. 77 e ss.

isso mesmo, procede sempre com uma rítmica particular, que é própria apenas da *oikonomia*: *omnes et singulatim*.

Se algo define o *liberalismo* — que também é, para Foucault,[104] um falso universal histórico — seria o esforço de reconhecer a necessidade de uma harmonização que, para poder se realizar, não exige a adoção de um ponto de vista externo ao social — impossível, uma vez assumida sua opacidade, seu ser definido pelo jogo insondável dos interesses individuais —, mas sim o atravessamento de todos os pontos da relação. E isso apenas sob a condição de que, em cada um deles, se maximize a inclinação a satisfazer os critérios de uma racionalidade total, que sustenta a tensão entre troca e mercado.

Essa inclinação é precisamente o governo: conduta de condutas, adequação da liberdade individual à liberdade coletiva, reproposição de uma exterioridade — de um poder, em última instância, pastoral — no âmago da relação que cada indivíduo mantém consigo mesmo. Se os gregos não conceberam tal ideia, é porque tinham outra concepção do processo que constitui aquilo que, apenas por aproximação (e certa forçação), podemos chamar de "subjetividade" em contexto antigo. Não deveria surpreender, portanto — sem qualquer retorno nostálgico ou fuga nas pesquisas éticas dos anos 1980 — que os últimos cursos de Michel Foucault sobre a Antiguidade tardia se voltem justamente a compreender, nesse processo de subjetivação, a verdade inatual e intransitiva do *governo de si*. Para que se possa imaginar uma libertação à altura do presente, capaz de sustentar o desencanto weberiano.

[104] Para um reconhecimento do conjunto: BONNAFOUS-BOUCHER, M. *Un libéralisme sans liberté*: du terme "libéralisme" dans la pensée de Michel Foucault. Paris: L'Harmattan, 2004.

2. *Phantasiebildern/ Histoire Fiction*: Weber, Foucault

Na aula de 5 de janeiro de 1983, que inaugura o curso daquele ano no Collège de France, Michel Foucault faz uma afirmação surpreendente. Na cena contemporânea da filosofia — que ele insere inteiramente no rastro da tradição kantiana —, só há duas opções disponíveis: ou um trabalho sobre as condições de possibilidade do juízo verdadeiro, uma analítica da verdade cuja continuidade ele reconhece na filosofia anglo-americana; ou uma filosofia crítica que assuma o presente como seu problema. Nada de novo, em muitos aspectos. Tampouco é novidade o fato de Foucault se colocar no campo dessa segunda alternativa, dada a sua reiterada valorização, em diversos contextos, do ensaio publicado por Kant na *Berlinische Monatsschrift*, "O que é o esclarecimento?" (1784) — cujo bicentenário se celebrava precisamente naqueles anos —, como ato inaugural de um pensamento da "pura atualidade".[105] Não é incomum, igualmente, a ênfase na *atitude* moderna da filosofia: situar-se num campo móvel de forças, em um presente em constante desequilíbrio em relação às sínteses momentaneamente conquistadas; ou interrogar-se sobre o estatuto da razão, sobre a autonomia ou a autoridade dos saberes. O que de fato surpreende — pelo menos para quem conhece o conjunto da obra de Foucault, que inclui também numerosas entrevistas, explicações e tomadas

[105] FOUCAULT, M. Qu'est-ce que les Lumières? In: RABINOW, P. (ed.). *The Foucault Reader*. New York: Pantheon Books, 1984, p. 32-50. In: DEII, p. 1.381-1.397, p. 1383. [FOUCAULT, M. O que são as Luzes? In: *Arqueologia das ciências e história dos sistemas de pensamento*: Ditos e Escritos II. Organização e seleção de textos de Manoel Barros da Motta. Tradução de Elisa Monteiro. 3. ed. Rio de Janeiro: Forense Universitária, 2015, p. 273-295].

de posição nas quais ele presta contas, sobretudo a si mesmo, do seu próprio percurso de pesquisa — é a série à qual Foucault vincula seu trabalho: aquela que, passando por Nietzsche e Weber, parte de Hegel para chegar à Escola de Frankfurt.[106]

Em vários de seus pronunciamentos, Foucault havia sido muito cuidadoso — e muito explícito — ao diferenciar sua posição tanto em relação à Escola de Frankfurt, quanto a Max Weber. Da primeira, quase metonimicamente identificada com a Dialética do Esclarecimento (1947), de Adorno e Horkheimer, o que lhe parecia questionável era o continuísmo implícito na inversão entre a instância emancipatória da razão e sua conversão em domínio da técnica; de Weber, lido na mesma chave, o fato de reduzir a modernidade a um único processo de racionalização. "Não creio que eu seja weberiano" — declarava ainda poucos anos antes — "pois meu problema não é, em última análise, o da racionalidade como invariante antropológica. Não creio que se possa falar de 'racionalização' em si, sem, por um lado, supor uma razão absoluta e, por outro, correr o risco de colocar praticamente qualquer coisa sob a rubrica das racionalizações".[107]

[106] M FOUCAULT, M. *Le gouvernement de soi et des autres*: Cours au Collège de France, 1982-1983. Édition établie sous la direction de F. Ewald et A. Fontana par F. Gros. Paris: Gallimard/Seuil, 2008, p. 22. [= GSA]. [FOUCAULT, M. *O governo de si e dos outros*: curso no Collège de France (1982-1983). Edição estabelecida por Frédéric Gros, sob a direção de François Ewald e Alessandro Fontana. Tradução de Eduardo Brandão. São Paulo: WMF Martins Fontes, 2010].

[107] FOUCAULT, M. Table ronde du 20 mai 1978. In: PERROT, M. *L'impossible prison*: Recherches sur le système pénitentiaire au XIXe siècle. Paris: Seuil, 1980. In: DEII, p. 839-853, p. 845. [FOUCAULT, M. Mesa-redonda em 20 de maio de 1978. In: *Estratégia, poder-saber*: Ditos e Escritos IV. Organização e seleção de textos de Manoel Barros da Motta. Tradução de Vera Lúcia Avellar Ribeiro. 2. ed. Rio de Janeiro: Forense Universitária, 2006, p. 335-351]. Também em 1978, talvez pela leitura do livro de Otto Kirchheimer e George Rusche sobre a penalidade, utilizado na redação de *Vigiar e punir* (KIRCHHEIMER, O.; RUSCHE, G. *Punishment and Social Structure*. [1939]. [RUSCHE, G.; KIRCHHEIMER, O. *Punição e estrutura social*. Tradução, revisão técnica e nota introdutória de Gizlene

Dois aspectos, em especial, afastavam Foucault de Weber (frequentemente citado em bloco com a Escola de Frankfurt, como ícone de uma prática teórica irredutível ao estilo filosófico francês, fundamentalmente impregnado de fenomenologia, mesmo quando voltado à história das ciências).[108] Em primeiro lugar, uma diferença radical — ao menos tal como percebida por Foucault — no plano metodológico: ele considera insustentável a noção weberiana de *tipo ideal*. Em segundo lugar, a referência aos processos históricos e sociais articulada a um eixo único de transformação e verificação, investido de um *valor-razão* que julgava inteiramente discutível.

No rigor e na explicitação reflexiva de seu próprio projeto naqueles anos, é evidente que Foucault compreendia Weber de modo parcial. Em parte, como ele mesmo narraria alguns anos mais tarde, devido à pouca penetração da filosofia crítica alemã e de seus referenciais fundadores na academia francesa.[109] De outra parte, em razão da virada decisiva em que estava empenhado: apartar-se, por meio da história das ciências, da filosofia do sujeito e da ideia de racionalidade que dela se refletia.

Neder. Rio de Janeiro: Revan, 2004]), Foucault começa a revisar sua valorização sobre a Escola de Frankfurt. Cf. FOUCAULT, M. Entretien avec D. Trombadori. Paris, 1978. *Il Contributo*, n. 1, p. 23-84, jan.-mar. 1980. In: DEII, p. 860-914, p. 861, em particular, p. 891-892. [FOUCAULT, M. Conversa com Michel Foucault. In: *Repensar a política*: Ditos e Escritos VI, p. 289-347].

[108] O juízo de Foucault sobre Koyré é muito explícito: "um sujeito de tipo fenomenológico, trans-histórico, é capaz de dar conta da historicidade de razão?". Cf. DEII, p. 1.255. Sobre o tema, ver: PALTRINIERI, L. *L'expérience du concept*: Michel Foucault entre épistémologie et histoire. Paris: Publications de la Sorbonne, 2012.

[109] Foucault acharia historicamente fascinante compreender como foi possível que a emigração de membros da Escola de Frankfurt para Paris, a partir de 1935, tivesse resultado totalmente inócua para o debate intelectual francês, e que nenhum dos professores que conheceu nos anos de sua formação tivesse sequer mencionado autores que, poucos anos depois, seriam muito mais bem recebidos nos Estados Unidos.

Ao esclarecer seu projeto de investigação — um trabalho de acontecimentalização da história, que esvaziasse os esquemas de imputação a estruturas e processos gerais e necessários, para fazer emergir, em seu lugar, práticas, programas e dispositivos singulares como efeitos diferenciados dos múltiplos regimes de juridificação e de veridicção em torno dos quais se organizou (e continua, evidentemente, a se organizar) o governo dos homens —, Foucault podia denunciar, em Weber, o último reduto de uma teoria da história tendencialmente *désévenementialisée* [desacontecimentalizada], voltada a cristalizar modelos abstratos — do calvinismo, do Estado, da empresa capitalista — como essências às quais referir os processos.

E não apenas isso. Podia erigir diretamente a metodologia weberiana como pano de fundo em relação ao qual reivindicar, por contraste, a especificidade de sua própria pesquisa. Exatamente nesse sentido, opõe, por exemplo, sua noção de *programa* à de *tipo ideal*: o esquema do cárcere, do hospital ou da *workhouse* não corresponde a uma categoria ou a um conjunto de princípios aos quais se possam reconduzir as práticas de vigilância ou de punição, mas é, antes, o conjunto de prescrições e de estratégias que permite organizar instituições, imaginar e colocar sob controle os espaços, regular comportamentos — tratando cada um desses objetivos na singularidade e especificidade que o localizam mediante uma resistência que precisa ser vencida e superada.

O *tipo ideal*, assim como a *disciplina* — termo também relevante, como se sabe, para Weber —, não é o geometral das práticas, o "universal" ao qual estas possam ser reconduzidas ou referidas a partir dos traços comuns e generalizáveis que deixam entrever — o "ideal" no qual, por meio de uma irrefletida opção platônica, pudesse ser resgatada "a desordenada impureza do real" —, mas aquilo que permite nomear a "conexão" entre as diferentes técnicas que o atravessam como programas e como estratégias, e que se recompõem de modo contingente, aleatório, por vezes contraditório, em resultados que não necessariamente executam a intenção originária com que foram postos em obra, nem transferem de modo linear para as instituições o que fora inicialmente prefigurado.

A solidez e a flexibilidade do que Foucault chama de *dispositivo* correspondem exatamente a essa racionalidade *dispersiva* do real: não uma totalidade compacta e recapitulada no pensamento, mas um conjunto de positividades produzidas pelos "efeitos permanentes e sólidos" de práticas anônimas, que podem ser perfeitamente compreendidas nos desenhos estratégicos que as orientam, sem que seja necessário referi-las, como sua "razão" global, ao que as precede ou ao que as executa.[110] "Por trás da rica fachada do sistema supõe-se a rica incerteza da desordem", escreveu Foucault alguns anos antes,[111] "e, sob a tênue superfície do discurso, toda a massa de um devir em parte silencioso". Os conceitos ou categorias que mobiliza para um trabalho filosófico inteiramente situado no campo de imanência da história e da vida — uma história que não admite posições de externalidade, nem conhece transcendentais, e que arrasta a verdade para a fragmentação e para os antagonismos deste mundo[112] — não passam de grelhas, índices, recortes,

[110] DEII, p. 846-847. Sobre o tema, FABIANI, J.-C. La sociologie historique face à l'archéologie du savoir. *Le Portique*, n. 13-14, p. 1-17, 2004. Mais em geral: DEAN, M. *Critical and Effective Histories*: Foucault's Method and Historical Sociology. London-New York: Routledge, 1994. Seguramente, menos útil, ao menos desde esta perspectiva: SZAKOLCZAI, A. *Max Weber and Michel Foucault*: Parallel Life-Works. London-New York: Routledge, 1998.

[111] FOUCAULT, M. *L'archeologia del sapere*. [1969]. Traduzione di G. Bogliolo. Milano: Rizzoli, 1980, p. 101. [FOUCAULT, M. *Arqueologia do saber*. Tradução de Luiz Felipe Baeta. 3. ed. Rio de Janeiro: Forense-Universitária, 1987].

[112] FOUCAULT, M. *Le savoir comme crime*: Entretien avec S. Terayama (1976). In: DEII, p. 79-89, p. 80. [FOUCAULT, M. O saber como crime. In: *Arte, epistemologia, filosofia e história da medicina*: Ditos e Escritos VII. Organização e seleção de textos de Manoel Barros da Motta. Tradução de Vera Lúcia Avellar Ribeiro. Rio de Janeiro: Forense Universitária, 2011, p. 62-69]. FOUCAULT, M. La fonction politique de l'intellectuel. Politique Hebdo, 1976. In: DEII, p. 109-114, p. 112. [FOUCAULT, M. A função política do intelectual. In: *Arte, epistemologia, filosofia e história da medicina*: Ditos e Escritos VII. p. 213-219]. Sob este ponto,

que permitem cartografar as linhas de visibilização ou os pontos de emergência nos quais se atualizam, de forma constantemente revogável, os possíveis e as virtualidades inerentes ao sistema de forças, tensões, ações e reações que tecem a história.[113]

A noção de *programa* contra a de *tipo ideal*; racionalidades múltiplas e estratégias locais — isto é, permanentemente em resistência e em disputa — contra a ideia de um único processo de "racionalização"; uma analítica extrajurídica do poder, que o apreende na cotidianidade e na reversibilidade das relações que atravessam o corpo social e que o tornam irredutível a uma instituição ou a um ordenamento dominante, contra o "monopólio da violência legítima" que Weber atribui ao Estado ("*anders ist er nicht zu definieren*", ou seja, "não se pode defini-lo de outro modo", sublinhava Weber, reafirmando a referência circular e permanente entre os dois termos):[114] esses são os pontos centrais das reservas de Foucault em relação a Weber.

Entretanto, não muitos anos depois, a surpreendente afirmação de que partimos: Foucault situa seu próprio trabalho na parábola

---

com eficácia: BALIBAR, E. Foucault et Marx: L'enjeu du nominalisme. In: *Michel Foucault philosophe*. Paris: Seuil, 1989. p. 54-75. [BALIBAR, E. Foucault y Marx: La postura del nominalismo. In: BALIBAR, E. et al. *Michel Foucault, filósofo*. Traducción de Alberto Luis Bixio. Barcelona: Gedisa Editorial, 1999. p. 48-66].

113 DELEUZE, G. *Foucault*. Paris: Minuit, 1986. [DELEUZE, G. *Foucault*. Tradução de Claudia Sant'Anna Martins et al.; revisão de Renato Ribeiro. São Paulo: Editora Brasiliense, 2006].

114 FOUCAULT, M. Le pouvoir, une bête magnifique: entretien avec M. Osorio. *Quadernos para el dialogo*, 1977. In: DEII, p. 368-382, p. 378 [FOUCAULT, M. O poder, uma besta magnífica. In: *Repensar a política*: Ditos e Escritos VI. p. 155-169]. M WEBER, M. Gesammelte Aufsätze zur Religionssoziologie, Zwischenbetrachtung: Theorie der Stufen und Richtungen religiöser Weltablehnung. [1920]. In: *Gesammelte Aufsätze zur Religionssoziologie*. Tübingen: Mohr, 1986. Bd. II, p. 536-576, p. 547. [WEBER, M. *Ensaio de Sociologia*. Organização e Introdução de H. H. Gerth e C. Wright Mills. 5. ed. Tradução de Waltensir Dutra. Revisão Técnica de Fernando Henrique Cardoso. Rio de Janeiro: LTC, 1982].

que vai de Hegel à Escola de Frankfurt e que tem em Nietzsche e em Weber o seu ponto de articulação fundamental.

É difícil subestimar a importância do primeiro para Foucault; mais complexo — ou, ao menos, exigindo decifração — é o sentido da viragem que ele parece operar em relação ao segundo. Uma mudança decisiva, a nosso ver, se considerarmos a inflexão que atravessa a própria investigação foucaultiana entre o fim da década de 1970 e a primeira metade dos anos 1980: o deslocamento da analítica do poder para o terreno da governamentalidade; a centralidade adquirida pelo tema da subjetivação e das técnicas de si; a radicalização de um projeto filosófico que atravessa o tema do pastorado e das contracondutas: "Trata-se de sair da filosofia do sujeito fazendo a genealogia do sujeito moderno, como realidade histórica e cultural; ou seja, como algo suscetível de transformação, o que, evidentemente, é importante do ponto de vista político", declarava Foucault naqueles anos, valorizando o aspecto ético e político de uma tomada de posição filosófica contra o estruturalismo e a fenomenologia.[115]

É precisamente nesse momento de transição que se recupera, ainda que não discutida abertamente, a contribuição de Max Weber — que, em Foucault, articula a reivindicação de uma ética da pesquisa e de uma prática da filosofia materialmente inscritas na imanência da história à problematização do estatuto do sujeito no quadro da governamentalização dos dispositivos de poder. Uma filosofia da política e da história, uma ética do trabalho intelectual, sem dúvida — não uma simples sociologia da ação.

I.

Pois bem, recomecemos. O que muda no trabalho de Foucault no final dos anos 1970? A que remete o tema da governamentalidade? No texto de 1981, mencionado anteriormente e publicado na

[115] M FOUCAULT, M. *Sexualité et solitude.* [1981]. In: DEII, p. 987-997, p. 989 [FOUCAULT, M. Sexualidade e solidão. In: *Ética, sexualidade, política*: Ditos e Escritos V, p. 92-103].

London Review of Books, Foucault desenvolve um argumento de certo interesse, desta vez em referência a Habermas. É sabido que Foucault sempre considerou a pragmática da comunicação e a ética do discurso como uma espécie de ingenuidade utópica. Por um lado, devido ao seu transcendentalismo. Por outro, por postular a possibilidade de uma situação de comunicação ideal capaz de dissolver a realidade das relações de poder (realidade que não possui qualquer "fora": "a ideia de que poderá existir um estado de comunicação de tal índole que os jogos de verdade possam circular nele sem obstáculos, sem coações e sem efeitos coercitivos, parece-me da ordem utópica", observa Foucault, enunciando uma verdade que valeria a pena repetir a muitos protagonistas do *mainstream* filosófico-analítico e normativista contemporâneo).[116] Entretanto, nessas páginas, a referência a Habermas funciona como pretexto para aquilo que Foucault evoca como uma *autocrítica*. Habermas, diz ele, distingue três tipologias fundamentais de técnica: técnicas voltadas à produção, à manipulação e à transformação das coisas; técnicas que permitem utilizar sistemas de signos; técnicas que permitem determinar a conduta dos indivíduos, impor-lhes objetivos ou orientar suas ações segundo finalidades determinadas. Há, portanto, técnicas de produção, técnicas de significação ou comunicação e técnicas de dominação. Foucault não o explicita, mas é evidente que, nesse ponto, lê Habermas como situado inteiramente no interior das contradições da Escola de Frankfurt: uma razão que perverte seu próprio signo emancipatório e se converte em aparato vazio de controle e manipulação. Mas não é este o ponto que mais nos interessa. Importa-nos, antes, o jogo de espelhos sobre o qual Foucault constrói e enuncia a sua autocrítica: as

[116] Veja-se: DEII, p. 1.099; FOUCAULT, M. L'éthique du souci de soi comme pratique de la liberté (Entretien avec H. Becker, R. Fornet-Betancourt, A. Gomez-Müller, 20 janvier 1984). *Concordia: Revista internacional de filosofia*, n. 6, p. 99-116, jul.-dez. 1984. In: DEII, p. 1.527-1.548, p. 1.546. [FOUCAULT, M. A ética do cuidado de si como prática da liberdade. In: *Ética, sexualidade, política*: Ditos e Escritos V, p. 264-287].

técnicas de que fala Habermas são, de fato, as técnicas disciplinares pelas quais o sujeito foi historicamente produzido e as técnicas representacionais que o enredaram na jaula dos saberes.

Por quais vias, afinal, Foucault havia pensado e organizado sua "saída" da filosofia do sujeito? Por um lado, em *As palavras e as coisas* (1966), trabalhando sobre a construção do sujeito como ser falante, vivente e laborante, no que concebeu como uma arqueologia das ciências humanas; por outro, em especial em *Vigiar e punir* (1975), estudando as instituições e as tecnologias de sua sujeição enquanto alvo de saberes e poderes que projetam asilos, prisões, quartéis. O que provoca a autocrítica em Foucault é o uso, de algum modo irrefletido — ou ainda não suficientemente especificado —, do termo *técnica*, empregado talvez de forma demasiado próxima à dos frankfurtianos, como expressão de um projeto ou aparato de dominação. "Do que me dei conta, pouco a pouco", diz Foucault, "é que existe, em todas as sociedades, outro tipo de técnicas: aquelas que permitem aos indivíduos realizar, por seus próprios meios, um certo número de operações sobre seus corpos, suas almas, seus pensamentos, suas condutas — e isto de um modo tal que os transforma, modifica-os, alcançando assim certo estado de perfeição, de felicidade, de pureza, de poder sobrenatural. Chamemos a essas técnicas as técnicas de si."[117]

O tema das tecnologias de si é introduzido como resultado de uma reorientação completa da investigação foucaultiana e é, creio, um indicador de uma problematização radical de seu sistema de referências. Permite tornar menos ambígua a noção de racionalidade que orienta o desdobramento das estratégias e das tecnologias de poder, rearticulando-as em torno da noção de governo. Se considerarmos que os dois cursos do Collège de France de 1976 e de 1977-1978 possam ser lidos como um "anti-Hobbes" — vez que deslocam definitivamente a análise do Político para fora da longa sombra do Estado, e recuperam a ideia do pastorado cristão como

[117] DEII, p. 989-990.

um esquema de obrigação cujo eixo já não é a imposição direta de um regime de sujeição e de submetimento, mas, sim, em termos não muito distantes dos de Weber, a conquista da obediência de agentes livres cujas relações devem ser governadas e orientadas a partir de uma espécie de indisponibilidade matricial[118] —, é igualmente verdade que a ideia foucaultiana de governamentalidade coloca no centro uma dinâmica de individuação que desmultiplica, fragmenta, sobrepõe ou contrapõe entre si formas específicas e diferenciadas de racionalidade. No mínimo: aquela mediante a qual se expressa a função de governo (orientada à totalização dos efeitos de sua própria ação) e aquela outra que, como limite intransponível para a primeira, se orienta à expressão de interesses e necessidades singulares, que subjetivam posições individuais.[119]

[118] FOUCAULT, M. *Il faut défendre la société*: Cours au Collège de France, 1975-76 [=FDS]. Édition établie sous la direction de F. Ewald et A. Fontana par M. Bertani et A. Fontana. Paris: Gallimard/Seuil, 1997. [FOUCAULT, M. *Em defesa da sociedade*: curso no Collège de France (1975-1976). Edição estabelecida sob a direção de F. Ewald e A. Fontana, por Mauro Bertani e A. Fontana. Tradução de Maria Ermantina Galvão. São Paulo: Martins Fontes, 1999]; FOUCAULT, M. *Sécurité, territoire, population*: Cours au Collège de France, 1977-1978 [=STP]. Édition établie sous la direction de F. Ewald et A. Fontana par M. Senellart. Paris: Gallimard/Seuil, 2004. [FOUCAULT, M. *Segurança, território, população*: curso dado no Collège de France (1977-1978). Edição estabelecida por M. Senellart sob a direção de F. Ewald e A. Fontana. Tradução de Eduardo Brandão. Revisão da tradução de Claudia Berliner. São Paulo: Martins Fontes, 2008]. Consideram esta passagem, KARSENTI, B. La política del fuori: una lettura dei Corsi di Foucault al Collège de France (1977-1979). In: CHIGNOLA, S. (coord.). *Governare la vita*: un seminario sui corsi di Michel Foucault al Collège de France (1977-1979). Verona: ombre corte, 2006. p. 71-90; BÜTTGEN, Ph. Théologie politique et pouvoir pastoral. *Annales: Histoire, Sciences Sociales*, v. 62, n. 5, p. 1.129-1.154, 2007. Retomando a qualificação da genealogia do poder foucaultiana como um "contra-Hobbes", ver BERT, J. F. *Proximité, réserve et emprunt: la place de Michel Foucault dans la sociologie française*. 2006. Tese (Doutorado) – Université de Paris VIII, Paris, 2006, p. 132 ss. Mais em geral: LEBLANC, G. *L'esprit des sciences humaines*. Paris: Vrin, 2005.

[119] FOUCAULT, M. *Omnes et singulatim*: vers une critique de la raison politique. 1981. In: DEII, p. 953-980. [FOUCAULT, M. "Omnes et singulatim": uma crítica

Daí decorre a complicação do esquema de bifurcação da razão que Habermas recupera do legado kantiano: de um lado, uma razão técnica; de outro, uma razão ético-política.[120] O que está em questão aqui, para Foucault — que tende a desfazer, na superfície da vida cotidiana e sob o mais puro desencanto, as relações e os vínculos, os jogos de poder e os jogos de verdade, que não conhecem momentos culminantes nem pontos de virada —, é a ramificação incessante (que ele chama de *embranchement foisonnant*) da razão, e não sua perversão técnica.[121] Quem trabalha numa genealogia do sujeito (e, para Foucault, este é o motor de uma investigação que, desde o início, busca libertar-se da fenomenologia pela história, como já dissemos, mas também proteger-se, por meio da história, contra o historicismo) depara-se com um uso da "técnica" que não coincide com a implantação ou a extensão do domínio, que não concebe a liberdade como uma exterioridade inexpugnável em relação a ele e que pode servir-se de convenções, regras e estilos (daquilo que outros, de uma perspectiva ingênua, identificariam com as formas de "poder") para constituir o sujeito, fazendo dessas convenções, regras e estilos um uso criativo.

---

da razão política. In: *Estratégia, poder-saber*: Ditos e Escritos IV, p. 355-385].

[120] Cf. HABERMAS, J. Dogmatismus, Vernunft und Entscheidung: Zur Theorie und Praxis in der verwissenschaftlichen Zivilisation. In: HABERMAS, J. *Theorie und Praxis*: Sozialphilosophische Studien. Frankfurt am Main: Suhrkamp, 1971, p. 307-335. [HABERMAS, J. *Teoria e práxis*: Estudos de filosofia social. Tradução de Rurion Melo. São Paulo: Editora Unesp, 2013].

[121] FOUCAULT, M. *Structuralisme et poststructuralisme*. [1983]. In: DEII, p. 1.250-1.276, p. 1.259 [FOUCAULT, M. Estruturalismo e pós-estruturalismo. In: *Arqueologia das ciências e história dos sistemas de pensamento*: Ditos e Escritos II. Organização e seleção de textos de Manoel Barros da Motta. Tradução de Elisa Monteiro. 3. ed. Rio de Janeiro: Forense Universitária, 2015, p. 307-334]. Veja-se também o valioso: FOUCAULT, M. *La philosophie analytique de la politique*. [1978]. In: DEII, p. 534-551, em particular, p. 540-542. [FOUCAULT, M. A filosofia analítica da política. In: *Ética, sexualidade, política*: Ditos e Escritos V. Organização e seleção de textos de Manoel Barros da Motta. Tradução de Elisa Monteiro et al. 2. ed. Rio de Janeiro: Forense Universitária, 2006, p. 37-55].

Além disso, a simples constatação de que o poder é uma regularidade, uma instância de pura circulação que atravessa todo o campo das relações sociais ("o poder é algo que não existe", afirmava Foucault de modo radical, "quero dizer, a ideia de que se encontre em algum lugar determinado, ou que emane de um ponto determinado, algo que seja 'o' poder, baseia-se, a meu ver, numa análise falha e que, em todo caso, não dá conta de um número considerável de fenômenos. O poder, na realidade, são relações: um feixe mais ou menos organizado, mais ou menos hierarquizado, mais ou menos coordenado de *relações*")[122] impede de pensar o sujeito de outro modo que não como uma *formação*, uma dobra/prega (e não uma interioridade) dessa mesma "razão" à qual não corresponde nenhuma instauração fundamental, nenhuma conotação axiológica, e que prolifera como estrutura de repartição interna aos jogos de veridicção e aos jogos de poder. "Creio que há, de fato, uma autocriação da razão, e é por isso que o que procurei analisar foram formas de racionalidade: diferentes instaurações, diferentes criações, diferentes modificações pelas quais certas racionalidades se engendram mutuamente, opõem-se umas às outras, substituem-se umas às outras, sem que seja possível assinalar um momento em que a razão tenha perdido seu projeto fundamental, nem mesmo assinalar o momento em que se teria passado da racionalidade à irracionalidade".[123]

O que move o projeto genealógico de Foucault é, portanto, uma historização integral da razão e do sujeito, a cartografia dos pontos de inflexão e de dobra que ativam as séries (processos de subjetivação e de assujeitamento, isolamento de objetos no campo

122 FOUCAULT, M. *Le jeu de Michel Foucault*: Entretien avec D. Colas, L. Grosrichard, G. Le Gaufey, J. Livi, G. Miller, J. Miller, J.-A. Miller, C. Millot, G. Wajeman. [1977]. In: DEII, p. 298-329, p. 302 [FOUCAULT, M. O jogo de Michel Foucault. In: *Genealogia da ética, subjetividade e sexualidade*: Ditos e Escritos IX, p. 44-77].

123 FOUCAULT, M. *Structuralisme et poststructuralisme*. [1983]. In: DEII, p. 1.250-1.276, p. 1.260.

dos saberes, linhas estratégicas de racionalização, práticas) que a análise histórica pode restituir como *positividades*.

Falar de governamentalidade significa não apenas colocar em primeiro plano o sujeito enquanto constituído pelas relações que o incluem — e não como fundamento constituinte delas —, mas também, e sobretudo, colocar em evidência os processos de subjetivação e de contínua transformação que o poder encontra e cruza no ato de seu exercício; processos pelos quais, e em relação aos quais, se vê constantemente limitado, modificado, modulado, relançado ou reinvestido.

Esse trabalho de acontecimentalização, cujo reflexo teórico atua tanto em relação às disciplinas da filosofia (retiradas da autorreferencialidade de seu próprio arquivo e inseridas, ao contrário, nas zonas baixas da organização concreta dos saberes e dos "programas") quanto em relação à história praticada pelos historiadores (uma história feita de continuidades, imputações causais lineares, invariantes, universais), não apenas produz o efeito de deslocar as fronteiras entre filosofia e história, mas revoga por completo, esvaziando-a de sentido, qualquer posição que pretenda defender a "razão" reconstruindo a bifurcação que a perverte em técnica.

Para Foucault, *acontecimentalizar* significa reencontrar, sob a superfície transparente da evidência, os pontos de conexão, os pontos de apoio, os obstáculos, as relações de força e as estratégias que formaram aquilo que, a partir de um determinado momento, começou a ser valorizado como universal e necessário.[124] E isso não apenas implica reintroduzir a história nos possíveis que ela selecionou, mas recuperar, de novo como possíveis, todas as virtualidades que não se atualizaram — no quadro de uma historização integral da razão no sistema de práticas que a singularizaram e a tornaram plural. Assim, não apenas não existe um processo de racionalização em si como arcabouço da história ocidental (recorde-se: trata-se de uma das questões centrais na polêmica foucaul-

[124] FOUCAULT, M. Table ronde du 20 mai 1978. In: DEII, p. 842.

tiana com Weber) como tampouco há um critério de racionalidade pelo qual julgar o êxito ou o fracasso da adequação de uma práxis em relação àquilo que deveriam ser as suas premissas.[125]

Certamente, Foucault não pode ser acusado de irracionalismo por sua historização integral da razão. Ao contrário — como constatou Paul Veyne naquele que, a meu ver, continua sendo um ensaio bastante importante —, demonstra ser capaz de mergulhar sem reservas num campo descrito exclusivamente por positividades. A história não é feita de universais nem de objetos naturais. Os objetos — aquilo que enxergamos na história (discursos sobre a sexualidade, sobre o sujeito da pena, sobre a linguagem, sobre a enfermidade mental, para nos mantermos nas investigações foucaultianas, mas que vale também para outros significantes aos quais se costuma atribuir existência trans-histórica, como o Estado, a sociedade, o poder etc.) — são o correlato das práticas que os objetivam e devem ser estudados no nível das regularidades discursivas que organizam seu campo de enunciação. O que Foucault chama de *discurso* não é a tênue superfície de contato entre uma coisa e a língua, "o emaranhado de um léxico e de uma experiência", como escreve, mas sim o *regime de formação* — arranjo, fase de funcionamento, modalidades de governo — dos objetos.[126] *Despresentificar* as coisas, isto é, subtrair os objetos de sua imediata plenitude e vinculá-los, por meio de um procedimento de rarefação, ao sistema de condições que preside a sua aparição, não significa anular a relevância dos "referentes pré-discursivos", mas — e isso pode soar paradoxal — inseri-los em um universo inteiramente material, feito de virtualidades ainda sem rosto ou nome e de forças ainda não atualizadas. Toda prática depende de todas as outras práticas e de suas transformações; tudo é histórico e tudo depende de tudo — uma filosofia da relação, e não da objetualidade, portanto — e,

[125] FOUCAULT, M. Table ronde du 20 mai 1978. In: DEII, p. p. 845-847.

[126] FOUCAULT, M. *L'archeologia del sapere*, p. 65-66.

nessa espécie de materialidade operante,[127] nada é inerte e nada é inexplicável: o mundo não é o correlato da consciência, algo que deva dominar, mas, ao contrário, é o que a determina.[128]

Recupero a noção de *referente pré-discursivo* de *A arqueologia do saber*. A que se refere Foucault? A historização integral que ele persegue — tão poderosa a ponto de pôr em crise a linha de separação disciplinar entre filosofia e história, dado que a razão fala a partir do interior de discursos que o filósofo geralmente ignora, oriundos de arquivos empoeirados e espúrios, confiados ao historiador de profissão, cujo "olhar do alto", no entanto, não é capaz de fazê-los falar por si sós[129] — não pretende, obviamente, abolir a realidade. E vale a pena lembrar disso, à altura do exaustivo debate sobre o "novo realismo".[130] O fato de existirem órgãos genitais não

[127] Poder-se-ia recordar Duns Scoto: "O que não é materializado não é formado, e vice-versa" (*materia est in actu, sed nullius est actus*). DUNS SCOTO. *De rerum principio*. 9, VII.

[128] Cf. VEYNE, P. Foucault révolutionne l'histoire. In: *Comment on écrit l'histoire*: Texte integral. Paris: Seuil, 2002, p. 383-429, p. 415 [o ensaio de Veyne foi publicado em italiano em: VEYNE, P. Michel Foucault: La storia, Il nichilismo, la morale. A cura di M. Guareschi. Verona: ombre corte, 1998, p. 7-66. Também se recorde, como sinal de um reconhecimento significativo de Foucault por parte dos historiadores, a entrevista a Jacques Revel: REVEL, J. Foucault et les historiens. *Magazine littéraire*, n. 101, p. 10-12, 1975.

[129] Daqui se depreende que "a filosofia enquanto atividade autônoma desapareceu". Trata-se de uma consciência perfeitamente alcançada por Foucault já no início dos anos 1970. Ver: FOUCAULT, M. Folie, littérature, société: Entretien avec T. Shimizu et M. Wannabe. [1970]. In: DEI, p. 972-996. [FOUCAULT, M. Loucura, Literatura, Sociedade. In: *Problematização do sujeito: psicologia, psiquiatria e psicanálise*: Ditos e Escritos I. Organização e seleção de textos de Manoel Barros da Motta. Tradução de Vera Lucia Avellar Ribeiro. 2. ed. Rio de Janeiro: Forense Universitária, 2006, p. 232-258].

[130] O "novo realismo" é uma corrente de pensamento que coloca a necessidade de liberar a filosofia de suas derivas pós-modernas para voltar a novas formas de objetividade fundadas na ideia de que o mundo é real e que opõe limites concretos ao pensamento (tese da "inemendabilidade" do real). Nos últimos anos, o novo

contraria o fato de que a sexualidade seja construída como efeito de discursos. A inexistência de objetos naturais não implica que não possam ser assumidos, como pontos de ancoragem das práticas, dados, coisas, valores aos quais o *discurso* se refere. O que importa é que a existência de referentes pré-discursivos não supõe a existência de um horizonte teleológico a partir do qual se possa julgar a aproximação ou o *valor* de um discurso. A verdade se transforma com as práticas, e entre as práticas e os jogos de veridicção em torno dos quais elas gravitam há uma descontinuidade radical, que é também uma transformação/ramificação incessante das racionalidades e dos dispositivos que organizam, põem em movimento e redistribuem os discursos.

O ser humano é um corpo sexuado e uma disposição linguístico-cognitiva. Que possa ser tratado como sujeito de direito, enfermo, louco ou como um nó de pulsões, governado ou súdito, depende do sistema de regras que o delineia e o ressignifica no discurso; discurso histórico que está exposto às variações radicais da história do direito, da medicina, da psiquiatria, da psicanálise ou da política. É isso que faz do campo dos enunciados não uma superfície, mas um volume,[131] que é determinado pela espessura das práticas discursivas, pelos sistemas que instauram os enunciados como acontecimentos, como coisas. E por sua positividade.

Nada, portanto, permanece exterior ao discurso. Nada o precede e nada o sucede. Se algo permanece invisível, é apenas porque ainda não se alcançou o nível das condições que o tornam visível; ou seja, não se isolaram as regras que presidem sua emergência como singularidade ou estrato arqueológico. Um princípio funda-

---

realismo foi promovido, sobretudo, por Maurizio Ferraris, professor da Universidade de Torino. Um dos textos mais representativos é: FERRARIS, M. *Manifesto del nuovo realismo*. Roma-Bari: Laterza, 2012. Outra publicação conhecida no campo do novo realismo é: GABRIEL, M. *Por que o mundo não existe*. São Paulo: Vozes, 2016. [N.T.]

[131] FOUCAULT, M. *L'archeologia del sapere*, cit., p. 174.

mental de Foucault é este: tudo está sempre integralmente dito — em qualquer época, em qualquer série —, já que cada enunciado é legível ou dizível apenas em relação ao que o torna tal, constituindo também locutores e destinatários como suas variáveis internas.[132] Isso, evidentemente, modifica radicalmente a definição de verdade. Em cada instante, o mundo é o que é: objetos e práticas não estão cercados por uma verdade ulterior que possa ser iluminada, nem existem, em relação a eles, resíduos a serem recuperados.[133] A história substitui a filosofia, e essa história não admite retornos. "A história nos protege do historicismo e, em particular, de um historicismo que invoque o passado para resolver os problemas do presente."[134]

Histórica é a variação da verdade no cruzamento com as práticas: cada figura que emerge do processo de rarefação, mediante o qual os enunciados, organizados em discursos e práticas, tornam-se visíveis, não é mais verdadeira do que as demais. Nenhum critério de hierarquização, nenhum princípio de validação. E, no entanto, tampouco um relativismo niilista. Pois não existe um objeto permanente, um idêntico, como referente de proposições variáveis nas quais a verdade se dissolva: a política, por exemplo, não é uma substância permanente em relação à qual se alinhem dois mil anos de teoria política tratando-a de modos diversos, opostos e, muitas vezes, contraditórios — assim como tampouco o são os objetos em torno dos quais se organiza seu campo de enunciação (o indivíduo, o mercado, a sociedade etc.).

Toda verdade é a verdade de um jogo de veridicção — que é sempre também um jogo de poder — que a análise acontecimentaliza em sua singularidade. "Pode-se abordar esses jogos de po-

[132] Cf. DELEUZE, G. *Foucault*, cit., p. 60-61.

[133] Cf. VEYNE, P. Foucault révolutionne l'histoire, cit., p. 422.

[134] FOUCAULT, M. *Espace, savoir et pouvoir*. In: DEII, p. 1.099. [FOUCAULT, M. Espaço, saber e poder. In: *Segurança, penalidade, prisão*: Ditos e Escritos VIII, p. 206-222].

der por muitos ângulos", escreve Foucault. "Em vez de estudar o grande jogo do Estado com os cidadãos ou com outros Estados, preferi [...] interessar-me por jogos de poder muito mais limitados, muito mais modestos, que não têm na filosofia o estatuto nobre, reconhecido, que têm os grandes problemas: jogos de poder em torno da loucura, em torno da medicina, em torno da enfermidade, em torno do corpo doente, jogos de poder em torno do sistema penal e da prisão."

Trata-se aqui de uma simples preferência — curiosidade, acaso, obsessão pessoal — ou, antes, da relevância do que está em jogo na trama cotidiana (em Foucault, nenhuma ênfase é conferida ao estado de exceção) de um exercício extrajurídico do poder que redescreve constantemente o estatuto da vida e da morte, do crime e da lei e, justamente, por meio deles e para além deles, precisamente "o estatuto da razão e da desrazão"?[135]

Voltemos ao texto do qual partimos. O que ocorre naquela vertente da filosofia moderna inaugurada por Kant, que chega à teoria crítica da Escola de Frankfurt passando por Nietzsche e por Weber, e que Foucault assume como o horizonte no qual inscreve sua própria investigação? O texto *O que é o esclarecimento?*, de Kant, marca um corte fundamental no arquivo da filosofia. No instante mesmo em que a razão sai do sistema de tutelas que a aprisionava e comprimia e começa a se posicionar em sua autonomia, ela não pode deixar de se interrogar — seguindo Foucault — sobre o valor a ser atribuído à expansão do reino da racionalidade no campo da ciência, da técnica e da política (quer dizer, sobre o seu próprio movimento, no momento exato em que ela emerge do estado de menoridade) e de se interrogar sobre o *sentido* — simples proveniência, direção, tendência — de sua própria história. A tarefa da filosofia torna-se, então, uma ética: disseminar "uma questão inquietante" no reino da razão.[136] Noutra passagem Fou-

[135] FOUCAULT, M. *La philosophie analytique de la politique*, cit., p. 542.

[136] FOUCAULT, M. *Structuralisme et poststructuralisme*, cit., p. 1.257.

cault falará da modernidade e do *ethos* filosófico que comporta como uma *attitude* específica do pensamento, a atitude pela qual a prática do pensamento se liga a um "ascetismo indispensável", adotando outro termo nada neutro em relação a Weber.[137]

A inquietude mencionada coincide com a função crítica. Não a crítica que parte de um transcendental da razão, mas a crítica que historiciza integralmente o processo reticular pelo qual se estende o seu domínio, interrogando-a quanto ao seu estatuto e às suas formas. O *ethos* filosófico da modernidade, reativado em Nietzsche e em Weber, na teoria crítica, e que Foucault assume por sua vez como motor da própria investigação, deve ser entendido como "uma crítica permanente de nosso ser histórico".[138] Crítica permanente que não fixa no presente — em nenhum presente, já que cada dia é um "dia como qualquer outro",[139] e não existe uma "sexta-feira santa" especulativa — um ponto de relevância decisivo, e que valoriza, antes, o movimento de descentralização pelo qual a razão mergulha no fluxo das práticas, no caleidoscópio em movimento das formas e dos discursos que se organizam como jogos de verdade e de poder. É precisamente neste movimento, nesse devir de subjetivação — mesmo que apenas enquanto função crítica, já que, como escreve Foucault, o saber não é feito para compreender, mas para posicionar-se em relação a uma tipologia de discursos e programas que não pode ser tornada visível por uma perspectiva de sobrevoo —, que a crítica se torna possível como ética, como *ascesis*. Como um trabalho de torção e de uso, tanto da história quanto das convenções discursivas que a atravessam, que dissolva inclusive o *real* da racionalidade, o seu retorno como transcendental ou como *valor* para o acionamento e a reprodução

137 FOUCAULT, M. Qu'est-ce que les Lumières?, cit., p. 1.389.

138 FOUCAULT, M. Qu'est-ce que les Lumières?, cit., p. 1.390.

139 Entrevista de Michel Foucault a Gerar Raulet, publicada em: FOUCAULT, M. How Much Does It Cost to Tell the Truth (1978). In: *Foucault Live*. S. Lotringer (ed.). New York: Semiotext(e), 1961/1984, p. 359.

da crítica. Trata-se, enfim, de colocar-se na imanência do mundo e de suas razões; de "aceitar", escreve Foucault, "essa espécie de espiral, essa espécie de porta giratória da racionalidade, que nos remete à sua necessidade, ao que ela tem de indispensável e, ao mesmo tempo, aos perigos que contém."[140]

II.

Mas de que tipo de história da racionalidade se trata então, quando Foucault fala de loucura, penalidade, sexualidade, pastorado, governamentalidade ou de uma hermenêutica do sujeito? O que ocorre com a verdade da representação, com os conceitos empregados, com a restituição dos contextos e com a travessia dos arquivos reunidos? Faz sentido uma crítica da parte histórica do projeto genealógico de Foucault, depois que, do lado filosófico, o seu radical imanentizar da verdade e a sua produção em práticas e saberes situados foram acusados de inflacionar e dissipar a verdade, dispersando-a sobre a vasta superfície da história? Ou será, na realidade, que nenhuma das críticas atinge o alvo e que está em questão algo completamente diverso? "Eu não sou verdadeiramente um historiador", declarará Foucault em várias ocasiões, "de certo modo, sei muito bem que o que digo não é verdade" — não porque a verdade não exista (em uma de suas últimas entrevistas ele chegará a evocá-la, reivindicando inclusive o seu respeito filosófico pela verdade), mas porque o traçado de uma genealogia é um trabalho completamente inassimilável ao objetivismo reivin-

[140] FOUCAULT, M. *Espace, savoir et pouvoir*, cit., p. 1.098.

dicado pelos historiadores mais ingênuos.[141] O que pratico é uma *fiction historique*, escreve[142] — uma *ficção*.

É preciso compreender o que isso significa. Foucault, evidentemente, não quer dizer que suas investigações nada tenham a ver com a verdade, ou que sejam pura invenção. O étimo latino de *fingere* remete, apenas em sentido figurado, a simular, imitar ou falsificar; em primeiro lugar, designa uma criatividade material: dar forma, moldar a argila ou a cera, modelar. No léxico do direito, a *fictio* é, também em sentido criativo, a técnica mediante a qual uma situação concreta é subsumida a uma disposição que, segundo o seu significado habitual, não lhe seria aplicável; ou ainda, serve para atribuir personalidade jurídica a entidades ou sujeitos desprovidos de consistência ontológica pré-normativa.[143] Em ambos os casos, *fictio* denota uma trans-formação: uma ação pela qual algo intervém sobre outra coisa e a modifica, uma matéria informe é conduzida a um projeto.

É totalmente evidente que, nas investigações de Foucault sobre a loucura, a clínica ou a prisão, não está em jogo a restituição de

[141] Não é sequer necessário mencionar a base nietzscheana da reflexão foucaultiana: unicamente "uma geração de eunucos" encaixa com a "pura objetividade". Cf. NIETZSCHE, F. *Unzeitgemässe Betrachtungen, Nutzen und Nachteil der Historie für das Leben*. II, 5. [NIETZSCHE, F. Considerações Extemporâneas. In: *Obras Incompletas*. Coleção "Os Pensadores". Seleção de textos de Gerard Lebrun. Tradução e notas de Rubens Rodrigues Torres Filho. São Paulo: Editora Nova Cultural, 1999. p. 267-298]. Sobre o tema: BERNI, S.; FADINI, U. *Linee di fuga*: Nietzsche, Foucault, Deleuze. Firenze: Firenze University Press, 2010.

[142] FOUCAULT, M. Foucault examines Reason in Service of State Power ("Foucault étudie la raison d'État"). *The Three Penny Review*, v. 1, n. 1, p. 4-5, 1980. In: DEII, p. 859. [FOUCAULT, M. Foucault estuda a Razão de Estado. In: *Filosofia, diagnóstico do presente e verdade*: Ditos e Escritos X, p. 342-346].

[143] Para a história da *fictio iuris*, ver: TODESCAN, F. *Diritto e realtà*: storia e critica della fictio iuris. Padova: Cedam, 1979; e, sobretudo, THOMAS, Y. *Les opérations du droit*. Édition établie par M.-A. Hermitte et P. Napoli. Paris: EHESS/Gallimard/Seuil, 2011.

uma verdade subjacente às coisas. A de Foucault é uma prática parcial da história, à qual nada impediria opor outras que utilizassem, de modo mais completo, pacificado ou "profissional", os mesmos arquivos. Entretanto, esse não é o centro da questão. O que as pesquisas foucaultianas buscam produzir é um efeito de deslocamento: seu campo de interesse não é o passado, mas, com o Nietzsche da segunda Intempestiva, o futuro e as necessidades reais, *vitais*, nas quais se antecipa. Essas pesquisas, observa Foucault, tiveram um reflexo imediato nas práticas e nos saberes, provocando uma modificação na percepção social dos fenômenos aos quais se aplicaram. Se esses livros têm uma verdade, essa verdade não está na luz que projetam sobre aquilo que pertence ao já-acontecido, mas no presente que são capazes de pôr em movimento: "minha esperança é que meus livros adquiram sua verdade uma vez escritos, e não antes"[144] — isto é, ao contrário do que ocorreria se pretendessem registrar uma verdade-fundamento oculta, afundada na obscuridade dos arquivos. Foucault trabalha com uma noção de verdade e com uma noção de temporalidade distintas. A verdade não coincide com uma *verdade-céu*, subtraída às coisas e projetada para além delas como critério de adequação, mas com a *verdade-raio* que ilumina, como um feixe particular de luz, a produção de um acontecimento que conjuga, no *futuro anterior*, o tempo da filosofia.

A inquietude evocada anteriormente como sentido da crítica — poder-se-ia dizer, como sentido do trabalho intelectual *sans phrase*, se, como na conferência de Weber em Munique, considera-se que o início de uma investigação coincide, para quem nela se engaja, com uma ética da problematização radical, com a capacidade de enfrentar e sustentar "fatos incômodos" em relação ao que se crê saber[145] — assume, nesse terreno, a forma de uma interfe-

[144] FOUCAULT, M. Foucault examines Reason in Service of State Power, cit., p. 859.

[145] WEBER, M. Wissenschaft als Beruf. [1919]. In: *Schriften 1894-1922*. Edição de D. Käsler. Stuttgart: Kröner, 2002, p. 474-511, p. 499. [WEBER, M. *Ciência e políti-*

rência entre passado e futuro que estabelece, de modo produtivo, um curto-circuito na relação entre teoria e práxis.[146]

A verdade de uma história está nos efeitos que ela produz, não no que registra, desvela ou faz reaparecer. O motor de uma pesquisa histórica é a urgência do presente; sua verdade é a potência de transformação que demonstra ser capaz de desencadear, acontecimentalizando toda a cadeia da temporalidade e mobilizando não apenas o passado, mas também o presente e o futuro: "espero que a verdade de meus livros esteja no futuro", escreve Foucault, referindo-se a *A história da loucura*, *O nascimento da clínica* e *Vigiar e punir*.

Deve-se deduzir, disso, que uma história entendida como *histoire-fiction* nada tenha a ver com a história? Não creio. Penso, antes, que o que está em questão aqui é a reelaboração — talvez inconsciente, certamente não declarada, provavelmente deduzida de Aron e Veyne mais do que de Max Weber[147] — de um tema weberiano. Paul Veyne foi o primeiro a notar a proximidade entre a esquematização da singularidade das formações históricas em Foucault e a noção de tipo ideal.[148] O que Foucault chama de discurso é arrastado pelo movimento tectônico de um devir silencio-

---

ca: duas vocações. Prefácio de Manoel T. Berlinck. 20. ed. Tradução de Leonidas Hegenberg e Octany Silveira da Mota. São Paulo: Cultrix, 2013, p. 17-54].

146 FOUCAULT, M. Entretien avec D. Trombadori, cit., p. 861. Sobre o tema, ver o excelente ARTIÈRES, Ph.; POTTE-BONNEVILLE, M. *D'après Foucault*: Gestes, luttes, programmes. Paris: Les prairies ordinaires, 2007.

147 Cf. ARON, R. *Les étapes de la pensée sociologique*. [1967]. Paris: Gallimard, 1996; sobre Weber, p. 497-574. [ARON, R. *As etapas do pensamento sociológico*. Tradução de Sérgio Bath. São Paulo: Martins Fontes, 2008, p. 725-833]. Mas cf. também ARON, R. *Essai sur la théorie de l'histoire dans l'Allemagne contemporaine*. Paris: Vrin, 1938; VEYNE, P. *Comment on écrit l'histoire*. Paris: Seuil, 1971, p. 191-193. [VEYNE, P. Como se escreve a história. Tradução de Antônio José da Silva Moreira. Lisboa: Edições 70].

148 VEYNE, P. Foucault: Sa pensée, sa personne. Paris: Albin Michel, 2008, p. 57. [VEYNE, P. Foucault: o pensamento, a pessoa. Tradução de Luís Lima. Lisboa: Edições Texto e Grafia, 2009].

so e heterogêneo, dentro do qual é a decisão do genealogista que recorta aquilo que emerge como significativo. A tentativa consciente de Foucault de minimizar esse desnível, dispersando-o na positividade infinitesimal dos "pequenos fatos verdadeiros" que desafiam o geral — "a poeira que desafia a nuvem": nenhum real como totalidade a ser restituída e nenhum autor como ponto de imputação para operá-la em chave transcendental[149] — não resolve o problema do construtivismo indispensável para posicionar-se no interior de uma historicidade belicosa, na qual a verdade está em jogo e o presente — sua derivação, o modo como seleciona a própria realização, o campo de virtualidades que o atravessam — é o problema. "Não existe *o* real ao qual se chegaria com a condição de falar de tudo ou de certas coisas mais 'reais' que as outras", escreve Foucault.[150] Essa é a premissa para um *outro uso* da história.

Não existem "universais", dizia-se no início. E isso significa que, quando se trata de escrever histórias, o campo de vigência de um discurso ou de uma prática só poderá ser isolado subsumindo-o a um índice ou a um esquema composto por uma série de elementos pertinentes: "um tipo de racionalidade, uma maneira de pensar, um programa, uma técnica, um conjunto de esforços racionais e coordenados, objetivos definidos e perseguidos...", os quais, ainda que sejam "coisas" concretas e reais, jamais coincidem com a realidade inteira.[151] Além disso, o que orienta essa seleção — o próprio critério de *pertinência* aí empregado — não pode ser simplesmente referido à imanência das práticas ou às regras de formação dos discursos, pois o que decide a relevância de uma história ou de outra é o presente e aquilo que o marca como potência móvel de transformação. É o presente que modifica o pas-

[149] FOUCAULT, M. La poussière et le nuage. 1980. In: PERROT, M. (ed.). *L'Impossible Prison*: Recherches sur le système Pénitentiaire au XIXe siècle. Paris: Éd. du Seuil, 1980. p. 29-39. In: DEII, p. 829-838. [FOUCAULT, M. A poeira e a nuvem. In: *Estratégia, poder-saber*: Ditos e Escritos IV. p. 323-334].

[150] FOUCAULT, M. La poussière et le nuage, cit., p. 834.

[151] FOUCAULT, M. La poussière et le nuage, cit., p. 834.

sado (já que não há uma verdade do passado) e é o presente que modifica o futuro (o qual não terá sido o que poderia ter sido, se, no tempo que o precede, não se produzir uma intervenção capaz de *alterar* o passado para abrir o futuro às suas possibilidades).

Fingir a história — isto é, representá-la, mas com plena consciência da distância que existe entre representação e verdade, dado que o que se representa não é "a" verdade e que os jogos singulares de veridicção são atravessados pelo poder e por seu sempre possível reverso — significa selecionar os elementos e sua pertinência, formar a partir deles os conceitos que farão com que discursos de outro modo silenciados ou marginais possam falar, e construir, prospectivamente, a linha de uma derivação, e não a imobilidade persistente de uma origem.[152] O que são, afinal, a governamentalidade, o biopoder, a disciplina, as técnicas de si, senão categorias — esquemas interpretativos aplicados às fontes — que permitem subsumir à sua *jurisdição* textos, programas, prática etc.?

Quando Max Weber define o *tipo ideal*, realiza uma operação não muito distinta desta. Ou melhor: ainda que pareça banal lembrar, põe em marcha um perspectivismo que compartilha a mesma matriz nietzscheana. Todo conhecimento da realidade cultural é sempre um conhecimento situado, uma apreensão a partir de pontos de vista especificamente particulares,[153] que isola sequências individuais no fluxo do devir, em que se anula a possibilidade de um conhecimento definitivo e verdadeiro da realidade. A impossi-

[152] Cf. FOUCAULT, M. Nietzsche, la généalogie, l'histoire. In: *Hommage à Jean Hyppolite*. Paris: PUF, 1971. In: DEI, p. 1.004-1.024. [FOUCAULT, M. Nietzsche, a genealogia, a história. In: *Arqueologia das ciências e história dos sistemas de pensamento*: Ditos e Escritos II, p. 273-295].

[153] No original: „*eine Erkenntnis unter spezifisch besonderen Gesichtspunkten*". WEBER, M. Die Objektivität sozialwissenschaftlicher und sozialpolitischer Erkenntnis. [1904]. In: *Gesammelte Aufsätze zur Wissenschaftslehre*. Tübingen: Mohr (Paul Siebeck), 1922, p. 146-214, p. 181 [WEBER, M. *A "objetividade" do conhecimento nas ciências sociais*. Tradução, apresentação e comentários de Gabriel Cohn. São Paulo: Editora Ática, 2006].

bilidade de suturar a realidade a um sistema de conceitos capaz de representá-la decorre da fluidez incontida dos âmbitos nos quais é continuamente recolocada a decisão sobre aquilo que tem significado para nós. "A corrente do devir infinito flui incessantemente rumo à eternidade", escreve Weber, "e sempre novos e diferentemente configurados se apresentam os problemas culturais que movem os homens, permanecendo, por isso, igualmente fluido o âmbito do que adquire para nós sentido e significado, dessa infinita e sempre idêntica corrente do devir, e que se torna um indivíduo histórico."[154]

Desta página weberiana, pelo menos três aspectos me parecem extremamente significativos. O primeiro é o anônimo e silencioso avançar, no fluxo do qual a decisão subjetiva do pesquisador isola um âmbito de significação. A história funda-se num corte, na seleção que *valoriza* uma série, atribuindo-lhe um sentido. O segundo diz respeito ao *limite*: uma *systematisierende Fixierung* [fixação sistematizadora] das questões e dos âmbitos das ciências da cultura é impossível, pois os campos por elas definidos são marcados pela heterogeneidade radical dos pontos de vista que ali identificam um sentido, um agir intencional. O terceiro é o fato de que os pontos de vista subjetivos, necessários para isolar as sequências significantes, denotam uma segunda forma de infinitude, precisamente porque sua possibilidade se estende indefinidamente para a frente. "Os pontos de partida das ciências da cultura permanecem, assim, mutáveis no mais distante futuro", escreve Weber, "enquanto nenhum endurecimento da vida espiritual fizer a humanidade desistir de colocar novas questões à vida sempre igualmente inesgotável."[155]

[154] No original: „*was aus jenem stets gleich unendlichen Strome des individuellen Sinn und Bedeutung für uns erhält, 'historisches Individuum' wird*". WEBER, M. Die Objektivität sozialwissenschaftlicher und sozialpolitischer Erkenntnis, cit., p. 184.

[155] No original: „*die Ausgangspunkte der Kulturwissenschaft bleiben damit wandelbar in die grenzenlose Zukunft [...] solange nicht chinesische Erstarrung des Geisteslebens die Menschen entwöhnt, neue Fragen an das immer gleich unerschöpfliche Leben zu stellen*". WEBER, M. Die Objektivität sozialwissenschaftlicher und sozialpolitischer Erkenntnis, cit., p. 184.

Inesgotabilidade da vida e inesgotabilidade da problematização. Essa superposição, tornada operativa por uma perspectiva de futurização que põe em movimento, retrospectivamente, todo o fluxo do devir e indetermina radicalmente as cadeias da causalidade histórica, marca em Weber um momento crucial. Não apenas é necessária a tomada de posição subjetiva — um sentir, um dever-ser determinado, um querer — para construir o objeto histórico, elaborando-o como uma individualidade, isto é, como uma "seção da realidade" significativa,[156] tanto para o pesquisador quanto para os atores nele envolvidos; mas qualquer imputação causal que se possa inferir entre ações e reações, por mais que se refira a conexões objetivas, depende igualmente de uma seleção ou de um recorte efetuado em relação à laboriosa eternidade dos possíveis: para compreender conexões causais reais, "procedemos a uma construção irreal",[157] escreve Weber.

O ponto me parece decisivo. O que quer dizer Weber com isso? A história é o campo dos possíveis. Não apenas porque a indeterminação do futuro retroage sobre o passado, libertando-o do encantamento da necessidade a que está sujeita, ao contrário, a consciência histórica ingênua; mas também porque não se pode,

[156] No original: „*betreffender Ausschnitt aus der Wirklichkeit*". Cf. WEBER, M. Kritische Studien auf dem Gebiet der kulturwissenschaftlichen Logik (1905), I. Zu Auseinandersetzung mit Eduard Meyer. In: *Gesammelte Aufsätze zur Wissenschaftslehre*. Tübingen: Mohr (Paul Siebeck), 1922, p. 215-265, p. 253. [WEBER, M. A Polêmica com Eduard Meyer. In: Metodologia das Ciências Sociais. Parte 1. Tradução de Augustin Wernet. Introdução à edição brasileira de Maurício Tragtemberg. 4. ed. Campinas: Cortez/Editora da Unicamp, 2001, p. 155-192].

[157] No original: "*um die wirkliche Kausalzusammenhänge zu durchschauen, konstruieren wir unwirkliche*". WEBER, M. Kritische Studien auf dem Gebiet der kulturwissenschaftlichen Logik, II. Objektive Möglichkeit und adäquate Verursachung in der historischen Kausalbetrachtung. In: *Gesammelte Aufsätze zur Wissenschaftslehre*. Tübingen: Mohr (Paul Siebeck), 1922, p. 266-290, p. 287 [WEBER, M. Possibilidade objetiva e causação adequada na consideração causal da história. In: *Metodologia das ciências sociais*: parte 1, p. 192-210].

de modo algum, oferecer uma representação objetiva e determinística de acontecimentos como aqueles que marcam o campo das ciências do espírito. A ação seleciona e atualiza possibilidades. Se o futuro é aberto, também o foi — e continua sendo, devido à indomável complexidade das causas que interagem em cada fato histórico singular, no qual está implicado um fazer, o nó de condições aleatórias que o envolvem, a série imponderável dos efeitos que ele continua a produzir — o passado.

Disso derivam ao menos duas consequências. A primeira é uma *irrealização* do processo histórico.[158] Cada sequência, em seu interior, é deflagrada por decisões, contingências, acasos, que selecionam as chances e orientam, até certo ponto, a escolha das oportunidades. O decisionismo weberiano — o mesmo que colore as últimas palavras da conferência de Munique sobre *A política como vocação*, e que inscreve o agir no *dennoch* de uma ética da perseverança e do limite, capaz de dar forma ao possível precisamente porque obstinadamente voltada ao impossível[159] — não é menos potente que o de Foucault. A história torna-se integralmente acontecimentalizada. A segunda consequência é que os encadeamentos que o historiador isola e constrói como sequências causais não apenas resultam da operação que seleciona séries singulares "prescindindo de um ou de vários elementos da *realidade* existentes de fato", mas também só podem ser imputados a causas eficientes com base num julgamento implícito de irrelevância que

[158] Estabelece claramente Raymond Aron em *Les étapes de la pensée sociologique,* cit., p. 516-518, analisando a teoria da causalidade weberiana.

[159] WEBER, M. Politik als Beruf. [1919]. In: *Gesammelte politische Schriften von Max Weber*. Edição de J. Winckelmann. Tübingen: Mohr (P. Siebeck), 1988, p. 450: "Somente quem está seguro de não se quebrar quando, desde seu ponto de vista, o mundo se mostra demasiado estúpido ou demasiado abjeto para o que ele oferece; somente quem frente a tudo isso é capaz de responder com um 'ainda assim'; somente um homem desta forma construído tem 'vocação' para a política". Sobre o vínculo constitutivo, neste sentido, entre epistemologia e política em Weber, Cf. VEYNE, P. *Comment on écrit l'histoire*, cit., p. 76.

exclui a vasta infinidade de momentos causais necessariamente implicados em cada instante do devir e em cada fase da processualidade histórica. Weber recorre a uma metáfora jurídica — "*wie für die juristische*" — para indicar que a imputação causal em história só é possível deixando de lado grande parte da realidade. Trata-se do mecanismo pelo qual as ciências da cultura inferem, a partir da pura multiplicidade das relações, as conexões às quais se atribui inteligibilidade: "Também o levantamento da imputação histórica, o mesmo que da jurídica, implica a exclusão de uma infinidade de elementos de fato real enquanto *causalmente insignificantes*".[160] Mesmo evidenciando sequências objetivas, os quadros gerais que, ao subsumi-las à própria seleção, as constroem irrealizando-as (isto é, extraindo-as, isolando-as, recortando-as do indecidível complexo das concausas possíveis) permanecem, portanto, *ficções*, *Phantasiebildern*.[161]

Um tipo ideal não define uma essência,[162] como Foucault parece acreditar. Ao contrário, tem o significado de um conceito-limite puramente ideal que, justamente por isso, nunca coincide com

[160] No original: "*ergibt sich die Ausscheidung einer Unendlichkeit von Bestandteilen des wirklichen Hergangs als 'kausal irrilevant'*". WEBER, M. *Objektive Möglichkeit und adäquate Verursachung in der historischen Kausalbetrachtung*, cit., p. 273.

[161] WEBER, M. *Objektive Möglichkeit und adäquate Verursachung in der historischen Kausalbetrachtung*, cit., p. 275: "O que implica que nos refiramos às distintas 'possibilidades' entre as quais deveriam 'decidir' aquelas lutas? Implica, antes de tudo, a criação — digamo-lo tranquilamente — de *modelos imaginários* (*Phantasiebildern*) mediante a eliminação de um ou vários elementos da 'realidade' que existiram de fato, e a construção conceitual de um curso dos acontecimentos modificado em relação a uma ou várias 'condições'".

[162] M. Weber afirma explicitamente, Cf. WEBER, M. Die Objektivität sozialwissenschaftlicher und sozialpolitischer Erkenntnis, cit., p. 195: "Nada mais perigoso, entretanto, que a *confusão* entre teoria e história, originada por prejuízos naturalistas, seja porque se crê haver fixado naqueles quadros conceituais teóricos o conteúdo 'autêntico e verdadeiro', a 'essência' da realidade histórica, seja porque os empreguem como um leito de Procusto no qual devam ser introduzidos por força da história...".

a realidade histórica; não neutraliza a complexidade e as contingências pelas quais esta se desenrola, mas atua antes como uma técnica para subsumir a realidade a um exemplo (Exemplar).[163] A insistência no léxico jurídico — o tipo ideal como *fattispecie*; a tecnicalidade da *fictio* como aquilo que permite a acomodação (*Einordnung*) da realidade a uma casuística — é, a meu ver, altamente reveladora. O tipo ideal é uma *fictio*. O que os tipos ideais contribuem para construir, obrigados pela "natureza discursiva do nosso conhecer", é uma "estenografia de conceitos",[164] útil para pôr em funcionamento a diferença, especificando de modo cada vez mais individual e singularizado as estruturas da ação. Longe, portanto, de trabalhar para revelar essências, como parece supor Foucault — ao menos num primeiro momento —, o isolamento de tipos ideais serve para construir geneticamente conceitos com os quais se possa comensurar a multiplicidade proliferante do real, o sistema infinitamente autodiferenciado dos processos da ação.

Weber tematiza não uma rarefação, mas um desvio, um deslocamento. O tipo ideal não é o produto da pesquisa, mas aquilo que a torna possível. É um instrumento hermenêutico por meio do qual se penetra no concreto da história para individualizar (isto é: especificar, distinguir, isolar) as estruturas que a atravessam — e não para aprisioná-la num leito de Procusto feito de esquemas evolutivos, sistematizações, conceitos e legalidades universais. "O objetivo da elaboração de conceitos típicos-ideais", escreve Weber, "é sempre o de tornar explícito, com precisão, não o que é conforme a um gênero (*Gattungsmäßige*), mas, ao contrário, o caráter específico de certos fenômenos culturais (*die Eigenart von Kulturerscheinungen scharf zum Bewußtsein zu bringen*)", escreve Weber.[165]

163 WEBER, M. Die Objektivität sozialwissenschaftlicher und sozialpolitischer Erkenntnis, cit., p. 194.

164 WEBER, M. Die Objektivität sozialwissenschaftlicher und sozialpolitischer Erkenntnis, cit., p. 195.

165 WEBER, M. Die Objektivität sozialwissenschaftlicher und sozialpolitischer Erkenntnis, cit., p. 202.

O que Foucault contesta em Weber, em particular no que diz respeito à história da racionalização ocidental, é o fato de não ter levado às últimas consequências essa busca de singularização anunciada no plano metodológico. E, contudo, a ideia de uma *histoire-fiction* talvez derive de uma exigência de problematização aberta, não tão distante — ou tão dissonante — do ruído de fundo que vem do canteiro weberiano.

III.

Como atravessar a "porta giratória" da racionalidade ocidental? Não cedendo à tentação de uma avaliação axiológica dos processos com base na sua "perversão" em técnica, nem à tentação de uma bifurcação rígida que separe razão e racionalização do domínio. Foucault é, nesse ponto, bastante claro e, em diversas ocasiões, explicita a sua distância de Habermas e da Escola de Frankfurt. A evocação, na já citada entrevista de 1982, da "espiral" da racionalidade — o enrolamento do racional sobre aquilo de irracional que o atravessa; a linha que gira em torno do vazio que o funda; cifra da aporeticidade da racionalização[166] —, como algo a ser "aceito" pela vocação filosófica da crítica,[167] parece-me central para compreender o último Foucault. E deve ser entendida — é o que pretendo argumentar, em conclusão — segundo a nítida entonação weberiana que a inspira. Pelo menos sob um duplo ponto de vista. O primeiro diz respeito aos processos de subjetivação:[168] o modo como o tema

[166] Cf OWEN, D. *Maturity and Modernity*: Nietzsche, Weber, Foucault and the Ambivalence of Reason. London-New York: Routledge, 1994; COLLIOT-THÉLÈNE, C. Les rationalités modernes du politique: de Foucault à Weber. In: BRUHNS, H.; DURAN, P. (ed.). *Les rationalités modernes du politique*. Paris: L.G.D.J., 2009, p. 181-197; STIMILLI, E. *Il debito del vivente*: ascesi e capitalismo. Macerata: Quodlibet, 2011.

[167] FOUCAULT, M. *Espace, savoir et pouvoir*, cit., p. 1.098.

[168] Problematiza o tema: R VAN KRIEKEN, R. The Organization of the Soul: Elias and Foucault on Discipline and the Self. *Archives Européennes de Sociologie/*

da fabricação do sujeito se impõe com força, a partir do fim dos anos 1970, no centro da pesquisa foucaultiana. O segundo refere-se à ética do trabalho intelectual, ao estilo do próprio Foucault.[169]

Se é verdade que a atitude moderna da filosofia — aquela que começa com Kant e que define o campo da própria pesquisa foucaultiana — consiste numa problematização do presente, isto é: em colocar em questão a diferença que o singulariza em relação ao passado e em liberar o conjunto das possibilidades que o atravessam, relançando-as como sondas para um futuro emancipado de qualquer teleologia, então a designação da época que se inicia no século XVIII — e que ainda nos inclui — como "época da governamentalidade" deve ser assumida em toda a sua relevância.

O que Foucault entende por governamentalidade? Partamos de suas palavras:

> Por *governamentalidade* entendo o conjunto constituído pelas instituições, os procedimentos, as análises e reflexões, os cálculos e as táticas que permitem exercer esta forma bem específica — ainda que muito complexa — de poder, que tem como alvo principal a população, como forma maior de saber a economia política e, como instrumento técnico essencial, os dispositivos de segurança. Em segundo lugar, por *governamentalidade* entendo a tendência, a linha de força que, em todo o Ocidente, não cessou de conduzir — e desde muito tempo — à preeminência desse tipo de poder que se pode chamar de 'governo' sobre todos os outros: soberania, disciplina; e que levou, por um lado, ao desenvolvimento de toda uma série de aparelhos específicos de governo e, por outro, ao desenvolvimento de toda uma série de saberes. Por fim, creio que se deveria entender *governamentalidade* como

European Journal of Sociology, v. 26, p. 353-371, 1990.

169 Um estilo que não coincide em absoluto com uma "estética", ao menos segundo entende, sobre a chave de Rorty, GANE, N. *Max Weber and Postmodern Theory*: Rationalization versus Re-enchantment. New York: Palgrave, 2002, em particular, p. 98 e ss.

> o processo — ou melhor, o resultado do processo — pelo qual o Estado de justiça da Idade Média, convertido em Estado Administrativo durante os séculos XV e XVI, foi-se pouco a pouco "governamentalizando".[170]

Talvez, num primeiro momento, possa parecer que Foucault estivesse apenas aludindo a uma outra modalidade de organização do poder ou, mais simplesmente, à sua tendência à desconstitucionalização. Ao falar em governamentalização do poder, pretende, sobretudo, pôr em destaque a série de processos que, na história constitucional ocidental, marginalizam progressivamente as fórmulas "clássicas" da estatalidade — aquelas que remetem o Estado à soberania, à representação, à constituição — em favor do crescimento das instituições e dos corpos administrativos que o conectam materialmente à população, concebida como uma densa massa de relações que evoluem segundo uma irredutível (e inapropriável) aleatoriedade. O Estado já não cria, como na visão política que vai de Hobbes à Revolução Francesa, o sistema de condições que organiza as relações entre sujeitos em termos jurídicos abstratos, antecipados nas formas legalmente prescritas; antes, lança os seus dispositivos de regulação num ambiente instável e opaco, precisamente por estar indexado a circuitos de valorização que ele não pode prever nem controlar, medindo a própria legitimidade apenas depois de constatar os efeitos de sua ação.

A evolução das formas contemporâneas da estatalidade (e, em particular, das formas welfaristas, securitárias, liberais, nas quais o Estado se caracteriza cada vez mais por um perfil técnico-executivo, dotando-se de instrumentos jurídicos e institucionais de natureza administrativa que multiplicam os efeitos de seus aparatos,

[170] FOUCAULT, M. *Sécurité, territoire, population*, cit., p. 111-112. Sobre a importância de nas temáticas do curso, ver: GORDON, C. The Soul of the Citizen: Max Weber and Michel Foucault on Rationality and Government. In: WHIMSTER, S.; LASH, S. (ed.). *Max Weber*: Rationality and Modernity. London: Allen & Unwin, 1987, p. 293-316.

tornando-o flexível, microfisicamente invasivo, capaz de penetrar em todos os âmbitos da vida individual e coletiva, não para reprimir, mas para maximizar as forças sobre as quais incide) inscreve-se no interior dessa tendência: a "linha de força" que impõe, como cifra global da economização e da governamentalização do poder, uma *biopolítica*; ou seja, a relação necessária que vincula o exercício de governo às necessidades e aos interesses da população. Não é apenas isto, porém, que está em jogo. O que interessa cada vez mais a Foucault — em especial a partir dos anos 1970, quando apenas aparentemente o centro de gravidade de seus interesses se desloca para a analítica do poder e de suas formas — é o sujeito. E, no que concerne à governamentalidade, o papel desempenhado pela arriscada excedência da liberdade individual, tanto no indivíduo isolado quanto na relação "social" entre indivíduos que interagem entre si e no mercado, como o *outro lado* do fato de governar.

"Chamo de governamentalidade", declara Foucault na Universidade de Vermont, em 1982, "o encontro entre as técnicas de dominação exercidas sobre os outros e as técnicas de si mesmo".[171] A governamentalidade desenha a irredutível elipse de um nó no qual os processos de subjetivação assumem um papel tão relevante que chegam a reorientar toda a pesquisa foucaultiana, sempre atenta em definir o poder não como uma coisa, mas como uma "relação". É assim que Foucault nomeia a zona de indistinção em que se dissolve a diferença entre súdito e soberano, entre poder e sujeito, quando se ilumina uma genealogia deste último não restrita à figura jurídico-moderna do sujeito de direito. O gesto é extremamente relevante e, creio, marca de forma decisiva toda a última fase de seu trabalho. Se é certo que o sujeito sempre esteve — enquanto *objetivado* nos saberes e *assujeitado* pelos dispo-

[171] FOUCAULT, M. Technologies of the Self. [1982]. In: HUTTON, P. H.; GUTMAN, H.; MARTIN, L. H. (ed.). *Technologies of the Self*: A Seminar with Michel Foucault. Amherst: The University of Massachusetts Press, 1988. In: DEII, p. 1.602-1.632, p. 1.604. [FOUCAULT, M. As técnicas de si. In: *Genealogia da ética, subjetividade e sexualidade*: Ditos e Escritos IX, p. 264-296].

sitivos de poder — no centro de seus livros, o que importa, nos processos de subjetivação que atravessam como uma marca singular essa atualidade que, para o genealogista, constitui o motor irrenunciável da problematização, é o seu êxodo[172] do campo da cidadania delimitado pelo saber jurídico sobre o qual o Estado realiza o compromisso entre suas competências soberanas e a autolimitação do próprio poder, subordinando este último às formas do ordenamento.

Assim, toda uma série de técnicas — que escapam à classificação habermasiana e complicam a leitura da Escola de Frankfurt da racionalização ocidental — vem plenamente à tona como fórmulas de subjetivação e como instrumentos para tecer relações "governadas" impossíveis de expropriar e não linear ou integralmente recuperáveis no espaço panóptico e transparente do Estado. "Interesso-me cada vez mais pela interação que se opera entre o si e os outros, e pelas técnicas de dominação individual, pelo modo de ação que um indivíduo exerce sobre si mesmo através das técnicas de si", escreve Foucault, no intervalo entre o fim do curso *A hermenêutica do sujeito* e o início do primeiro dos dois cursos dedicados a *O governo de si e dos outros*.[173]

Não é este o lugar para discutir em profundidade os motivos — como sempre em Foucault, simultaneamente intelectuais e políticos — dessa passagem, que pessoalmente julgo tudo menos casual, e que alimenta a transição entre *A vontade de saber* e *A coragem da verdade*, o último curso pronunciado por Michel Foucault no Col-

[172] No original italiano se lê o verbo *esodare*, derivado do substantivo *esodo* ("êxodo"), que preferimos traduzir a utilizar a forma rara "exodar". *Esodare* obviamente refere os grandes deslocamentos em massa de populações para regiões mais seguras. Porém, *esodato* pode também se referir aos trabalhadores, normalmente mais velhos sem direito à aposentadoria que praticam o *esodo*, quer dizer, uma forma de luta operária que consiste em se recusar a trabalhar depois de acordos patronais desfavoráveis. Conhecendo a inspiração operaísta do autor, acreditamos que este sentido é mais adequado. [N.T.]

[173] FOUCAULT, M. Technologies of the Self, cit., p. 1.604.

lège de France. Basta, por ora, observar que o tema das "técnicas de si", na ambivalência que o caracteriza, é introduzido com uma nova referência a Max Weber. Escreve Foucault: "Max Weber colocou esta questão: se queremos adotar um comportamento racional e regular a nossa ação de acordo com princípios verdadeiros, a que parte de nós mesmos devemos renunciar? Qual é o ascético preço da razão? A que tipo de ascetismo é preciso submeter-se?". E continua: "Eu, por minha vez, coloquei a questão inversa: como certos tipos de saber sobre si mesmo se tornaram o preço a pagar por certas formas de interdição? O que se deve conhecer de si para aceitar a renúncia?".[174]

Weber, portanto, coloca em pauta a questão da *Lebensführung*, da conduta — termo que será diretamente retomado por Foucault, que o aplica à definição de "governo" como "conduta de condutas" (léxico da orientação e da navegação, próprio do governo; léxico irredutível ao do assujeitamento, pois governar implica sempre, diante de si, a subjetividade do governado, a liberdade deste como excedente, impulso centrífugo, imprevisibilidade)[175] — como questão de uma renúncia.[176] Foucault, ao contrário, pensando pelo avesso da matriz weberiana — como fizera na tematização da *histoire fiction* — concentra-se no trabalho que o sujeito realiza sobre si para aceitar uma verdade que, *só depois*, acarreta uma renúncia. Há algumas questões preliminares que precisam ser esclarecidas brevemente.

[174] FOUCAULT, M. Technologies of the Self, cit., p. 1.603.

[175] Sobre o tema, ver: DUSO, G. Fine del governo e nascita del potere. In: *La logica del potere*: storia concettuale come filosofia politica. Roma-Bari: Laterza, 1999, p. 59-85. [DUSO, G. *O poder*: história da filosofia política moderna. Tradução de Andrea Ciacchi et al. Rio de Janeiro: Vozes, 2005]; RIGOTTI, F. *Metafore della política*. Bologna: Il Mulino, 1989 (sobre a metáfora da *gubernatio rei publicae*, p. 41 e ss).

[176] Sobre a centralidade do tema da *Lebensfiihrung* em Weber, ver: HENNIS, W. Max Weber's "Central Question". *Economy and Society*, v. 12, n. 2, p. 135-180, 1983 (o ensaio foi publicado recentemente em: LASSMANN, P. (ed.). *Max Weber*, Ashgate, London, 2006, p. 39-84).

A primeira: para Foucault, o sujeito jamais é originário. Vez que se dá apenas como resultado do trabalho reflexivo que o indivíduo realiza sobre si mesmo. As pesquisas que Foucault concluía naqueles anos — em particular, sobre a ética antiga da sexualidade — evidenciam exatamente este ponto: não há uma moral antiga da sexualidade, se por "moral" entendemos um código de prescrições, proibições e interdições. O que existe é, antes, uma *ars erotica*, uma prática de si no quadro dos *aphrodisia*, mediante a qual o indivíduo aprende a se autogovernar na relação com os outros e a se constituir como sujeito (livre, masculino, adulto) no conjunto dos processos políticos e sociais.[177]

A segunda: não apenas o sujeito não é originário, mas a própria verdade não lhe é dada — ela só o será naquele particular "momento cartesiano" da filosofia que o curso sobre *A hermenêutica do sujeito* busca circunscrever, desconstruir e acontecimentalizar —, e não na certeza de uma autocentralidade dada. O sujeito se modifica, se transforma, se desloca; é necessário que ponha à prova a sua capacidade de encontrar e sustentar a verdade.[178] Problematizar a subjetividade significa, nesse sentido, reconstruir o sistema de práticas — e de autorreflexão sobre as práticas — mediante o qual o sujeito governa a si mesmo, assumindo a própria conduta de vida como objeto de cuidado e interagindo criativamente com as convenções, os recursos e os "estilos" da cultura à qual pertence.

[177] Cf. FOUCAULT, M. *Histoire de la sexualité 2*: L'usage des plaisirs. Paris: Gallimard, 1984. [FOUCAULT, M. *História da Sexualidade 2*: o uso dos prazeres. Tradução de Maria Thereza da Costa Albuquerque. Revisão Técnica de José Augusto Guilhon Albuquerque. 8. ed. Rio de Janeiro: Graal, 1984].

[178] FOUCAULT, M. *L'Herméneutique du sujet*: Cours au Collège de France, 1981-1982. Édition établie sous la direction de F. Ewald et A. Fontana par Frédéric Gros. Paris: Gallimard/Seuil, 2001, p. 15-17 [=HS]. [FOUCAULT, M. *A hermenêutica do sujeito*: curso dado no Collège de France (1981-1982). Edição estabelecida sob a direção de François Ewald e Alessandro Fontana, por Frédéric Gros. Tradução de Márcio Alves da Fonseca e Salma Tannus Muchail. 3. ed. São Paulo: WMF Martins Fontes, 2010].

A terceira, e talvez decisiva: essa relação de governo — o governo de si como aposta de uma relação consigo mesmo e com os outros; como forma de subjetividade não garantida por nenhuma estabilidade ou característica formal; como iniciação necessária à vida política, na qual se é, alternadamente, governante e governado — é o núcleo central, pelo menos a partir da Grécia clássica, da filosofia prática, para a qual a questão da conduta de vida é a questão decisiva.[179] As técnicas de si, entendidas em sentido mais amplo e mais próprio, remetem, portanto, à *ética*.

"Aqui não se prega simplesmente uma técnica de vida, mas uma *ética* peculiar, cuja violação não só é considerada uma torpeza, mas uma espécie de omissão de dever", escreveu o próprio Weber a propósito da ética protestante.[180] E é exatamente o problema dessa ética que distingue em Weber o tema da *Lebensführung* como algo diferente de uma "renúncia" — um *ethos* do dever e do cumprimento, um ascetismo não tanto da renúncia, mas do compromisso e da dedicação, no qual se torna evidente a *paradoxalidade* do racionalismo capitalista ("o racionalismo é um conceito histórico", escreve Max Weber, "que encerra em si mesmo um mundo de contradições") — que qualifica, em Weber, mostrando

[179] Veja-se o ótimo: PASQUINO, P. Moderne Subjekt und der Wille zum Wissen. In: ESSBACH, W. (ed.); DANE, G.; KARPENSTEIN-EßBACH, Chr.; MAKROPOULOS, M. (org.). *Anschlüße*: Versuche nach Michel Foucault. Tübingen: Edition Discord, 1985, p. 39-54.

[180] WEBER, M. Schriften zur Religionssoziologie. Bd. I, Die protestantische Ethik und der Kapitalismus. I.2, Der "Geist" des Kapitalismus. In: *Gesammelte Aufsätze zur Religionssoziologie*. Tübingen: Mohr, 1988, p. 33 [WEBER, M. *A ética protestante e o "espírito" do capitalismo*. Tradução de José Marcos Mariani de Macedo. Revisão técnica, edição de texto, apresentação, glossário, correspondência vocabular e índice remissivo de Antônio Flávio Pierucci. São Paulo: Companhia de Letras, 2004]. Sobre o problema da *décalage* entre as "técnicas de si" e ética, por conseguinte, entre Foucault e Weber, ver: ESSBACH, W. Durkheim, Weber, Foucault: Religion, Ethos und Lebensführung. In: *L'Éthique protestante de Max Weber et l'esprit de la modernité*. Paris: Éditions de la Maison des Sciences de l'Homme, 1997, p. 257-272, em particular, p. 261.

com isso o caráter típico-ideal de uma noção que Foucault tende, ao contrário, a interpretar mal, lendo-a em termos finais, filosófico-históricos.[181] É verdade que a Reforma Protestante se impôs como disciplina: como uma "regulamentação séria e incômoda de toda a conduta de vida", que substituiu a religiosidade fraca e cômoda — a tradicional, romana —, penetrando de forma difusa todas as esferas da vida pública e privada. O que moveu os reformadores não foi o excesso, mas a *falta* de domínio religioso sobre a vida.[182] Resta perguntar, mais uma vez, se não é justamente Weber quem ajuda a colocar em pauta a questão da "porta giratória" da racionalidade, de que falara o próprio Foucault.

A ética protestante não conhece diretores de consciência — ou, pelo menos, não na forma sobre a qual Foucault constrói sua inversão de Weber. Existem formas de saber de si que são necessárias para aceitar interdições e renúncias, como Foucault havia dito pouco antes. A que se refere? Creio que se trate de um tema abordado no curso *O governo dos vivos* (1979-1980) e que, além de outros contextos, reaparece nas conferências que ministrou, no outono de 1980, no Dartmouth College, em New Hampshire.[183] Está em questão a prática penitencial e, em particular, aque-

[181] WEBER, M. Schriften zur Religionssoziologie, Die protestantische Ethik und der Kapitalismus, I.2, Der "Geist" des Kapitalismus, cit., p. 61.

[182] WEBER, M. Schriften zur Religionssoziologie. Bd. I, Die protestantische Ethik und der Kapitalismus. I.1, Konfession und soziale Schichtung. In: *Gesammelte Aufsätze zur Religionssoziologie*. Tübingen: Mohr, 1988, p. 20: "O que encontravam reprovável aqueles reformadores, que surgiram precisamente nos países mais desenvolvidos economicamente, não era que houvesse demasiado controle religioso-eclesiástico da vida, mas que houvesse demasiadamente pouco".

[183] Ver: FOUCAULT, M. *Du gouvernement des vivants*: Cours au Collège de France, 1979-1980. Édition établie sous la direction de F. Ewald et A. Fontana par M. Senellart. Paris: EHESS/Gallimard/Seuil, 2012. [FOUCAULT, M. *Do governo dos vivos*: curso no Collège de France (1979-1980). Edição estabelecida sob a direção de François Ewald e Alessandro Fontana, por Michel Senellart. Tradução de Eduardo Brandão. São Paulo: WMF Martins Fontes, 2014]; FOUCAULT, M. *Sull'origine*

la que os textos cristãos tardios e antigos chamam *exomológēsis*, a *publicatio sui* de que fala, entre outros, Tertuliano. O pecador deve expor publicamente a si próprio e a sua culpa; ou seja, deve mostrar-se como pecador, teatralizando a morte que, com o seu pecado, demonstrou preferir à vida eterna, recuperando-a como forma de renúncia à carne. Apresenta-se em público com as vestes do penitente — cabeça coberta de cinzas, roupas esfarrapadas, rosto emagrecido — e confessa o próprio pecado. É assim que a manifestação da verdade se torna condição preliminar para a renúncia de si. Morto para a carne, o penitente se entrega à graça de Deus. A reconciliação requer, portanto, um episódio de dramática autorrevelação. A penitência é uma *técnica sacrificial* realizada mediante a obrigação de se expor a si mesmo.

Contudo, há uma outra forma penitencial que Foucault estuda como modalidade de veridicção — outra técnica, portanto. Trata-se da *exagóreusis*, que Foucault define como "verbalização exaustiva" e que representa a forma governada do exame de consciência. A mobilidade permanente da alma — *polykinetos* e *aeikinetos*, nos termos de Cassiano — obriga o penitente a submeter ao diretor espiritual os próprios pensamentos (mesmo os irrefletidos, a constante variação de *cogitationes* que atravessa a mente e perturba a consciência) para que possam ser examinados, selecionados e verificados. Cassiano retoma, para isso, a antiga metáfora estoica e cínica do cambista que testa a autenticidade da moeda. Trata-se de decifrar-se a si mesmo, narrando sem reservas nem censuras ao diretor espiritual até os pensamentos mais recônditos ou ocultos, para que este — em posição de superioridade pela experiência e santidade — possa separar as boas das más fantasias e, assim, re-

---

dell'ermeneutica del sé: Due conferenze al Dartmouth College. Organização Materiali foucaultiani, postfazione di Arnold I. Davidson. Napoli: Cronopio, 2012. [FOUCAULT, M. *El origen de la hermenéutica de sí*: conferencias de Dartmouth, 1980. Traducido por Horacio Pons. Buenos Aires: Siglo Veintiuno Editores, 2016].

conduzir o monge ou o penitente à obediência. Aqui, o preço da verdade sobre si é a renúncia plena à própria vontade.[184]

Isso, porém, não ocorre no protestantismo, cuja característica fundamental, para Weber, é a total ausência de *Entlastung* ("alívio" ou "descarga"). *Exagóreusis* e exame da alma não são técnicas que transitem linearmente para o contexto reformado. "O diário religioso no qual se anotam sucessivamente ou em forma de tabela os pecados, as tentações e os progressos feitos na graça era comum à religiosidade católica moderna [...]. Mas enquanto que, no catolicismo, este diário servia para anotar a completude da confissão e fornecia ao "*directeur de l'âme*" — escreve Weber, usando a expressão francesa — "a base para sua direção espiritual autoritária do cristão ou, mais frequentemente, da cristã, o cristão reformado 'tomava o pulso' de si mesmo com a ajuda desse diário".[185] O saber — a verdade sobre si mesmo — é o preço pago pela renúncia de si implícita na obediência absoluta que o cristão da Antiguidade tardia devia ao seu diretor de consciência. Até aqui, temos Foucault junto de Weber. Mas o que Foucault parece não perceber é que o "tomar o pulso" por meio do qual o cristão reformado constrói a sua própria hermenêutica de si, não implica qualquer mediação por parte de uma autoridade externa. A *Lebensführung* do protestante é uma forma de ascese interior ao mundo — uma ascese racional — que torna o indivíduo capaz de manter e fazer prevalecer, contra os "afetos", as suas "motivações constantes" (*konstante Motive*), formando para si uma personalidade "no sentido formal e psicológico da palavra".[186] A *Lebensführung* protestante coincide,

184 FOUCAULT, M. *Sull'origine dell'ermeneutica del sé*, cit. p. 87.

185 WEBER, M. Schriften zur Religionssoziologie. Bd. I, Die protestantische Ethik und der Kapitalismus. II, Die Berufsethik des asketischen Protestantismus, II.1, Die religiösen Grundlagen der innerweltlichen Askese. In: *Gesammelte Aufsätze zur Religionssoziologie*. Tübingen: Mohr, 1988, p. 123.

186 WEBER, M. Schriften zur Religionssoziologie. Bd. I, Die protestantische Ethik und der Kapitalismus. II, Die Berufsethik des asketischen Protestantismus, II.1,

assim, com um processo de subjetivação exercido como contraconduta em relação ao poder pastoral.

Parece-me um trecho relevante. Quando Foucault formula a questão de sua "inversão" de Weber — "da minha parte, coloquei a questão inversa", escreve —, é como se se dispusesse a trabalhar na esteira das diferentes possibilidades abertas pela sociologia da religião weberiana. Por um lado, prolongando a intuição sobre o deslocamento capitalista da autoridade da religião para o sistema fabril, graças ao endurecimento e à tecnificação da noção de disciplina;[187] por outro, percorrendo as duas vias abertas pelo tema da *Lebensführung* em relação à genealogia do sujeito e às tecnologias de si: aquela que diz respeito à obediência — e, portanto, ao sujeito governado — e aquela que diz respeito às formas de ascese intramundana como práticas de veridicção e de constituição de si.

Observei há pouco que, para Weber, o processo de racionalização é feito de contradições e paradoxos. É evidente que seu problema — que também é o de muitos de nós — diz respeito ao capitalismo ocidental e à sua gênese; ou seja, ao problema de como o "manto fino" da disciplina pôde transformar-se na "gaiola de aço" que nos aprisiona. O "destino" que Weber introduz nesse ponto tem muito mais de acaso — dessas viradas históricas que orientam o curso dos acontecimentos para a contingência e o aleatório — do que de filosofia da história. A racionalização contém um desvio, um vazio. É atravessada pelo irracional (o que pode haver de mais irracional do que a religião, do que a ética de uma *Bewährun* da graça sobrenatural que desencadeia imensos processos de acumulação?) e se reforça funcionalizando paradoxais heterogêneses dos fins. "O paradoxo de toda ascese racional", escreve Weber, "é que ela mesma criou a riqueza que recusava". O agir no mundo do puritano virtuoso, sua conduta de vida metódica orien-

---

Die religiösen Grundlagen der innerweltlichen Askese. In: *Gesammelte Aufsätze zur Religionssoziologie*. Tübingen: Mohr, 1988, p. 123, p. 117.

[187] Sobre o tema: O'NEILL, J. The Disciplinary Society: from Weber to Foucault. *British Journal of Sociology*, v. 37, n. 1, p. 42-60, 1986.

tada pelo dever, é o modo pelo qual se dissolve a contradição que o monge não pode resolver: o fato de que sua escolha contemplativa, de pobreza e de obediência, seja recuperada pela constituição dos mosteiros como centros de empresa e núcleos fundamentais de organização da "economia racional".[188] A ascese é, assim, definitivamente reconduzida ao mundo.

Quando Foucault, em particular no curso *A hermenêutica do sujeito*, refere-se à *askēsis* estoica como prática de veridicção — "a *askēsis* não é uma maneira de submeter o sujeito à lei; a ascese é uma maneira de ligar o sujeito à verdade", escreve[189] —, tende a deslocar a sua análise das tecnologias de si que são funcionais à definição de um regime de obediência (das práticas jurídico-confessionais de *publicatio sui* e de *exagóreusis* do monaquismo cristão) para o léxico médico-terapêutico do weberiano "tomar o pulso"; para uma *askēsis* intramundana, isto é, que utiliza exercícios espirituais (meditação, escrita, exercícios de recordação) como práticas de verificação constante do grau de domínio e de autogoverno que constituem o sujeito, descentralizando sua autorreflexão do paradigma da autoconsciência. Para fins não muito distantes, Weber cita Goethe — um Goethe em que a antiga prática da *askēsis* sobrevive como técnica de subjetivação e no qual o tema da vida como *Kunstwerk* [obra de arte] adquire uma tonalidade nada ingenuamente estética: "Como se pode conhecer a si mesmo? Não pela observação, mas pela ação. Procura cumprir o teu dever e saberás o que há em ti", escreve Goethe. E acrescenta: "Mas qual é o teu dever? A exigência do dia."[190]

188 WEBER, M. Gesammelte Aufsätze zur Religionssoziologie, Zwischenbetrachtung, cit., p. 544.

189 FOUCAULT, M. *L'Herméneutique du sujet*, cit., p. 303.

190 GOETHE, J. W. *Maximen und Reflexionen*, 30. [GOETHE, J. W. *Máximas e reflexões*. Tradução de Afonso Teixeira da Mota. Lisboa: Guimarães Editores, 1987]. Weber cita a máxima de Goethe em *Wissenschaft als Beruf*, cit., p. 485. Sobre Goethe e a tradição dos exercícios espirituais, Cf. HADOT, P. *N'oublie pas de vivre*: Goethe et la tradition des exercises spirituels. Paris: Albin Michel, 2008.

O propósito da ascese puritana não é a renúncia de si mesmo, mas "poder levar uma vida consciente e lúcida, clara"[191], isto é, relacionar-se consigo mesmo e com as próprias tarefas cotidianas com a intenção de se colocar continuamente à prova e, nisso, verificar a própria capacidade de autogoverno e, portanto, de escolha. A ascese implica uma ética da ação, pois a relação do indivíduo consigo mesmo é uma relação que deve ser continuamente exercida — uma tensão que não pode ser dissolvida e que deve, ao contrário, ser constantemente auscultada, avaliada, tomada o pulso.

São precisamente essas as características que Foucault valoriza na antiga *askēsis*. A *askēsis* — não como renúncia, mas como princípio de intensificação da subjetividade — é um conjunto de práticas pelas quais o indivíduo pode adquirir e assimilar a verdade, transformando-a em princípio permanente de ação. É desse modo que a verdade se torna *praxis*, ética: "a *alêtheia* torna-se *ethos*", escreve Foucault.[192] Essa forma de ascese inteiramente interior ao mundo — *hê biotikê*, como a chama Marco Aurélio[193] —, à qual Foucault atribui uma parcela significativa da genealogia do sujeito na Antiguidade, não mutila a experiência, nem implica abdicações: "ela não reduz — ela equipa, provê". Coincide com uma preparação para a vida e para os acontecimentos que a constituem.[194]

É essa tensão constituinte que interessa a Foucault na sua *histoire-fiction* da Antiguidade. Uma história na qual não está em jogo uma pacificada história das ideias — como algum crítico pouco atento não hesita em sugerir —, mas a centralidade de práticas de subjetivação capazes de forçar a "porta giratória" do racionalismo

[191] WEBER, M. Schriften zur Religionssoziologie. Bd. I, Die protestantische Ethik und der Kapitalismus. II, Die Berufsethik des asketischen Protestantismus, II.1, Die religiösen Grundlagen der innerweltlichen Askese. In: *Gesammelte Aufsätze zur Religionssoziologie*. Tübingen: Mohr, 1988, p. 117.

[192] FOUCAULT, M. Technologies of the Self, cit., p. 1.619.

[193] MARCO AURÉLIO. *Ta eis eauton*, VII, 61 [MARCO AURÉLIO. *Meditações*. Tradução de Thaiara Castro. Brasília: Editora Kiron, 2011].

[194] HS, p. 307.

ocidental, distendendo a fábrica monástica do sujeito obediente em direção aos trabalhadores antigos que experimentavam um livre governo de si. Um espelho antigo para um problema atual. Também nisso Foucault não se afasta do estilo de Weber — com quem, creio, compartilha plenamente, embora esta seja já outra questão — a tensão intelectual do "homem verdadeiramente musical" evocada em *A ciência como vocação*[195]: aquele que, no tempo que lhe coube viver — uma época sem Deus e sem profetas —, assume como dever cotidiano a coragem da verdade do *parrhēsiastēs*;[196] em consonância com o acorde dórico do Laques.

[195] WEBER, M. Wissenschaft als Beruf, cit., p. 507.

[196] Para uma interpretação que conecta o tema da *parrhēsia* à precedente produção "arqueológica" de Foucault através da valorização de Kant, ver: REVEL, J. Promenades, petits excursus et régimes d'historicité. In: LORENZINI, D.; REVEL, A.; SFORZINI, A. (org.). *Michel Foucault*: éthique et vérité 1980-1984. Paris: Vrin, 2013, p. 161-175.

3. Fábricas do corpo: Foucault, Marx

I.

Começo olhando de longe. Tanto o termo *corpus* quanto o grego *sôma* têm origem obscura. *Corpus*, supõe-se, seria um alargamento do tema **krp-* do indo-iraniano, que significa "forma" ou "beleza". O que parece mais claro é a simetria subjacente ao uso do termo tanto em latim quanto em grego. Em Homero, *sôma* refere-se sempre a um corpo inanimado, ao cadáver. Quando se fala de um corpo vivente, utiliza-se *démas*. *Démas* é um termo interessante: desenvolve, como diz Benveniste, uma antiga raiz verbal **dem-*, que significa "construir" e da qual derivam tanto os termos políticos relativos à casa (a forma iraniana *dam* e a latina *domus*), como, por exemplo, *despótēs* [senhor], *dmōs* [servo] ou *dmōē* [serva, criada], quanto o termo *démas*, precisamente no sentido de forma ou aparência visível e corpórea de um vivente animado: a sua "construção". O latim registra essa oposição terminológica — aquela entre *sôma* e *démas* — opondo *corpus* e *anima*, o princípio que dá forma à matéria inerte. Daí uma consideração adicional: corpus não é apenas, por analogia com *sôma*, o cadáver, o corpo morto de um homem ou de um animal, mas é também o termo que o latim utiliza para designar, num sentido mais amplo, qualquer objeto material — "*omnes quod potest uideri corpus dicitur*" (Servio, Commentarii in Vergilii Aeneidos, 6, 303) — e, por extensão, qualquer agregado de partes, uma vez que este tenha tomado forma.[197] *Cor-*

[197] Cf. CHANTRAINE, P. *Dictionnaire étymologique de la langue grecque*. Paris: Klincksieck, 1968, v. 1; ERNOUT, A.; MEILLET, A. *Dictionnaire étimologique de*

poro significa, em primeira instância: matar, produzir ou fornecer um cadáver. Mas, conjugado na forma passiva, o verbo *corporare* — isto é, assumir a aparência, a forma *corporis* — significa encarnar-se, tomar corpo, materializar-se. Daí os termos políticos *corporatus*, *corporatio* e as formas verbais *concorporo*, *incorporo*, que se referem não apenas ao composto em que as partes são agregadas, mas também ao princípio vital que as anima. Anima, animal: outra semântica, sobre a qual não posso me deter agora. Digamos apenas que o léxico do orgânico, do organismo, ao qual se refere o campo metafórico e conceitual da vida política,[198] procede de uma oposição entre matéria inanimada e matéria animada — animada: ativada pela respiração (*psychē*, em grego, antes de "alma", "sopro", "ar"), por um *animator* que lhe dá a vida —, na qual um elemento diretivo, um princípio de movimento que de algum modo excede a sua inércia, é o que confere *organicidade* ao corpo.[199] *Anima*: *archē* dos seres viventes, para Aristóteles (De Anima, 402 a7).

Chego, assim, mais perto. Na época elisabetana, na Inglaterra, os juristas da Coroa encontraram a melhor formulação para resolver o problema da continuidade do *body politic* [corpo político]. Trata-se da teoria dos dois corpos do Rei: "O rei tem em si mesmo dois corpos", afirmam, numa declaração no Serjeant's Inn, para justificar a plenitude dos poderes do rei mesmo quando este

---

la langue latine. Paris: Klincksieck, 2001; BENVENISTE, É. *Le vocabulaire des institutions indo-européennes*, I. Economie, parenté, société. Paris: Les Éditions de Minuit, 1969. [BENVENISTE, É. *O vocabulário das instituições indo-europeias*: v. 1: economia, parentesco e sociedade. Tradução de Denise Bottman. Campinas: Unicamp, 1989].

198 Basta a referência a ARISTÓTELES. *Politica*, 1253a; 1281b. [ARISTÓTELES. *Política*. Edição bilíngue. Nota prévia de João B. da Câmara; prefácio e revisão literária de Raul M. R. Fernandes; introdução e revisão científica de Mendo C. Henriques; tradução e notas de António Campelo Amaral e Carlos de Carvalho Gomes; índice de conceitos e nomes de Manuel Silvestre. Belo Horizonte: Vega, 1988].

199 CAVARERO, A. Il corpo político come organismo. *Filosofia Politica*, n. 3, p. 391-414, 1993.

ainda não tivesse alcançado a maioridade. Ele possui "um corpo natural e um corpo político". O corpo natural do rei é o corpo mortal, "sujeito a todos os padecimentos que se dão por natureza ou acidente"; o corpo político, "no qual reside a política e o governo, constituído para a direção do povo e para a administração do bem público", é, ao contrário, incorruptível e não sujeito a imperfeições, nem à idade ou à doença. É um corpo perfeitamente separado do corpo natural.[200]

Sabe-se que essa construção jurídica foi elaborada, em sua forma final, em circunstâncias muito particulares: para legitimar o pleno exercício do poder real pelos sucessores de Henrique VIII — Eduardo, rei menor; Maria e Elisabete, mulheres. Com base no paradigma cristológico da dupla natureza de Cristo, os juristas da Coroa resolveram o dualismo existente entre a doutrina da *corporatio* — o *corpus mysticum* supratemporal da comunidade política — e a doutrina da *maiestas* do rei, sempre encarnada, de cada vez, em um corpo mortal e em uma pessoa física. Para nossos fins, o mais importante é a teoria da migração da alma sobre a qual os juristas construíram a continuidade do *body politic* diante da morte do rei. No direito comum inglês, a morte do rei não é chamada *Death* [morte], segundo registram os Reports de Plowden, mas *Demise* [desaparecimento], porque o corpo político da monarquia não morre; o que se separa com o falecimento da pessoa física do monarca são apenas os dois corpos do rei: o cadáver, que é sepultado, é o do rei natural; mas sua *Dignity*, a *Soul* [alma] imortal da instituição, transmigra sem interrupção para o sucessor, reencarnando o *body politic* em um homem de carne e osso: *dignitas non moritur*. De novo, portanto, *anima* e *corpus* do reino.

Este não é o lugar para prosseguir com a longa história e todas as implicações dessa teoria da instituição monárquica. Ernst Kantorowicz, como todos sabem, analisou seus rituais, sua iconografia

200 PLOWDEN, E. *Commentaires or Reports*. [1571]. London: 1816, p. 2.123.

e suas fontes textuais.[201] O que me interessa, sobretudo, é o modo como Pierre Rosanvallon recorreu a essa mesma teoria ao estudar uma instituição diferente: a história do sufrágio universal na França. Com isso, damos mais um passo — o terceiro — de aproximação ao tema de que pretendo tratar nesta ocasião. Também na eleição democrática há um dispositivo teológico-político em funcionamento. Thomas Hobbes o expressou de modo particularmente claro quando, no capítulo XVI do *Leviatã*, ao resolver o dualismo da representatividade corporativa — que até então permitira pensar a relação entre príncipe e estamentos como uma relação de confronto e resistência entre instâncias separadas[202] —, introduz o conceito moderno de representação política. O soberano representa a unidade do povo e, por meio de sua *persona* — termo teatral, como sublinha Hobbes, que em latim significa "máscara" —, confere-lhe uma existência que ele não possui por si mesmo. É exatamente nesse sentido que é o soberano quem faz o povo, e não o contrário, como poderia parecer à primeira vista, dada a *fictio* autorizadora do pacto social.[203] A unidade do *people* [povo] é produzida, na cena do teatro político, pelo ato representativo que reúne a multidão dispersa das vontades individuais, na qual se dissolvem os corpos e os estamentos da *societas civilis sive politica* medieval

[201] KANTOROWICZ, E. *The King's Two Bodies*: A Study in Medieval Political Theology. Princeton: Princeton University Press, 1957. [KANTOROWICZ, E. H. *Os dois corpos do Rei*: um estudo sobre teologia política medieval. Tradução de Cid Knipel Moreira. São Paulo: Companhia das Letras, 2000].

[202] Ver VON GIERKE, O. *Johannes Althusius und die Entwicklung der naturrechtlichen Staatstheorie*. Berlin, 1880; NÄF, W. Die Frühformen des modernen Staates im Spätmittelalter. *Historische Zeitschrift*, v. 171, n. 2, p. 225-243, 1951. [Tradução italiana em: ROTELLI, E.; SCHIERA, P. (ed.). *Lo Stato moderno*: v. 1, dal Medioevo all'età moderna. Bologna: Il Mulino, 1971, p. 51-78]; HOFMANN, H. *Repräsentation*: Studien zur Wort- und Begriffsgeschichte von der Antike bis ins 19. Jahrhundert. Berlin: Duncker & Humblot, 1974.

[203] Cf. DUSO, G. *La rappresentanza politica*: genesi e crisi del concetto. Milano: Franco Angeli, 2003.

— dissolução que Hobbes identifica com um estado pré-político de natureza, para, a partir daí, derivar a igualdade dos sujeitos de direito. A Commonwealth é um corpo místico, organizado pela lei como expressão unitária da vontade representativa do soberano.

Essa passagem não é um movimento restrito à teoria política da soberania. Ao contrário, esse jogo conceitual — que, em Hobbes, opõe *multitude* e *people* [multidão e povo] para dissociar, com fins de legitimação, os dois tempos do pacto — é reproduzido e mantido na história constitucional das instituições democráticas. Rosanvallon, que identifica no sufrágio universal o operador da progressiva integração política do social, emprega a metáfora dos dois corpos do rei para reconstruir as formas pelas quais a desigualdade — que marca a dura materialidade dos processos sociais — pode ser transposta para a temporalidade imaterial da equivalência jurídica. Existem, assim, dois corpos do povo que atravessam a história constitucional do século XIX e a história do sufrágio, que coincide com a transmutação do primeiro no segundo— autêntica tecnologia de transformação do corpo do povo (corpo imundo, corpo irredutível, corpo indisciplinado — corpo que, na retórica política liberal e conservadora entre os séculos XVIII e XIX, é designado por termos depreciativos como *populace*, *plebe*, *mob*, *swinish multitude* [populacho, plebe, turba, vara de porcos]) — em corpo glorioso da nação (*povo*, *popolo*, *people*, *peuple*), posto na origem das declarações constitucionais. O sufrágio, autêntico *Adelbrief des Volkes* [certificado de nobreza do povo], como o chama Heinrich von Treitschke, valoriza precisamente suas virtudes transformadoras e suas funções de enobrecimento.[204]

Pouco importa de que modo o livro de Rosanvallon representa uma espécie de reverso especular das posições do jovem Marx, em

[204] VON TREITSCHKE, H. Frankreichs Staatsleben und der Bonapartismus. III Die goldenen Tage der Bourgeoisie (1868). In: *Historische und politische Aufsätze von Heinrich von Treitschke*. 4. ed. Leipzig, 1871, v. 3, p. 162-235, p. 226.

Zur Judenfrage [*A questão judaica*] (1844);[205] de que modo realiza a apologia do processo de despolitização que, no curso da longa Revolução Francesa, levou o proletário a ceder as armas para integrar-se ao jogo democrático das eleições e ao quadro da equivalência do direito de voto, capaz de compensar, ainda que apenas em termos formais, a desigualdade que marca os processos sociais. O que me interessa aqui é, sobretudo, como a metáfora dos dois corpos do povo — o corpo coletivo em que se inscreve o *citoyen* [cidadão] e o corpo natural, selvagem, do *prolétaire* [proletário] — é atualizada para indicar a oposição entre forma e matéria da subjetividade, apenas aparentemente resolvida e superada pela inclusão na cidadania universal.

II.

Entro agora, finalmente, no mérito. Interessa-me, nesta ocasião, analisar outra modalidade dessa oposição entre os dois corpos do povo: aquela que boa parte do Oitocentos reconduziu à oposição entre o bárbaro e o trabalhador, entre a *classe perigosa* e a *classe trabalhadora*.[206] Em outros termos, interessa-me não tanto o registro político-constitucional em que essa oposição é elaborada, mas, sobretudo — e talvez de modo preliminar —, como é pensado — ou seja, projetado, fabricado, à margem de qualquer mística ou *fictio* jurídica — o corpo do operário como corpo dócil ou como corpo útil. Para fazê-lo, desenvolvo duas teses. A primeira diz respeito à relação de Michel Foucault com Marx. Para alguns, trata-se de

[205] ROSANVALLON, P. *Le sacré du citoyen*: du suffrage universel en France. Paris: Gallimard, 1992. [ROSANVALLON, P. *La consagración del ciudadano*: historia del sufragio universal en Francia. Traducción de Ana García Bergua. Instituto Mora: San Juan, 1999].

[206] Ver: CHEVALIER, L. *Classes laborieuses et classes dangereuses à Paris pendant la première moitié du XIXe siècle*. Paris: Plon, 1958; e, para o campo metafórico do "bárbaro" ou do "selvagem", MICHEL, P. *Les barbares, 1789-1848*: un mythe romantique. Lyon: Presses Universitaires de Lyon, 1981.

uma relação problemática e evolutiva, marcada por profundas reconsiderações: Marx inteiramente situado na episteme moderna e integralmente reabsorvido no quadro das categorias ricardianas em *As palavras e as coisas*;[207] e, alguns anos depois,[208] um *instaurateur* de *discursivité* [instaurador de discursividade] inevitável de atravessar. Para outros, uma relação simplesmente inexistente. Para estes últimos, isso indicaria não apenas o profundo desinteresse de Foucault pela economia e pela história do pensamento econômico — cujas categorias seriam invisibilizadas ou mesmo totalmente removidas em sua análise dos dispositivos de poder[209] —, mas também uma espécie de desprezo pelo marxismo e por Marx, que revelaria o desfecho liberal de sua filosofia. A segunda tese, que evidentemente retroage sobre a primeira, refere-se ao modo como Foucault pensa não apenas o corpo, mas, com Marx, a produtividade do poder e seu transbordamento em relação à grade conceitual com a qual a teoria política tentou exorcizá-lo, mantendo as formas de seu exercício no âmbito do direito. É nesse ponto, creio, que a referência a Marx assume sua verdadeira rele-

[207] FOUCAULT, M. *Les mots et les choses*. Paris: Gallimard, 1966, p. 273 e ss. [FOUCAULT, M. *As palavras e as coisas*: uma arqueologia das ciências humanas. Tradução de Salma Tannus Muchail. São Paulo: Martins Fontes, 1999].

[208] FOUCAULT, M. Qu'est-ce qu'un auteur? [1969]. In: DEI, p. 817-849, p. 833 [FOUCAULT, M. O que é um Autor? In: *Estética*: literatura e pintura, música e cinema: Ditos e Escritos III. Organização e seleção de textos de Manoel Barros da Motta. Tradução de Inês Autran Dourado. 2. ed. Rio de Janeiro: Forense Universitária, 2006, p. 264-298]. Cf. CUCCORESE, M. Marx tel que Foucault l'imagine. *Actuel Marx en ligne*, n. 6, 2001. Disponível em: http://actuelmarxm.u.paris10.fr/alr0006.htrn. Veja-se também sobre o assunto: LEONELLI, R. M. (org.). *Foucault-Marx*: paralleli e paradossi. Roma: Bulzoni, 2010.

[209] Ver: TELLMAN, U. Foucault and the Invisible Economy. *Foucault Studies*, n. 6, p. 5-24, 2009. Para uma reconstrução geral da relação entre Foucault e o pensamento econômico, AMARIGLIO, J. L. The Body, Economic Discourse and the Power: An Economist's Introduction to Foucault. *History of Political Economy*, v. 20, n. 4, p. 583-613, 1988; ZANINI, A. *L'ordine del discorso economico*: linguaggio delle ricchezze e pratiche di governo in Michel Foucault. Verona: ombre corte, 2010.

vância. "Como poderíamos analisar o poder em seus mecanismos positivos?" É essa a interrogação que Foucault se coloca. E o faz nos anos em que, esclarecendo plenamente o objetivo de sua pesquisa, entram de forma decisiva em jogo os processos de subjetivação. "O poder — no fundo e para além de qualquer mediação — é a luta de classes", dissera ele alguns anos antes.

O poder é o conjunto de relações de força — por isso mesmo assimétricas, marcadas pela desigualdade e, todavia, continuamente mutáveis e reversíveis — que se dão em um corpo social determinado.[210] Pensar positivamente o poder significa, para Foucault, não apenas desubstancializá-lo, retirando-o do sistema de referências que o conceitua como uma "coisa", mas, sobretudo, pensá-lo na diferença das relações que ele enreda, produzindo-as, atravessando-as e, ao menos enquanto consegue, reproduzindo-as de forma ordenada. Em Marx, e em particular em *O Capital*, Foucault encontra alguns elementos fundamentais para isso.[211] Em primeiro lugar, a analítica marxiana das relações de produção põe em evidência a multilateralidade e a coordenação dos mecanismos de poder. Ao insistir na especificidade e na localização do do-

[210] FOUCAULT, M. Entretien inédit entre Michel Foucault et quatre militants de la LCR, membres de la rubrique culturelle du quotidien "Rouge" (juillet 1977). *Question Marx*. Disponível em: https://questionmarx.typepad.fr/files/entretien-avec-michel-foucault-1.pdf.

[211] FOUCAULT, M. *Les mailles du pouvoir*. [1981]. In: DEII, p. 1.001-1.020, p. 1005 [FOUCAULT, M. As malhas do poder. In: *Segurança, penalidade, prisão*: Ditos e Escritos VIII. Organização e seleção de textos de Manoel Barros da Motta. Tradução de Vera Lucia Avellar Ribeiro. Rio de Janeiro: Forense Universitária, 2012, p. 168-188]. Foucault cita, neste caso, o Livro II d'*O Capital*. O equívoco depende da edição em oito volumes d'*O Capital* publicada na França pelas Éditions Sociales, à qual ele evidentemente se refere. O que alude é, em realidade, ao segundo tomo do primeiro livro desta edição, quer dizer, a seção IV do Livro I d'*O Capital* [MARX, K. *O Capital*: crítica da economia política. Livro I: o processo de produção do capital. Tradução de Rubens Enderle. São Paulo: Boitempo, 2013, p. 387-574. N.T.]. A questão foi aclarada em: LEONELLI, R. M. Fonti marxiane in Foucault. *Altreragioni*, n. 9, p. 119-135, 1999.

mínio fabril, Marx ressalta a diferença entre essa forma particular de exercício do poder e aquelas de tipo jurídico que atravessam o espaço social. A relativa autonomia do comando que ali se exerce — convém assinalar: não como a realidade à qual a ideologia jurídica deva ser reconduzida e confrontada para ser desmascarada, mas como um sistema de relações *inteiramente heterogêneo* em relação a ela — torna, de fato, impossível pensar (e este é o segundo elemento que Foucault valoriza em Marx) esse mesmo comando como repetição específica de um poder central originário ou como derivação direta dele. Com isso, o esquema teórico-político da modernidade jurídica é invertido.

Para o contratualismo moderno, a sociedade é possível graças ao poder que a organiza e que a enreda em um sistema de poderes secundários, hierarquicamente subordinados, postos em movimento e autorizados pela unidade do soberano. Em Marx, ao contrário, é a existência de formas locais de exercício do poder, difusas por todo o espaço social (a propriedade privada, a escravidão, a fábrica, o exército), que antecede e determina a constituição dos grandes aparelhos de Estado. Essa inversão marxiana impõe uma analítica extrajurídica do poder e uma visão evidentemente estratégica em relação às modalidades específicas de seu exercício. Por fim, o terceiro elemento que Foucault encontra em *O Capital*: se é possível identificar alguma racionalidade unívoca nesses mecanismos de poder locais e heterogêneos, essa racionalidade não pode ser reduzida à lógica da proibição. O "arquipélago de diferentes poderes" que Foucault identifica no espaço social é atravessado por um imperativo de produção, mais do que por instâncias que caracterizam o poder em termos repressivos: produção de eficiências, produção de atitudes, produção de produtores.[212]

Aqui, Foucault dissolve, de forma evidente, suas próprias reservas em relação a Marx. E, ao que me parece, o faz em uma direção perfeitamente coerente. A serena inserção do marxismo

[212] FOUCAULT, M. *Les mailles du pouvoir*, cit. DEII, p. 1.006.

na disposição epistemológica que o acolhe — "o marxismo está no pensamento do século XIX como um peixe na água", escrevera ele em 1966, numa expressão célebre, negando de fato a *coupure* [cisão, separação] althusseriana (*O Capital* como "uma verdadeira revolução epistemológica, em seu objeto, em seu método e em sua teoria")[213] — deriva do resíduo hegeliano que marca sua dialética e do "naturalismo" das categorias econômicas que emprega.

Em um texto de alguns anos antes, Foucault havia chamado expressamente a atenção para essa tensão interna no pensamento de Marx. A tensão entre instância sistemática e instância política, poderíamos dizer, talvez, concentrando a atenção na constante valorização foucaultiana da prática historiográfica marxiana — uma prática na qual a primeira é continuamente excedida e desafiada, desequilibrada em suas premissas e em seus resultados, desestabilizada pela análise dos posicionamentos recíprocos a partir dos quais se traçam os processos de subjetivação e as disposições tático-estratégicas dos poderes. O que marca a interioridade de Marx no século XIX e na ordem do discurso econômico é a ideia de que o trabalho possa ser, hegelianamente, pensado como "essência concreta" do homem ("*das sich bewährende Wesen des Menschen*", escreveu Marx);[214] quando, ao contrário — diz Foucault —, o trabalho é efeito, ou melhor, produto de uma série de tecnologias de domínio destinadas a conquistar o corpo e submetê-lo às lógicas

[213] FOUCAULT, M. *Les mots et les choses*, cit., p. 274. ALTHUSSER, L.; BALIBAR, É.; ESTABLET, R. *Lire le Capital*. Paris: Maspero, 1965, p. 7. [ALTHUSSER, L.; RANCIÈRE, J.; MACHEREY, P. *Ler o Capital*: v. 1. Tradução de Nathanael C. Caixeiro. Rio de Janeiro: Zahar Editores, 1979; ALTHUSSER, L.; BALIBAR, É.; ESTABLET, R. *Ler o Capital*: v. 2. Tradução de Nathanael C. Caixeiro. Rio de Janeiro: Zahar Editores, 1980].

[214] Marx o reconhece explicitamente em: MARX, K. *Ökonomisch-philosophische Manuskripte aus dem Jahre 1844*. Editado por Institut für Marxismus-Leninismus beim ZK der SED. Berlin: Dietz Verlag. MEW, Bd. 40, p. 574. [MARX, K. *Manuscritos econômicos-filosóficos*. Tradução, apresentação e notas de Jesus Ranieri. São Paulo: Boitempo, 2010].

da produção. "O trabalho não é a essência concreta do homem. Se o homem trabalha, se o corpo humano é uma força produtiva, é porque está obrigado a trabalhar. E está obrigado porque foi investido por forças políticas, porque está preso nos mecanismos de poder", escreve Foucault.[215]

A obrigação de trabalhar é imposta por uma série de intervenções que mobilizam fatores extraeconômicos e que atuam disciplinarmente na produção de subjetividades. E é justamente Marx que se torna o motor dessa reorientação da análise — um Marx cujas análises sobre a circulação e sobre a moeda valorizam a superfície de inscrição de toda a fenomenologia das relações de poder e de seus efeitos (uma superficialidade na qual desaparece toda referência a um "fora" e em que o negativo, não recuperado por nenhuma dialética, permanece como abertura, indeterminação, possibilidade, permitindo que esta possa de fato ser subvertida).[216] Marx excede o discurso da economia política precisamente porque o leva ao esgotamento e, para além do limite de seu paradigma, abre processos e categorias próprios da economia, como saber, à crua materialidade da história.[217]

[215] FOUCAULT, M. *Dialogue sur le pouvoir.* [1978]. In: DEII, p. 464-477, p. 470, grifo do autor. [FOUCAULT, M. Diálogos sobre o poder. In: *Estratégia, poder-saber*: Ditos e Escritos IV, p. 253-266].

[216] FOUCAULT, M. *Nietzsche, Freud, Marx.* [1967]. In: DEI, p. 592-607, p. 597. [FOUCAULT, M. Nietzsche, Freud, Marx. In: *Arqueologia das ciências e história dos sistemas de pensamento*: Ditos e Escritos II. Organização e seleção de textos de Manoel Barros da Motta. Tradução de Elisa Monteiro. 3. ed. Rio de Janeiro: Forense Universitária, 2015, p. 41-57].

[217] Este é um ponto enfatizado pela crítica que revaloriza a relação de Foucault com Marx. Se, para muitos, Foucault pode ser interpretado como completamente inútil para os historiadores (vale, por todos, a referência a MEGILL, A. Foucault, Structuralism and the End of History. *The Journal of Modern History*, v. 51, n. 3, p. 451-503, 1979), para outros, sua analítica do poder deve ser valorada sobre a pegada de Marx, justamente em termos históricos, demonstrando-se, ademais, capaz de ser continuada produtivamente. Cf. POSTER, M. Foucault and History. *Social*

Pouco depois, será este — um Marx para além de Marx — que orientará a "inversão do princípio de Clausewitz", que Foucault erige como grade interpretativa do discurso histórico e do processo social. "Pois então, o que isso coloca no princípio da história? Em primeiro lugar, uma série de fatos brutos, fatos que poderíamos qualificar de físico-biológicos", dirá ele: "vigor físico, força, energia, proliferação de uma raça, fraqueza de outra etc.; uma série de azares ou, em todo caso, de contingências: derrotas, vitórias, fracassos ou êxitos de rebeliões, sucesso ou insucesso de conjurações ou alianças; por fim, um feixe de elementos psicológicos e morais (coragem, medo, desprezo, ódio, esquecimento). Um entrecruzamento de corpos, paixões e azares: é isso que, neste discurso, vai constituir a trama permanente da história e das sociedades".[218]

Que a política seja a continuação da guerra, e não o contrário, é a lição que Marx retém dos historiadores franceses da Restauração.[219] Foucault instala esse mesmo princípio no núcleo de sua analítica do poder. E daí extrai um dado central: a relação de poder não é unívoca nem tampouco eliminável. É novamente Marx que ele reconhece ter rompido o encantamento que concebia a relação de domínio como unilateral e seu reverso como mera desativação

---

Research, v. 49, n. 1, p. 116-142, 1982; POSTER, M. *Foucault, Marxism and History*: Mode of Production versus Mode of Information. Cambridge: Polity Press, 1984.

218 FOUCAULT, M. *Il faut défendre la société*: Cours au Collège de France, 1975-76 [=FDS]. Édition établie sous la direction de F. Ewald et A. Fontana par M. Bertani et A. Fontana. Paris: Gallimard/Seuil, 1997, p. 47. [FOUCAULT, M. *Em defesa da sociedade*: curso no Collège de France (1975-1976). Edição estabelecida sob a direção de F. Ewald e A. Fontana, por Mauro Bertani e A. Fontana. Tradução de Maria Ermantina Galvão. São Paulo: Martins Fontes, 1999].

219 Vejam-se as famosas cartas de Marx a Weydemeyer (5 mar. 1852.) e a Engels (27 jul. 1854), em: MARX, Karl. Brief an Joseph Weydemeyer in New York (5. März 1852). In: MARX, Karl; ENGELS, Friedrich. *Marx-Engels-Werke*. [= MEW]. Bd. 28. Berlin: Dietz, 1963, p. 503-509; MARX, Karl. Brief an Friedrich Engels (27. Juli 1854). In: MARX, Karl; ENGELS, Friedrich. *Marx-Engels-Werke*. [= MEW]. Bd. 28. Berlin: Dietz, 1963, p. 380-385.

de um código. "Marx sabe perfeitamente que o que faz sólidas as relações de poder é que elas nunca acabam; não há, de um lado, alguns, e de outro, muitos; tais relações atravessam todos os lugares: a classe trabalhadora retransmite relações de poder, exerce relações de poder", disse Foucault.[220] Do ponto de vista subjetivo de sua composição social e política, a classe operária não sofre apenas subordinação e dominação: ela detém e exerce poder. Essa é a lição que se pode extrair de Marx.

O corpo humano é uma força produtiva. Mas uma força produtiva não é um dado biológico ou um simples material à disposição. O corpo humano é, precisamente, na acepção que o define como força produtiva, uma invenção histórica e o efeito de procedimentos específicos que o investem. Mais ainda, considerando o conceito de história com o qual Foucault trabalha, o corpo é um produto histórico — isto é, algo que se tornou o que é, cuja configuração foi sendo determinada no confronto irredutível entre táticas de conquista e táticas de subtração ou de contrapoder. Foucault atua — e não apenas a partir de meados dos anos 1970, mas desde antes — dentro de um canteiro marxiano delimitado pelo Livro I de *O Capital*. E o faz com um duplo objetivo. O primeiro, em relação a Marx, é libertá-lo da dogmática marxista. A frase que então escandalizava, "Marx está morto", adquiria seu significado em relação ao processo de embalsamamento que categorias e conceitos marxianos vinham sofrendo nas práticas teóricas e políticas dos partidos comunistas. Em uma importante entrevista de 1983, ano anterior à sua morte, Foucault admitiu ter citado pouco Marx em razão daquela espécie de obrigação de fazê-lo, que marcava o cânone do bom-tom intelectual da época. "Mas eu poderia reencontrar muitas passagens que escrevi", afirmou, "mesmo sem citá-lo, referindo-me a Marx". E acrescentou, na mesma ocasião, aludindo ao destino de Nietzsche — dado por definitivamente desacreditado em 1945 e reaparecido como filósofo incontornável na

[220] FOUCAULT, M. *Les mailles du pouvoir*, cit. DEII, p. 1.020.

segunda metade do século XX: "É certo que Marx, mesmo que se admita que vá desaparecer agora, reaparecerá um dia".[221] Como Foucault rejeitava radicalmente a profecia, gosto de pensar que essa reaparição significa o afloramento do fio vermelho marxiano que atravessa sua analítica do poder.

O segundo objetivo diz respeito não apenas a Marx, mas à própria constituição da analítica do poder. Foucault — sempre o fez, mas com maior ênfase na segunda metade da década de 1970 — busca desjuridificar o poder, subtraí-lo da máquina que o remete ao modelo da lei. Nesse sentido, o que ele rastreia em Marx não é apenas uma noção produtiva, positiva, de poder, mas também um obstáculo evidente, estrutural a ser oposto ao compromisso social-democrata sobre o qual se relança a invasividade social dos biopoderes. Analisar o poder privilegiando o aparelho de Estado, ressaltando seus aspectos de conservação e identificando-o com uma superestrutura jurídica — como tendem a fazer parte da dogmática marxista e o próprio Althusser — significa, para Foucault, acabar por "rousseaunizar" Marx.[222] Isto é: não apenas transformá-lo no eixo de uma estratégia de democratização jurídica, mas também, por meio de sua inclusão no dispositivo do direito (estratégia da social-democracia do final do século XIX), ligar intimamente marxismo e Estado na planificação, na gestão e na conservação reformista do pacto social fordista — com tudo o que isso implica em termos de difusão dos poderes nos circuitos da reprodução social.

Colocar no centro da análise uma noção não jurídica e não estritamente econômica de poder — uma noção que Foucault reivindica em Marx — significa colocar o tema das modalidades pelas

221 FOUCAULT, M. *Structuralisme et poststructuralisme*. [1983]. In: DEII, p. 1.250-1.276, p. 1.276. [FOUCAULT, M. Estruturalismo e pós-estruturalismo. In: *Arqueologia das ciências e história dos sistemas de pensamento*: Ditos e Escritos II. Organização e seleção de textos de Manoel Barros da Motta. Tradução de Elisa Monteiro. 3. ed. Rio de Janeiro: Forense Universitária, 2015, p. 307-334].

222 FOUCAULT, M. *Les mailles du pouvoir*, cit. DEII, p. 1.008.

quais os fluxos da valorização são milimetricamente regulados por instâncias que, até nos gestos e nos ritmos individuais, tornam possível, fluidificam e intensificam a produção de mercadorias. Sair do encantamento que refere o poder exclusivamente ao Estado significa, para Foucault, acessar o conjunto de estratégias — jurídicas e disciplinares — por meio das quais são concretamente instituídas as estruturas do mercado e produzidos seus agentes; realizadas, simultaneamente, tanto a meta de colocar sob controle os ilegalismos quanto a de transformar inteiramente o tempo de vida em tempo de trabalho. ("Daí o paradoxo econômico de que o meio mais poderoso para reduzir o tempo de trabalho se torne o meio mais infalível para transformar todo o tempo vital do trabalhador e de sua família em tempo de trabalho disponível para a valorização do capital", escrevera Marx).[223] Aquela que Foucault denomina, com evidente inspiração weberiana, de "a grande mutação tecnológica do poder no Ocidente" se cumpre mediante a montagem, multilateral e descontínua, de um "mecanismo de poder" que, justamente por controlar coisas e pessoas até o mínimo detalhe, demonstra-se capaz de não ser nem oneroso nem predatório para a sociedade. Ou seja, capaz de inverter o modelo fiscal, subtrativo e predatório do Absolutismo, exercendo-se "no sentido do próprio processo econômico".[224]

III.

Retornemos ao corpo, portanto. E, desta vez, diretamente através de Marx. No primeiro livro de *O Capital*, reiteram-se uma série de expressões relevantes para a linha que vimos seguindo. A primeira diz respeito ao uso marxiano de termos de Hobbes. O ponto de partida da *Darstellung*[225] marxiana é a mercadoria. E é por isso que, no mercado, os proprietários de mercadorias literalmente

[223] MARX, K. *Das Kapital*. I, MEW, Bd. 23, 4, p. 430.

[224] FOUCAULT, M. *Les mailles du pouvoir*, cit. DEII, p. 1.009.

[225] "exposição" [N.T.]

entram em cena como pessoas que exprimem a rede de contratos e de relações jurídicas que configuram a esfera da circulação. Marx retoma ao pé da letra a expressão hobbesiana. Aqui, contudo, a pessoa não é apenas a figura das equivalências jurídicas, mas a direta personificação — *Charaktermaske*, escreve Marx — das dinâmicas econômicas capitalistas.[226] Isso significa que qualquer um, e não apenas o proprietário das mercadorias — a vontade privada que se expressa no contrato — aparece em cena como espelho das relações de produção que o atravessam.[227] A segunda diz respeito à forma mercadoria. Ela não é, obviamente, um dado natural. Os produtos assumem a forma mercadoria apenas com base em um modo de produção absolutamente específico, a saber, o modo de produção capitalista. A mercadoria condensa parte significativa da história do capital. Para que exista a forma-mercadoria, é necessário que o produto não seja produzido "como meio de subsistência imediato para aquele que o produz" e que já se tenha estabelecido uma nítida divisão do trabalho.[228] A terceira é que as condições de existência do capital não se esgotam na simples circulação de mercadorias e dinheiro. O capital nasce — marcando uma época no processo social de produção — apenas onde o proprietário dos meios de produção e de subsistência encontra no mercado o trabalhador livre como vendedor de sua força de trabalho. Esta última é definida por Marx como "atitude natural do indivíduo vivente"; ou seja, como algo que "*nur in seiner lebendigen Leiblichkeit existiert*" — que existe unicamente em sua corporeidade viva.[229]

Lebendige Leiblichkeit, escreve Marx. *Leib* é um dos dois termos usados em alemão para designar o corpo. O outro é, evidentemen-

[226] MARX, K. *Das Kapital*. I, MEW, Bd. 23, 2, *Ware und Geld*.

[227] Cf. BASSO, L. *Agire in comune*: antropologia e politica nell'ultimo Marx. Verona: ombre corte, 2012, p. 47 ss.; MEZZADRA, S. *Nei cantieri marxiani*: Il soggetto e la sua produzione. Roma: manifestolibri, 2014.

[228] MARX, K. *Das Kapital*. I, MEW, Bd. 23, 4, *Verwandlung von Geld in Kapital*.

[229] MARX, K. *Das Kapital*. I, MEW, Bd. 23, 4, p. 183.

te, *Körper*. Deste último, já vimos a semântica latina. *Leib*, por sua vez, remete à raiz gótica *leif*, da qual derivam tanto o alemão *Leben* quanto o inglês *life*.[230] É inata ao ser humano uma força de trabalho. Ela lhe permite não apenas produzir o que necessita para viver, mas também reintegrar o consumo de "músculos, nervos, cérebro" que se dá no processo de produção e que precisa ser recuperado para que o ciclo de trabalho possa recomeçar. Força de trabalho significa aqui algo que antecede a organização da jornada de trabalho e o fato de essa mesma força de trabalho ser comprada pelo capitalista. Enquanto atitude inscrita na *lebendige Leiblichkeit* do indivíduo, ela não corresponde a uma classe específica de atos laborais (este ou aquele trabalho realizado), mas justamente à faculdade genérica de produzir, que pertence à natureza humana. A força de trabalho é, assim, entendida por Marx no sentido da *dynamis* aristotélica: como potência ou capacidade[231] — mais precisamente, como o "conjunto de todas as faculdades físicas e intelectuais que existem na corporeidade, na personalidade viva de um ser humano".[232]

O ponto me parece decisivo. O que está aqui em questão é a natureza humana específica como potência relacional e como potência produtiva. Marx utiliza o termo *lebendige Leiblichkeit* precisamente para referir-se a esse nó plástico de forças que define o vivente humano como sistema de estruturas anatômicas (músculos, nervos) e como feixe de disposições linguístico-cognitivas (cérebro). O que precede a colocação em marcha do corpo operário é a subsunção da força de trabalho ao capital, ou seja, a realização das condições pelas quais essa potência é levada ao ato. O capitalis-

[230] KLUGE, F. *Etymologisches Wörterbuch der deutschen Sprache*. 6. ed. Straßburg: Trüber, 1899.

[231] Cf. VIRNO, P. *Grammatica della moltitudine*: per un'analisi delle forme di vita contemporanee. Roma: DeriveApprodi, 2002, p. 82. [VIRNO, P. Gramática de la multitud: Para un análisis de las formas de vida contemporáneas. Traducción de Adriana Gómez et al. Madrid: Traficantes de Sueños, 2003]; VADÉE, M. *Marx penseur du possible*. Paris: L'Harmattan, 1998.

[232] MARX, K. *Das Kapital*. I, MEW, Bd. 23, 2, p. 181.

ta, portanto, não compra esta ou aquela prestação. Compra, mais propriamente, a produtividade indeterminada inscrita como potência na natureza humana. É então a faculdade de produzir como tal, ainda não aplicada, que se encontra no centro da troca entre capitalista e trabalhador.[233] O objeto de negociação não é um trabalho efetivamente realizado — um ato no qual se exaure uma potência —, mas aquela genérica *dynamis* produtiva imanente à *Leben* [vida] que o capitalista pode pôr a trabalhar a fim de extrair uma mais-valia, precisamente na medida em que ela mantenha sua generalidade. O substrato material inerente a tal potência é a natureza vivente do ser humano: ou seja, o que seu corpo — entendido, portanto, como *Leib* e não como *Körper* — pode fazer.

Deriva daqui uma série de consequências relevantes. A primeira é que o que importa ao capitalista não é tanto, ou não somente, o *corpo* do trabalhador: seus músculos ou seus braços, o mero esforço de que o corpo é capaz. O corpo se torna objeto a dominar, já não por seu valor intrínseco — aqui reside uma parte da diferença que, para Marx, separa a antiga economia escravista da forma capitalista de produção —, mas precisamente como substrato de algo imaterial (a força de trabalho) que coincide com algo próprio da natureza humana. Como parte da crítica reconheceu recentemente, se o termo *biopolítica* tem algum sentido e pode assumir um valor enquanto categoria fora e além do cânone textual foucaultiano, é propriamente nessa direção que se orienta.[234] A potência de trabalhar,

233 VIRNO, P. *Grammatica della moltitudine*, cit., p. 83.

234 Cf., por exemplo, VIRNO, P. *Grammatica della moltitudine*, cit., p. 84 ss. MARAZZI, Ch. *Il posto dei calzini*: la svolta linguistica dell'economia e i suoi effetti nella politica. Torino: Bollati Boringhieri, 1999; LAZZARATO, M. Biopolitique/ Bioéconomie. *Multitudes*, n. 22, 2005; VERCELLONE, C. (org.). *Capitalismo cognitivo*: conoscenza e finanza nell'epoca postfordista. Roma: manifestolibri, 2007; FUMAGALLI, A. *Bioeconomia e capitalismo cognitivo*: verso un nuovo paradigma di accumulazione. Roma: Carocci, 2007. [FUMAGALLI, A. *Bioeconomía y capitalismo cognitivo*: hacia un nuevo paradigma de acumulación. Tradução de Antonio Antón Hernandéz et al. Madrid: Traficante de Sueños, 2010]; HARDT,

comprada e vendida como qualquer outra mercadoria, é trabalho ainda não objetivado e, todavia — aqui, a segunda consequência —, inseparável da imediata existência corpórea do operário. A terceira consequência é que, dentro dessa concepção, Marx dá um passo decisivo em sua *Darstellung* — em sua exposição, segundo a sistemática de Hegel — do processo do capital. O gasto energético que Marx indexa ao corpo — "músculos, nervos e cérebro", esse consumo de força de trabalho que deve ser continuamente reintegrado para que o processo de reprodução do ciclo econômico ocorra — é, ao mesmo tempo, "processo de produção". E, em particular, de uma produção que não se esgota na mercadoria produzida, mas que se valoriza ininterruptamente como prestação de trabalho excedente e, portanto, como fonte de mais-valia ("o processo de consumo da força de trabalho é, ao mesmo tempo, o processo de produção da mercadoria e da mais-valia", escreve Marx).[235]

Com isso, dá-se uma passagem decisiva. Do teatro hobbesiano da circulação — o teatro em que o comprador e o vendedor de mercadorias, também daquela mercadoria particular que é a força de trabalho, se encontram em cena como *Charaktermasken* do contrato e da troca — chega-se àquilo que Marx chama de "laboratório secreto da produção" ("*die verborgne Stätte der Produktion*"). Aqui, bem abaixo da esfera brilhante da circulação simples, em que vigora o pressuposto da perfeita transparência representativa — uma vez que o direito traduz como legítima instância da troca a simetria da vontade e os "direitos inatos do homem" parecem envolver e garantir todo o processo de contratação —, "a fisionomia das *dramatis personae*" que animou os quatro primeiros capítulos de *O capital* muda radicalmente. O detentor de dinheiro avança agora como capitalista, o possuidor de sua própria força de trabalho o segue como seu trabalhador ("*folgt ihm nach als sein Arbeiter*"),

M.; NEGRI, A. *Commonwealth*. Cambridge Mass.: The Belknap Press of Harvard University Press, 2009. [HARDT, M.; NEGRI, A. *Bem-estar comum*. Tradução de Clóvis Marques. Rio de Janeiro: Record, 2016].

235 MARX, K. *Das Kapital*. I, MEW, Bd. 23, 2, p. 189.

e, enquanto o primeiro sorri, o segundo, ao contrário, mostra-se tímido e relutante, "como alguém que levou sua própria pele ao mercado e não tem nada mais a esperar senão o seu curtimento".[236]

A própria pele. O próprio corpo, portanto. Mas em que condições? É este o ponto que me interessa agora. Uma passagem não apenas lógica ou puramente interna à *Darstellung* marxiana do processo de acumulação, mas que se realiza, antes, em termos históricos, isto é, como subsunção da sociedade ao capital: a passagem que dobra a genérica força de trabalho imanente à *lebendige Leiblichkeit* humana no *Körper* útil, dócil e produtivo do trabalhador da fábrica. E, dada a plasticidade que caracteriza a natureza humana, não de uma vez por todas. Cada técnica distinta de produção — e esta é outra lição que Foucault retoma diretamente de Marx — implica uma modificação da subjetividade estreitamente ligada à tomada de poder sobre o corpo.[237]

IV.

Para chegar a isso, contudo, é preciso dar mais um passo intermediário. A passagem que vai além da esfera da circulação (e além da dinâmica contratual da troca de prestações) abre o acesso ao processo de produção — isto é, para Marx, à valorização que nele se produz. O capitalista transforma o dinheiro em valor incorporando trabalho vivo (*lebendige Arbeitskraft*) ao trabalho morto (*tote Arbeit*) que se objetivou nos fatores de produção que mobiliza para gerar mais-valia. O que se introduz, assim, no proces-

236 MARX, K. *Das Kapital*. I, MEW, Bd. 23, 2, p. 191.

237 FOUCAULT, M. *Les techniques du soi*. [1988]. DEII, p. 1.602-1.632, p. 1.604. [FOUCAULT, M. As técnicas de si. In: *Genealogia da ética, subjetividade e sexualidade*: Ditos e Escritos IX, p. 264-296]: "Quis descrever, ao mesmo tempo, a especificidade dessas técnicas e sua interação constante. Por exemplo, a relação entre a manipulação dos objetos e a dominação aparece claramente em *O Capital* de Karl Marx, em que cada técnica de produção exige uma modificação da conduta individual e, portanto, exige não somente aptidões, mas também atitudes".

so produtivo é aquela potência de valorização inerente à força de trabalho e que, precisamente por ser definida pela faculdade de fornecer mais-valia não remunerada, permite ao capitalista lucrar sobre o capital investido. Trabalho morto vivificado: *ein beseeltes Ungeheuer*, chama Marx. O capital como um "monstro animado" que começa a trabalhar "como se tivesse amor em seu corpo".[238]

É conhecido que Marx recorre, em muitos trechos de sua obra, a metáforas desse tipo — o capital como vampiro ou como lobisomem. Figuras necropolíticas, poderíamos dizer, recuperando uma expressão que Achille Mbembe cunhou para outros fins.[239] O que Marx pretende evidenciar, como a realidade que rompe o jogo de espelhos induzido pelo fetichismo da mercadoria, é a sequência que parte da inversão da qual se origina a especificidade do processo de produção capitalista em sua determinação histórica. O trabalhador, aquele trabalhador de carne e osso que se vê forçado a vender "a própria pele" na negociação com o capitalista, está subordinado ao controle deste, e tudo o que produz é propriedade dele — assim como todo o tempo de produção que excede a medida da jornada de trabalho definida pelo salário. Não é o trabalhador que utiliza os fatores objetivos da produção, como poderia parecer numa definição ingênua de trabalho, mas é o trabalho morto, cristalizado no capital, que utiliza e "suga o trabalho vivo", apropriando-se de sua potência de valorização. Aqui, além do campo metafórico do monstruoso, o que retorna é o campo semântico da corporeidade de onde partimos: o *corpus* cadavérico dos fatores de produção se anima e, diante do operário — em especial do operário socializado, cuja vida é subsumida pelo grande sistema fabril —, ergue-se o "organismo de produção completamente objetivo" ("*einen ganz objektiven Produktionsor-*

[238] MARX, K. *Das Kapital*. I, MEW, Bd. 23, 5, p. 209.

[239] MBEMBE, A. Necropolitics. *Public Culture*, v. 15, n. 1, p. 11-40, 2003. [MBEMBE, A. *Políticas da inimizade*. Tradução de Marta Lança. Revisão de L. Baptista Coelho. Lisboa: Antígona, 2017. p. 107-152].

ganismus"),[240] por meio do qual se reproduz o domínio de classe — com a mesma tensão que, na física aristotélica, qualifica o organismo vivo (matéria, forma, movimento). Para Marx, o sistema de máquinas é um *Automat*. Mas esse mecanismo é um mecanismo animado: o corpo da produção, que o trabalhador encontra diante de si como o vínculo que o subsume, literalmente *toma* vida.

É sobre esta escansão que agora pretendo me debruçar. Nela se apresenta um problema decisivo para os fins da minha argumentação. O que me interessa é como essa passagem se produz materialmente e o que nela se evidencia. Encontramos anteriormente a figura dos dois corpos do povo, o equivalente baixo, mas não demasiadamente, da teologia política da soberania do rei e do corpo místico do reino. Na democracia, o mecanismo eleitoral opera um enlace análogo, transformando o *populace* [populacho] das ruas — um bando, uma gentalha que é o pesadelo da literatura burguesa do século XIX — no resplandecente *peuple* [povo] soberano em cujo nome se fazem as leis e se pronunciam as sentenças. Essa transformação é pensada pelo liberalismo oitocentista — e, em particular, na França — como o *eschaton* da Revolução Francesa. A palavra *eschaton*, em grego, significa "aquilo que se encontra no extremo último", o fim; ponto culminante e resolutivo da tragédia, para o Aristóteles da *Poética*. Todavia, nenhuma tragédia se encerra aqui. Para Tocqueville, para Guizot, para Lorenz von Stein — para citar apenas alguns autores que tratam, naqueles anos, da politização da questão social —, a revolução não se "encerra" com as conquistas constitucionais e se relança justamente sobre a questão da propriedade e do trabalho. De política, ela se faz, de fato, social.[241] Gover-

240 MARX, K. *Das Kapital*. I, MEW, Bd. 23, 13, p. 404. Cf., em geral, MEYER, A. Mechanische und organische Metaphorik politischer Philosophie. *Archiv für Begriffsgeschichte*, v. 13, p. 128-199, 1969.

241 CHIGNOLA, S. *Fragile cristallo*: Per la storia del concetto di società. Napoli: Editoriale Scientifica, 2004. De modo mais geral, CONZE, W. Vom 'Pöbel' zu 'Proletariat': Sozialgeschichtliche Voraussetzungen für den Sozialismus in Deuts-

nar significará, precisamente por isso, desenvolver tecnologias de intervenção sobre o corpo e no corpo da sociedade: tecnologias de assistência e de segurança social, tecnologias higiênico-sanitárias, tecnologias pedagógicas e de responsabilização.[242] Entre elas, talvez a principal, a disciplina de trabalho capaz de transformar o corpo indolente e ocioso do proletário no corpo produtivo do operário.

Quando Marx começa a tratar do processo produtivo e do processo de valorização — isto é, da animação do corpo de produção da mercadoria —, evoca a esfera da circulação (o contrato como compra e venda da força de trabalho), porque esta representa a mediação necessária, como vimos, para acessar o "laboratório secreto" da produção. Aqui emerge com clareza como aquela aparente simetria de vontade entre quem compra e quem cede a força de trabalho não se verifica: o que o capitalista adquire não é *trabalho* — o trabalho acabado que se objetiva num produto e encerra sua trajetória —, mas uma potência, um "fermento vivo" que, uma vez integrado ao processo, valoriza continuamente o capital.[243] O que o trabalhador aliena não é a sua atitude individual (a sua capacidade, o seu talento particular, a força de seu físico), mas uma faculdade genérica que pode ser exteriorizada e organizada segundo normas de sujeição e condições de distribuição que fazem dela trabalho social, cooperação vigiada e incorporada ao capital ("*dem Kapital einverleibt*").[244] Na cooperação planificada com outros, o operário se despoja de seus limites individuais e desenvolve as faculdades de sua espécie ("*im planmäßigen Zusammenwirken mit andern streift der Arbeiter seine individuellen Schranken ab*

---

chland. *Vierteljahrschrift für Sozial- und Wirtschaftsgeschichte*, v. 41, n. 4, p. 333-364, 1954; PANKOKE, E. *Die Arbeitsfrage*: Arbeitsmoral, Beschäftigungskrisen und Wohlfahrtspolitik im Industriezeitalter. Frankfurt a.M.: Suhrkamp, 1990.

[242] Cf., por exemplo, EWALD, F. *L'État providence*. Paris: Grasset, 1986; PROCACCI, G. *Gouverner la misère*: la question sociale en France (1789-1848). Paris: Seuil, 1993.

[243] MARX, K. *Das Kapital*. I, MEW, Bd. 23, 5, p. 200.

[244] MARX, K. *Das Kapital*. I, MEW, Bd. 23, p. 352.

und entwickelt sein Gattungsvermögen"), escreve Marx.[245] E, entretanto: como essa incorporação se realiza, em termos que não pertencem apenas à configuração do trabalho abstrato?

Sabemos que Edward P. Thompson, em seu grande livro dedicado à formação da classe operária inglesa, trouxe à tona um fato decisivo: a classe trabalhadora não é um sujeito que surge em cena num momento dado da história, mas uma fluidez, uma relação cuja composição escapa sempre que alguém tenta apreendê-la como morta, para então dissecá-la.[246] O primeiro momento dessa relação é, poderíamos dizer, a fabricação — tanto no indivíduo quanto na cooperação — do corpo operário como corpo produtivo. Um processo que se determina historicamente como prática — certamente não pacificada nem pacificadora — de assujeitamento dos hábitos, ritmos e gestos vitais dos indivíduos à disciplina do trabalho. Dar um jeito no vagabundo, adestrar o menor, organizar um movimento coletivo: estes são eixos estratégicos de um processo de disciplinamento social que flui através de múltiplas instituições (penais, educativas, militares) empenhadas na moderna produção da subjetividade.[247]

Quando Marx analisa a chamada acumulação primitiva, é a essa complexa fenomenologia de coação extraeconômica que ele se refere ao escrever sobre a naturalização do código de produção capitalista. Para o seu estabelecimento, não bastam, nos dois pólos da circulação simples, as figuras do comprador e do vendedor da

245 MARX, K. *Das Kapital*. I, MEW, Bd. 23, p. 349.

246 THOMPSON, E. P. *The Making of the English Working Class*. New York: Vintage, 1966, p. 9: "A noção de classe permeia a noção de relação histórica. Como qualquer outra relação, é um processo fluido que ilude a análise se buscamos detê-lo à seco em um determinado momento e analisar sua estrutura" [THOMPSON, E. P. *A formação da classe operária*: v. 1: a árvore da liberdade. Tradução de Denise Bottmann. Rio de Janeiro: Paz e Terra, 1987].

247 Para a categoria de disciplinamento social, ver ao menos: OESTREICH, G. *Geist und Gestalt des frühmodernen Staates*: ausgewählte Aufsätze. Berlin: Dunker & Humblot, 1969.

força de trabalho; nem, no plano genético, o puro ato de dominação pelo qual este último, expropriado à força de seus meios de subsistência (os *commons*, a terra, as formas de solidariedade comunitária), vê-se constrangido a vender-se voluntariamente e a "submeter-se, à força de chicote, de marca de ferro em brasa e de torturas, àquela disciplina que era necessária ao sistema de trabalho assalariado" ("*in eine dem System der Lohnarbeit notwendige Disziplin hineingepeitscht, -gebrandmarkt, -gefolgert*"). O que se exige, sobretudo, é o processo que está ligado — e que duplica — ao desenvolvimento do sistema de produção vinculado ao trabalho assalariado: o sistema de práticas que reproduz uma *Arbeiterklasse* que, por "educação, tradição e hábito", escreve Marx, reconhece como *selbstverständliche Naturgesetze* [leis naturais] as exigências do modo de produção capitalista.[248] O processo de incorporação da cooperação operária realiza-se como naturalização da exploração e do comando — isto é, como submissão do corpo social à disciplina do trabalho forçado. Um processo que, justamente por se enraizar profundamente na vida — músculos, nervos, cérebro, no nexo da repetição e do hábito —, instaura um corpo a corpo entre tecnologias de disciplina e práticas de subtração operária. A fabricação do corpo útil é uma dinâmica duramente combatida.

V.

Demonstram-se pelo menos dois elementos que reaparecem continuamente no texto marxiano. O primeiro é a modalidade por meio da qual se realiza a *expropriação* dos trabalhadores independentes. O proletariado é posto no mundo por um processo, multilateral e convergente, que inclui o roubo de bens eclesiásticos, a alienação fraudulenta dos bens do Estado, o furto de bens comuns e a transformação da propriedade feudal em propriedade privada. O primeiro passo para a acumulação originária é a produção de

[248] MARX, K. *Das Kapital*. I, MEW, Bd. 23, cap. 24, p. 765.

pobres, vagabundos e miseráveis forçados ao trabalho. A condenação à miséria é, para estes, imediatamente redobrada em termos jurídicos: "a legislação os tratou como delinquentes 'voluntários' e partiu do pressuposto de que dependia de sua boa vontade continuar a trabalhar ou não nas velhas condições já inexistentes".[249] O direito, com sua lógica de imputação, fixa o sujeito a uma vontade "livre" apenas para dobrar suas resistências, constrangê-lo a trabalhar, vinculá-lo à forma salarial. Marx não descreve apenas a incidência social das leis, mas o seu "uso" como arma na batalha disciplinar. O segundo elemento diz respeito à regulação da jornada de trabalho, ou seja, à imposição, por parte da classe operária, de uma série de limites à extensão indefinida das horas de trabalho pelo patrão. Este, apropriando-se de toda a *Lebenszeit* do proletário, não teria, por si só, dificuldade alguma em prolongar indefinidamente o tempo de produção, garantindo, assim, uma brutal extração de mais-valia absoluta. No entanto, encontra precisamente no corpo do trabalhador a forma de resistência que torna isso impossível. A organização técnica da cooperação — com os efeitos perversos que Marx insiste em descrever em termos de alienação, repetitividade do gesto, empobrecimento das capacidades cognitivas do trabalhador — serve fundamentalmente para implantar um dispositivo capaz de incrementar o saldo da mais-valia relativa. Todavia, é o contrapoder do trabalhador, a *Widerstand* [resistência] por meio da qual a classe trabalhadora, "atordoada pelo estrondo da produção, começa a voltar a si mesma",[250] que impõe a regulação da jornada de trabalho com a qual esse dispositivo se defronta. É quase impossível não pensar que, entre os muitos trechos marxianos não citados e com os quais, contudo, Michel Foucault se confronta diretamente, não figure aquele dedicado às "minuciosas disposições que regulam, com uma uniformidade tão militar, ao som da campainha, períodos, limites e pausas de traba-

249 MARX, K. *Das Kapital*. I, MEW, Bd. 23, 7, p. 762.

250 MARX, K. *Das Kapital*. I, MEW, Bd. 23, 3, p. 294.

lho", de que Marx fala como de uma conquista operária. A regulação da jornada de trabalho depende, certamente, de uma intervenção do Estado, mas, longe de representar o resultado de uma intervenção disciplinar vertical, desenvolve-se a partir da própria situação ("*allmählich aus den Verhältnissen heraus*", escreve Marx) e como resultado de longas lutas de classe.[251] Quando, na abertura de *Vigiar e punir*, Foucault opõe frontalmente dois textos de arquivo — o longo e atroz suplício de Damiens, no qual a resistência do corpo da vítima interrompe o ritual de soberania que se cumpre no cadafalso, suscitando a cumplicidade do *populace* [populacho] que assiste aos seus pés; e o regulamento redigido por Léon Faucher para a "Casa dos jovens detentos de Paris", no interior da qual a violência se cala, mas ressoam rufos de tambor, movimentos organizados e toques de campainha que marcam uma jornada inteiramente saturada pela disciplina —, é difícil não perceber que são essas páginas marxianas que sugerem a formulação do problema. Um direito que não é apenas direito. Um poder que circula e ativa posições opostas e antagonistas. Uma economia — não apenas da punição — constantemente interligada a tecnologias de governo.

VI.

A meu ver, a publicação do Curso que Foucault ministrou no Collège de France, no primeiro semestre de 1973, dissolve definitivamente muitas ambiguidades interpretativas em relação à sua analítica do poder.[252] O domínio do capital sobre o operário, ao qual, nas

[251] MARX, K. *Das Kapital*. I, MEW, Bd. 23, 3, p. 299.

[252] FOUCAULT, M. *La société punitive*: Cours au Collège de France, 1972-1973. Édition établie sous la direction de F. Ewald et A. Fontana par B. E. Harcourt. Paris: EHESS/Gallimard/Seuil, 2013. [FOUCAULT, M. *A sociedade punitiva*: curso no Collège de France (1972-1973). Edição estabelecida por Bernard E. Harcourt, sob a direção de F. Ewald e A. Fontana. Tradução de Ivone C. Benedetti. São Paulo: Editora WMF Martins Fontes, 2015].

palavras de Marx, "a pressão silenciosa das relações econômicas"[253] põe sua marca ("*der stumme Zwang der ökonomischen Verhältnisse*"), é conquistado ao longo de uma batalha de séculos que expõe a matriz bélica da relação social. A fabricação do corpo dócil, que é o objetivo da estratégia disciplinar, não é unidirecional nem pacífica. Ainda assim, o corpo operário deve ser submetido à disciplina para que a força de trabalho que lhe é imanente como *dynamis*, como potência, possa ser transformada em força produtiva.[254]

Trata-se, nesse caso, de uma dupla passagem que está no centro do Curso foucaultiano dedicado à *Société punitive* [Sociedade Punitiva] e que lança uma luz cortante sobre a analítica do direito e da penalidade que Foucault vinha desenvolvendo naqueles anos. A natureza humana não é trabalho, anota na última lição. O que marca a vida indisciplinada do ser humano e o ritmo de seu desenrolar como instância de relação selvagem, capaz de desenvolver autonomamente vínculos e dimensões coletivas não submetidas aos ritmos de produção, são, antes, "prazeres, descontinuidades, festas, repouso, necessidades, instantes, acasos, violências":[255] na prática, o fluxo ininterrupto de impulsos e de atitudes que o capital procurará submeter ao seu comando — isto é, à temporalidade lisa e cronométrica do processo de produção —, mas que a classe trabalhadora transformará em formas da sua composição, ao atravessá-los subjetivamente e deles se valendo como ocasiões de resistência e de organização.

O que Foucault evidencia aqui são dois aspectos que assinalam o ponto de sua máxima aproximação com Marx e, ao mesmo tempo, marcam de modo contundente sua distância de Althusser: o primeiro é a centralidade do conflito como vetor da analítica do poder; o segundo, a constatação de que as tecnologias disciplinares (e,

[253] MARX, K. *Das Kapital*. I, MEW, Bd. 23, cap. 24, p. 765.

[254] Sobre o tema, veja-se o importante trabalho de MACHEREY, P. *Il soggetto produttivo*: da Foucault a Marx. Verona: ombre corte, 2013.

[255] FOUCAULT, M. *La société punitive*, cit., p. 235.

entre elas, a penalidade), antes mesmo de exercerem uma simples função de garantia na reprodução da relação capitalista de valorização — isto é, a repressão do ilegalismo proletário e, em termos mais amplos, a reestruturação da economia geral dos ilegalismos (não sua eliminação abrupta, evidentemente, mas seu governo, feito de limiares de tolerância, diferenciação dos delitos, gradação da severidade das penas) que se consolida com o desenvolvimento da sociedade capitalista —,[256] atuam na organização das disposições para a produção às quais o corpo do trabalhador deve ser submetido.[257] De um lado, o sistema penal precisa assegurar as condições de sua própria vigência por meio de técnicas de sequestro e de clausura, técnicas de fixação da mobilidade, que impactam violentamente — difundindo-se microfisicamente em seu interior — o corpo móvel e esquivo de um *populace* [populacho] de vagabundos e ociosos. Daí a primeira afirmação radical de Foucault: a "guerra civil" como matriz geral à qual a racionalidade da pena deve ser reconduzida, não tendo esta por objetivo último, como em Hobbes ou Rousseau, a imposição de uma paz sobre relações naturalmente conflitivas, mas a ininterrupta continuação de uma guerra de conquista.[258] De outro lado, exatamente como em Marx, a definição de um horizonte estratégico — permanentemente contestado — no qual devem ser pensados tanto os vínculos sociais quanto os processos de subjetivação, uma vez que se compreende que o problema decisivo da gênese do capitalismo coincide com a transformação/constituição da vida em força de trabalho.[259]

[256] FOUCAULT, M. *Surveiller et punir*: Naissance de la prison. Paris: Gallimard, 1975, p. 89.

[257] Cf. LEGRAND, S. Le marxisme oublié de Foucault. *Actuel Marx*, n. 36, p. 27-43, 2004.

[258] No curso de 1976 no Collège de France, "Il faut défendre la société", Foucault definirá esta perspectiva — já vimos — como a "inversão do princípio de Clausewitz".

[259] Cf. DARDOT, P.; LAVAL, Ch. *Marx, prénom*: Karl. Paris: Gallimard, 2012, p. 202.

O que Foucault estabelece como objetivo de pesquisa é o processo complexo de fabricação da força de trabalho como disposição subjetiva objetivamente uniformizada pelas condições de produção, para retomar a feliz formulação de Stéphane Legrand. Ou seja, segundo a analítica marxiana da gênese da relação capitalista, trata-se do processo de subsunção real pelo qual o trabalho é incorporado ao processo de valorização. O fato de que este possa ser objetivado em um sistema de "leis naturais" da economia (não um simples véu ideológico, mas um efeito de verdade, poderíamos dizer, do fetichismo da mercadoria) decorre tanto do desenho do corpo quanto da disciplina da alma. O corpo indócil e inútil do ocioso é transformado no corpo útil e dócil do trabalhador — a plasticidade da vida é atrelada e adestrada aos ritmos e gestos da produção — por efeito do recrutamento de uma série de saberes que não têm a configuração disciplinar da economia, mas incidem fortemente sobre o seu processo. Direito, moral, pedagogia, ciências militares — para citar alguns dos saberes que, nesse ponto, exercem papel decisivo ao traçar o corte que, na massa opaca da multidão, separa classes perigosas e classes trabalhadoras, para em seguida recompô-las no projeto disciplinar — serão produtivamente convocados não apenas para segmentar, para submeter a um cálculo de eficiência e para recompor uma *anatomopolítica* do corpo, como a denomina Foucault, mas também para indexar à alma o trabalho de normação (jurídica e, sobretudo, extrajurídica) que objetiva e que reproduz a relação de capital.

É sobre esse fundo marxiano que Michel Foucault desenvolve sua análise da penalidade e a sua inversão decisiva da tradição platônica: nos limiares da modernidade, e como ruptura constituinte que impõe novas funções de projeção aos saberes, não é o corpo que é prisão da alma, mas a alma que se converte em prisão do corpo.[260] A transformação da multidão em força de trabalho é o produto de uma espécie de esquematismo transcendental da dis-

[260] FOUCAULT, M. *Surveiller et punir*, cit., p. 34.

ciplina, que redesenha e conquista o espaço, reordena e contabiliza o tempo. Agindo sobre o espaço, a disciplina organiza funções e hierarquias, isola segmentos individuais na cooperação social e estabelece vínculos operacionais entre eles. Controlando o tempo, ela o constitui como integralmente útil. Precisão, aplicação e regularidade, escreverá Foucault em *Vigiar e punir*, são virtudes fundamentais do tempo disciplinar. A chamada acumulação originária produz-se tanto pela fabricação de corpos dóceis — "o corpo humano entra em um mecanismo de poder que o explora, o desarticula e o recompõe", na medida em que o sequestra, fixa-o à repetição de um gesto, a uma localização funcional, a uma determinada articulação entre gesto e objeto — quanto pela estabilização de uma periodicidade inteiramente subsumida ao desempenho.[261] Dentro desse duplo processo constituinte, cumpre-se o dito que Marx tira de Fourier: a fábrica, uma prisão perpétua mitigada.[262] Para Foucault, trata-se da gemelaridade, genealogicamente inferível, entre forma-prisão e forma-salário.[263]

Tento, pois, amarrar os fios. Transformar o tempo de vida em tempo de trabalho significa dispor do corpo, isto é, inscrever nele o funcionamento de um dispositivo de poder. Poder, aqui, não designa uma "coisa" que alguém detenha ou possa deter, mas a trajetória sempre reversível em que se decide uma batalha, entre uma resistência e aquilo que consegue vencê-la e dominá-la. Em Marx, a incorporação da força de trabalho ao capital — a subsunção da vida ao comando e à valorização — se dá como extração brusca de mais-valia absoluta, mediante a instituição da jornada de trabalho. Estender indefinidamente o horário de trabalho implica, porém, enfrentar uma resistência invencível na corporeidade física — na própria composição anatômica — do trabalhador. Combinar jornada de trabalho e organização técnica da produção significa de-

261 FOUCAULT, M. *Surveiller et punir*, cit., p. 139 ss.; p. 152.

262 MARX, K. *Das Kapital*. I, MEW, Bd. 23, 13, p. 450.

263 FOUCAULT, M. *La société punitive*, cit., p. 72.

senvolver a intensificação dos processos produtivos e valorizar a mais-valia relativa. Mas significa também concentrar e ampliar a potência, a subjetividade e o contrapoder da classe trabalhadora; sua composição política tendencial. O corpo operário, entendido aqui tanto em sentido individual quanto coletivo, é o alvo da constante reorganização dos poderes e dos saberes que o enfrentam como instância móvel, literalmente dinâmica, irredutível.

As funções de governo dessa irredutibilidade, vinculadas à forma-salário e à forma-prisão — entendida aqui como o recinto ordenado da fábrica e como o disciplinamento da jornada de trabalho —, entram definitivamente em crise, ao menos no âmbito da experiência ocidental à qual se liga a vivência direta de Foucault, entre o final dos anos 1960 e o final dos anos 1970. Um dos motivos que reposicionam sua filosofia é a radicalidade com a qual ele problematiza suas próprias categorias em uma direção que poderíamos, com alguma razão, definir não como *pós-*, mas como *oltre-marxista*.[264]

O que agora é posto diretamente a trabalhar — e explorado pelas funções incrementalmente extrativas do capital — não é tanto, ou não apenas, o corpo do ser humano, a utilidade disciplinada deste, mas a natureza humana entendida segundo as qualidades específicas da espécie, imanentes ao animal linguístico e relacional: a afetividade, as faculdades de cooperação, a potência de socialização.[265] O trabalho já não é diretamente organizado, reduzido à unidade pelo co-

[264] NEGRI, A. *Marx oltre Marx*: quaderno di lavoro sui Grundrisse. Milano: Feltrinelli, 1979. [Conservamos o original em italiano, equivalente a "mais além do marxismo", privilegiando o jogo de palavras que se perde em português e, sobretudo, pela ressonância e tributo que já desde o título original deste livro, "Foucault oltre Foucault", o autor reconhece na obra citada e no próprio exercício intelectual de Antonio Negri. Cf. NEGRI, A. *Marx além de Marx*: ciência da crise e da subversão: cadernos de trabalho sobre os Grundrisse. Tradução de Bruno Cava. São Paulo: Autonomia Literária, 2016. N.T.]

[265] MEZZADRA, S.; NEILSON, B. Extraction, Logistics, Finance: Global Crisis and the Politics of Operations. *Radical Philosophy*, n. 178, p. 8-18, mar.-abr. 2013.

mando, confinado no perímetro da jornada; é, antes, difuso, deixado "livre", precarizado. Seu modelo: o *empreendedorismo* autônomo.

O que ocorre, então, com o corpo na fábrica social abrangente da sociedade pós-industrial? Há uma disciplina talvez ainda mais invasiva que aquela que se entrelaça ao corpo na série de dispositivos extraeconômicos que acompanharam a implantação do capitalismo entre os séculos XVIII e XIX. É a disciplina que acompanha, no desenho da sociedade neoliberal dos indivíduos, as retóricas do capital humano e do indivíduo como sujeito empreendedor de si mesmo.[266] Aqui, o corpo — corpo de desempenho, corpo hiperconectado, corpo *ciborgue* — é tomado como refém, já não por uma função diretiva e de governo funcional à acumulação comandada, mas pelo próprio sujeito, que nele encontra e nele reconhece o suporte de sua própria valorização enquanto empresa individual. Mas não apenas isso. O corpo — corpo marcado, corpo rastreado pelo infravermelho das guardas de fronteira, corpo digitalizado e escaneado em cada aeroporto — é governado, filtrado, contido, mas não fixado, em sua mobilidade. Mobilidade que, por si mesma, converte-se em função de valorização do capital. O que se move, poderíamos dizer, são cada vez mais *Leiber* e cada vez menos *Körpern*.

Na história da classe operária, a resistência do corpo individual e coletivo produziu processos extraordinários de subjetivação. "Contracondutas", chama-as Foucault, ao procurar pensá-las para além das formas organizativas e das fórmulas reivindicativas do trabalhador-massa. Trata-se, hoje, também de pensar, nesse plano — o plano da corporeidade móvel, flexível, precária, global e mestiça, com a qual interagem dispositivos governamentais de controle e de valorização — novas táticas de resistência e de subtração.

[266] DARDOT, P.; LAVAL, Ch. *La nouvelle raison du monde*: Essai sur la société néolibérale. Paris: La Découverte, 2009.

4. Michel Foucault e o neoliberalismo

"Para entender o neoliberalismo, devemos começar com a multidão."

M. Hardt; A. Negri, *Assembly*

Não é minha intenção propor uma interpretação última — autêntica ou definitiva — do curso que Michel Foucault deu no Collège de France entre 1978 e 1979. Tampouco intervir no marco de um debate — aquele sobre uma suposta "tentação neoliberal" ou um "flerte" de Foucault com o neoliberalismo[267] — que tantas vezes se sustenta em referências biográficas, testemunhos indiretos e leituras parciais de seus textos. Pretendo, antes, propor um simples percurso por alguns desses textos e destacar aquela que me parece ser a linha de desenvolvimento que atravessa — coerentemente, como procurarei argumentar — os últimos anos da produção teórica de Foucault. Para fazê-lo, e para evitar entrar no mérito de uma segunda questão metodológica — a saber, se *Nascimento da biopolítica*,[268] pelo estatuto que o caracteriza, por ser um curso de aulas nunca publicado pelo autor como livro, pode ou não ser

[267] ZAMORA, D.; BEHRENT, M. C. (Eds.). *Foucault and Neoliberalism*. Cambridge: Polity Press, 2016; PESTAÑA, J. L. M. *Foucault, la gauche et la politique*. Paris: Textuel, 2011.

[268] FOUCAULT, M. *Naissance de la biopolitique*: Cours au Collège de France, 1978-1979. Paris: Gallimard/Seuil, 2005, p. 154. [FOUCAULT, M. *Nascimento da biopolítica*: curso dado no Collège de France (1978-1979). Edição estabelecida por Michel Senellart; sob a direção de François Ewald e Alessandro Fontana. Tradução de Eduardo Brandão. Revisão da tradução de Claudia Berliner. São Paulo: Martins Fontes, 2008].

considerado no mesmo patamar que outros textos de sua obra cuja publicação, ao contrário, foi diretamente autorizada por Foucault —, declaro de início as duas opções que sustentam as páginas seguintes. A *primeira* é que Foucault deve ser tomado — como sugere Deleuze — no seu conjunto.[269] Para compreender a linha de investigação empreendida depois da publicação de *Vigiar e punir* (1975) [270] e de *A vontade de saber* (1976),[271] é necessário chegar a ela a partir do conjunto de conferências, entrevistas e textos que emolduram os cursos ministrados no Collège de France e que, no entender de quem escreve, não podem ser lidos isoladamente. A *segunda* é que é de todo inútil avaliar esse conjunto — formado por livros, outros textos publicados (que certamente não podem ser relegados a uma "produção menor") e as aulas do Collège de France — à luz de uma exigência de linearidade e coerência que Foucault explicitamente recusa. A lógica de um pensamento, retomo as palavras de Deleuze, é o conjunto das crises que atravessa, se o que obriga a pensar é a emergência, sempre diferencial, daquilo cujo nome filosófico é *atualidade*.[272] A questão inicial, portanto, não é a insistente demanda por uniformidade e coesão — própria dos embalsamadores de um pensamento ou de quem pretende apressadamente descartá-lo —, mas perguntar-se o que, no final da década de 1970, volta a pôr em movimento a investigação foucaultiana.

[269] DELEUZE, G. *Pourparlers 1972-1990*. Paris: Minuit, 2007, p. 116 [DELEUZE, G. *Conversações, 1972-1990*. Tradução de Peter Pál Pelbart. São Paulo: Ed. 34, 1992].

[270] FOUCAULT, M. *Sorvegliare e punire*. [1975]. Traduzione di A. Tarchetti. Torino: Einaudi, 1976, p. 185. [FOUCAULT, M. *Vigiar e punir*: nascimento da prisão. Tradução de Raquel Ramalhete. Petrópolis: Vozes, 1987].

[271] FOUCAULT, M. *La volontà di sapere*. [1976]. [=VS]. Tradução de P. Pasquino e G. Procacci. Milano: Feltrinelli, 1991. [FOUCAULT, M. *História da sexualidade I*: a vontade de saber. Tradução de Maria Thereza da Costa Albuquerque e J. A. Guilhon Albuquerque. Rio de Janeiro: Edições Graal, 1988].

[272] DELEUZE, G. *Pourparlers 1972-1990*, cit., p. 116 e 119.

I.

Em 1978, ano em que Foucault dá o curso sobre *Nascimento da biopolítica*, são publicados três textos de grande relevância, ao menos na minha opinião, para compreender a direção de seu pensamento naquele momento. O *primeiro* é a conferência realizada no Instituto Franco-Japonês de Kansai, em Kyoto. Nela, Foucault aborda a crise que atravessa os dispositivos da sociedade disciplinar. A desconexão que ele identifica em relação às formas de organização e distribuição de poder características dos últimos cinco séculos da história ocidental — marcados pela estatização das relações sociais — ocorre entre o modo de proceder e de pensar de quem exerce o poder, ainda moldado por uma lógica disciplinar, e as relações que esse poder deveria ser capaz de formalizar em uma ordem, mas que se revelam instáveis e resistentes, justamente por serem atravessadas por formas de subjetividade cada vez mais autônomas e independentes. Para Foucault, o privilégio geralmente atribuído ao *poder do Estado* como ápice dos poderes sociais impede perceber que, na rede de circulação destes últimos — no interior da família, nas relações entre os sexos, no trabalho subordinado, no código que distingue o normal do anormal —, a coesão do dispositivo disciplinar está sendo abertamente desafiada e colocada em crise.[273]

Dessa conferência emergem, ao menos, duas constatações. A primeira é que o motor da investigação foucaultiana é o problema da herança de 1968. Trata-se de um movimento antidisciplinar, de alcance global, que marca um ponto de não retorno para as formas de poder que o Estado vinha monopolizando, articuladas a um dispositivo cujas tecnologias são heterogêneas — funcio-

[273] FOUCAULT, M. *La société disciplinaire est en crise*. [1978]. In: DEII, p. 532-534, p. 533. [FOUCAULT, M. Precisões sobre o poder: respostas a certas críticas. In: *Estratégia, poder-saber*: Ditos e Escritos IV. Organização e seleção de textos de Manoel Barros da Motta. Tradução de Vera Lúcia Avellar Ribeiro. 2. ed. Rio de Janeiro: Forense Universitária, 2006, p. 267-269].

nando em quartéis, hospitais, colégios ou prisões, cada qual com sua especificidade —, mas cuja característica central e invariável é a produção de individualidades dóceis e úteis, ajustadas aos dispositivos fordistas de acumulação do capital. A publicação do curso[274] que Foucault deu no Collège de France entre 1972 e 1973 explicita o enquadramento marxiano no qual se insere *Vigiar e punir*: a disciplina — dispositivo que evidencia as funções produtivas, e não apenas repressivas, do poder — mostra como a força de trabalho deve ser fabricada antes mesmo do início do processo produtivo[275] e como a forma-prisão e a forma-salário devem ser entendidas como "formas historicamente gêmeas".[276] A *disciplina* é a cifra unificadora — ou o *tipo* de poder — que possibilita, realiza e administra, para usar os termos de Marx, a subsunção real da sociedade ao capital.[277]

Agora, na altura de 1973, Foucault ainda podia assumir o fato de que "nós vivemos numa sociedade disciplinar"[278] — uma sociedade "dotada de aparatos cuja forma é o sequestro" (ele se refere a prisões ou fábricas), "cujo fim é a constituição de uma força de trabalho e cujo instrumento é a aquisição de disciplinas ou de hábitos" (aqui, o hábito expressa a normalidade do domínio e o

[274] FOUCAULT, M. *La société punitive*: Cours au Collège de France, 1972-1973. Édition établie sous la direction de F. Ewald et A. Fontana par B. E. Harcourt. Paris: EHESS/Gallimard/Seuil, 2013. [FOUCAULT, M. *A sociedade punitiva*: curso no Collège de France (1972-1973). Edição estabelecida por Bernard E. Harcourt, sob a direção de F. Ewald e A. Fontana. Tradução de Ivone C. Benedetti. São Paulo: Editora WMF Martins Fontes, 2015].

[275] LEGRAND, S. Le marxisme oublié de Foucault. *Actuel Marx*, n. 36, p. 27-43, 2004.

[276] FOUCAULT, M. *La société punitive*, cit., p. 72.

[277] NEGRI, A. *Marx and Foucault*: Essays volume I. Cambridge: Polity Press, 2017, p. 121. [NEGRI, A. *Quando e como eu li Foucault*. Organização, tradução, apresentação e notas de Mario A. Marino. São Paulo: n-1 edições, 2016; NEGRI, A. *Marx y Foucault*: Ensayos 1. Traducción de Fernando Venturi. Buenos Aires: Cactus, 2019].

[278] FOUCAULT, M. *La société punitive*, cit., p. 240; p. 242.

tecido sobre o qual ele se reproduz socialmente). Mas, apenas alguns anos depois, assinala que "no futuro" — e precisamente pela indocilidade dos sujeitos que escapam a ela — será preciso separar-se das "atuais sociedades de disciplina".[279]

Num testemunho mais fiel e menos interessado que o de François Ewald, convocado por outros como prova de uma suposta conversão foucaultiana ao liberalismo,[280] Gilles Deleuze oferece alguns dos elementos decisivos para compreender as razões da mudança de opinião de Foucault. Na lição de 28 de janeiro de 1986, do curso dedicado a Foucault, Deleuze observa que o trânsito que aqui nos interessa só pode ser entendido se se retira Foucault do jogo de comparações e inferências no qual, muito frequentemente, se esgota a história da filosofia (Foucault posto em relação às correntes filosóficas da fenomenologia ou do marxismo) e se avalia como ele, naqueles anos, interage com um ciclo de eventos e de propostas teórico-políticas que tornam problemática a referência à centralidade do dispositivo disciplinar. Os eventos aos quais Deleuze se refere são a liberalização iugoslava e a insurreição de Praga, mas também a valorização, em torno de 1968, de experiências que põem em crise, tanto nos Estados Unidos como na Europa, o centralismo sindical e o pacto social fordista, apontando para uma transformação radical da composição técnica e política da classe trabalhadora. No plano teórico, Deleuze menciona três grandes dispositivos que circulavam também na França e eram utilizados para tematizar essa transformação — que dizia respeito tanto ao capitalismo como às formas de subjetividade que ela atravessava: o jovem Lukács, a Escola de Frankfurt e, de forma nada surpreendente a meu ver, o operaísmo italiano.[281] O próprio Foucault con-

279 FOUCAULT, M. *La société disciplinaire est en crise*, cit., p. 533.

280 BEHRENT, M. C. Accidents happen: François Ewald, the "Antirevolutionary" Foucault, and the Intellectual Politics of the French Welfare State. *The Journal of Modern History*, v. 82, n. 3, p. 585-624, 2010.

281 DELEUZE, G. Cours sur Foucault. *Foucault: Le pouvoir*. 1986. Disponível em: http://www2.univ-paris8.fr/deleuze/rubrique.php3?id_rubrique=22.[DELEU-

firma essa interpretação. Em outro texto, de 1978, dedicado uma vez mais a problematizar sua relação com o marxismo, ele explicita que sua dificuldade, nesse terreno, não é Marx, mas o efeito de bloqueio que o marxismo, enquanto "filosofia do Estado", produz em relação à possibilidade de "novos imaginários políticos" surgidos de lutas em desenvolvimento na escala global — no Japão, mas também, como ele diz, na França e na Itália. É um *Marx para além de Marx*,[282] um Marx situado no horizonte estratégico de lutas multilaterais e que excedem programaticamente o problema da conquista do poder — ao qual, no entanto, os partidos comunistas no Ocidente pretendem chegar pela via eleitoral e contra aquelas mesmas lutas cuja "incidência antagonista" precisa ser reconhecida pelo potencial de inovação e autonomia que nelas se expressa —, e ao qual Foucault não pretende renunciar.[283]

Daqui decorre a segunda questão relevante. Foucault terá a oportunidade de explicitar como o Marx do segundo livro de *O Capital* lhe forneceu os instrumentos não apenas para desmontar a hipótese — amplamente difundida na teoria crítica da época — de que o poder seja uno e se encontre firmemente nas mãos, como um objeto, de um suposto detentor (uma sociedade não é um corpo unitário sobre o qual se exerceria um único poder, mas uma "justaposição, uma coordenação, uma hierarquia" de poderes múltiplos que se exercem em regiões diferenciadas do tecido

---

ZE, G. *El poder*: curso sobre Foucault II. Buenos Aires: Cactus, 2014].

[282] NEGRI, A. *Marx oltre Marx*: quaderno di lavoro sui Grundrisse. Milano: Feltrinelli, 1979. [NEGRI, A. *Marx além de Marx*: ciência da crise e da subversão: cadernos de trabalho sobre os Grundrisse. Tradução de Bruno Cava. São Paulo: Autonomia Literária, 2016].

[283] FOUCAULT, M. *Méthodologie pour la connaissance du monde*: comment se débarasser du Marxisme. [1978]. In: DEII, p. 595-618, p. 603; p. 606. [FOUCAULT, M. Metodologia para o conhecimento do mundo: como se desembaraçar do marxismo. In: *Repensar a política*: Ditos e Escritos VI. Organização e seleção de textos de Manoel Barros da Motta. Tradução de Ana Lúcia Paranhos Pessoa. Rio de Janeiro: Forense Universitária, 2010, p. 186-210].

social e, sobretudo, um campo de inversões e bloqueios sempre possíveis, se a relação de poder expressa a instável composição de um jogo estratégico entre liberdade e domínio), mas também para valorizar a potência autônoma que se evidencia do lado da subjetivação de classe.[284] Pouco depois, em outro texto de importância extraordinária, Foucault sublinha que a reorientação impressa à sua própria analítica do poder implica como ponto de referência fundamental — em consequência do primado ontológico que a caracteriza[285] — assumir que o ponto de partida está na resistência, e não no poder em si. A resistência atua como um "catalisador químico" capaz de tornar visível aquilo que, de outro modo, permaneceria imperceptível: a circulação de um poder que Foucault concebe como inteiramente desmaterializado e que permite evidenciar os lugares, as diferentes gramáticas e os pontos de incidência específicos sobre os quais ele opera. Não se trata, portanto, de analisar o poder a partir de sua racionalidade interna, mas de analisar as relações de poder como relações estratégicas, nas quais se confrontam — para dizer com outro léxico — linhas de fuga e dispositivos de captura.[286] Também aqui não se trata simplesmente de um modelo teórico — no curso de 1976, aliás, Foucault havia formulado a "inversão do princípio de Clausewitz", que lhe permitiu examinar o poder como uma relação, isto é, como um confronto ininterrupto que se reproduz em múltiplos níveis de sua

[284] FOUCAULT, M. *Les mailles du pouvoir*. [1981]. In: DEII, p. 1.001-1.020, p. 1.006; p. 1.020. [FOUCAULT, M. As malhas do poder. In: *Segurança, penalidade, prisão*: Ditos e Escritos VIII. Organização e seleção de textos de Manoel Barros da Motta. Tradução de Vera Lucia Avellar Ribeiro. Rio de Janeiro: Forense Universitária, 2012, p. 168-188].

[285] REVEL, J. Michel Foucault: *expériences de la pensée*. Paris: Bordas, 2005, p. 204. [REVEL, J. *Michel Foucault*: conceitos essenciais. Tradução de Maria do Rosário Gregolin, Nilton Milanez, Carlos Piovesani. São Paulo: Claraluz, 2005].

[286] FOUCAULT, M. *Le sujet et le pouvoir*. [1982]. In: DEII, p. 1.041-1.062, p. 1.044. [FOUCAULT, M. O sujeito e o poder. In: *Genealogia da ética, subjetividade e sexualidade*: Ditos e Escritos IX, p. 118-140]

circulação[287] —, mas da evidência de processos reais que haviam emergido "nos últimos anos" — enfatiza ele — e que envolveram resistências ao poder masculino ou patriarcal, à psiquiatrização ou à medicalização das populações, às rotinas com que, diariamente, a administração afeta a vida dos governados ("*la manière dont la gent vivent*").[288]

Essas resistências apresentam características peculiares e não podem ser genericamente reduzidas a uma simples contestação da autoridade. É preciso examiná-las em sua singularidade, justamente para depois apreender seus elementos comuns. O que Foucault extrai dessa análise são alguns dados que, tendencialmente, são de clara relevância. Trata-se, de fato, de lutas *transversais* (isto é, não confinadas nacionalmente e que ultrapassam o quadro de referência tradicional que as classifica como lutas *políticas* ou *econômicas*, porque o que está em questão nelas é outra coisa: a problematização imediata dessa distinção de campos); de lutas *imediatas* (porque enfrentam o poder no nível mais próximo e mais específico em que o encontram, sem remeter a um futuro indefinido a realização, talvez definitiva, do projeto de libertação que encarnam); de lutas que colocam em questão o estatuto do indivíduo (apropriando-se dos aspectos diferenciais da individualidade, mas se opondo, ao mesmo tempo, às formas de isolamento próprias do "governo por individuação"); e de lutas que tomam como central a questão do sujeito, na ambivalência constitutiva do termo: são processos de subjetivação que se opõem material-

[287] FOUCAULT, M. *Il faut défendre la société*: Cours au Collège de France, 1975-76 [=FDS]. Édition établie sous la direction de F. Ewald et A. Fontana par M. Bertani et A. Fontana. Paris: Gallimard/Seuil, 1997, p. 16. [FOUCAULT, M. *Em defesa da sociedade*: curso no Collège de France (1975-1976). Edição estabelecida sob a direção de F. Ewald e A. Fontana, por Mauro Bertani e A. Fontana. Tradução de Maria Ermantina Galvão. São Paulo: Martins Fontes, 1999].

[288] FOUCAULT, M. *Le sujet et le pouvoir*, cit., p. 1.045.

mente à moderna fábrica do sujeito.[289] Em diversas entrevistas, Foucault não terá problemas para reconhecer, nas lutas feministas e ecologistas, na dissidência nos países do Leste ou no movimento de protesto contra a Guerra do Vietnã, o *sinal característico* — para usar a expressão kantiana — dessa mudança de época. Se é verdade que não existe relação de poder sem resistência ou sem "linha de fuga" — sem a possibilidade sempre imanente de inversão,[290] que impõe à analítica do poder a perspectiva estratégica com que Foucault passa a trabalhar em meados dos anos 1970 —, também é verdade que o traço comum antidisciplinar expresso por essas lutas implica um evidente deslocamento em relação aos arranjos tradicionais de exercício do poder. E não apenas isso: elas impõem a torção que faz da filosofia — como Foucault explicita ao comentar a publicação de *A vontade de saber* — uma imersão sem repouso no presente: uma filosofia "integralmente política" e inteiramente mergulhada no campo da imanência da história.[291]

II.

O *segundo* texto que me parece importante para compreender o quadro no qual Foucault vai situando a própria analítica do neoliberalismo também foi publicado no Japão. Trata-se da conferência proferida em 27 de abril de 1978 no Asahi Kodo, em Tóquio, na qual problematiza o estatuto da filosofia em relação ao campo político, partindo de três figuras clássicas que o definem: Sólon (a filosofia que assume diretamente a tarefa legislativa); Platão (o conselheiro que atua como consciência crítica do déspota); e os cínicos, figuras sobre as quais a atenção de Foucault se detém muito antes

[289] FOUCAULT, M. *Le sujet et le pouvoir*, cit., p. 1.045-1.046.

[290] FOUCAULT, M. *Le sujet et le pouvoir*, cit., p. 1.061.

[291] FOUCAULT, M. *Non au sexe roi*. [1977]. In: DEII, p. 256-269, p. 266. [FOUCAULT, M. Não ao sexo rei. In: *Microfísica do poder*. Organização e tradução de Roberto Machado. Rio de Janeiro: Edições Graal, 1979, p. 229-242].

do curso de 1984, como materialização da constante subtração da filosofia em relação às fórmulas e práticas de legitimação do poder, e também como escárnio e desafio permanente a este.[292] Talvez valha a pena notar que, já nesse momento, se torna perceptível como Foucault vai problematizando o estatuto da crítica: a filosofia não coincide com a normatividade da teoria política — ou seja, não organiza diretamente a *práxis*, como por vezes pretendeu fazer, com resultados catastróficos; não desempenha, no interior da relação de governo, uma simples função corretiva-integradora que tradicionalmente lhe foi reconhecida,[293] que terminaria por legitimá-lo sendo, assim, por ele capturada; tende, antes, a colocar-se *dentro e contra ele*, sem ceder à ilusão de pensar-se como situada num espaço exterior e protegido em relação às coisas. Não é apenas isso, contudo, que o texto assinala. Mais decisivo me parece o modo como Foucault, ali, trata a questão do poder. Se a filosofia pode assumir uma tarefa — e se esta se pretende política —, é precisamente a de tornar visível (duplicando assim o papel histórico-político da resistência) o jogo estratégico que se expressa na relação de poder. Não está em jogo, aqui, uma instância de juízo — aquela que a crítica tende a assumir de modo autorreferencial e que, por isso, não problematiza o próprio estatuto —, mas a perspectiva desencantada que permite compreender o exercício cotidiano, não jurídico e relacional, do domínio.[294] Para esse fim, Foucault mobiliza — e creio poder dizer que se trata, nesse sentido, de um caso praticamente único — a filosofia analítica da linguagem. O problema não é o da fundação do poder — sua raiz teológico-política; o tema

[292] FOUCAULT, M. *La philosophie analytique de la politique*. [1978]. In: DEII, p. 534-551, p. 540. [FOUCAULT, M. A filosofia analítica da política. In: *Ética, sexualidade, política*: Ditos e Escritos V. Organização e seleção de textos de Manoel Barros da Motta. Tradução de Elisa Monteiro et al. 2. ed. Rio de Janeiro: Forense Universitária, 2006, p. 37-55].

[293] CHIGNOLA, S. *Da dentro*: biopolitica, bioeconomia, Italian Theory. Roma: DeriveApprodi, 2018.

[294] FOUCAULT, M. *La philosophie analytique de la politique*, cit., p. 540.

schmittiano da decisão que o instaura no estado de exceção;[295] nem sua reapropriação revolucionária: hipóteses que o tratam na forma privilegiada do direito ou da soberania —, mas sim o do *uso cotidiano* que dele se faz, como da linguagem, uma pura instância de circulação. Analisar os *jogos de poder* do mesmo modo como Wittgenstein trata os *jogos de linguagem* — possibilidade sobre a qual Foucault faz recair o sentido geral da filosofia e da crítica — significa não apenas abordá-los segundo os diferentes conjuntos de regras que os tornam possíveis (e, assim, escapar do feitiço que faz do Poder uma instância unitária, terrível e definitiva), mas também libertá-los da referência coercitiva que os conecta à unilateralidade de um exercício vertical (não existe dominado que não expresse, autonomamente, algum poder) e desmascarar a ilusão de que se possa, em qualquer nível do seu exercício, livrar-se dele "de imediato, de forma massiva e por efeito de uma ruptura radical". As relações de poder — "aquelas relações das quais se compõe a trama de nossa vida cotidiana" — são jogos que deveriam ser estudados em termos de tática e de estratégia, de regularidade e de acaso, de objetivos e de apostas.[296]

Dessas observações derivam pelo menos duas conclusões relevantes. A primeira é que Foucault pode reivindicar para a aplicação dessa metodologia boa parte da pesquisa desenvolvida até então — isto é, a decisão de tratar os poderes no plano microfísico e múltiplo que se define por sua circulação, e não segundo o tradicional — ao menos para a filosofia política — esquema jurídico que vincula o poder ao que Foucault chama de "grande jogo do Estado". A segunda é que, se essa decisão tem uma consequência imediata — a de negar, como efeito especular que o prende ao Estado, o igualmente grande jogo da Revolução ("estamos tal-

295 SCHMITT, C. *Politische Theologie*: Vier Kapitel zur Lehre von der Souveränität. [1922]. 8. ed. Berlin: Dunker & Humblot, 2004. [SCHMITT, C. *Teologia política*. Tradução de Elisete Antoniuk; coordenação e supervisão Luiz Moreira. Belo Horizonte: Del Rey, 2006].

296 FOUCAULT, M. *La philosophie analytique de la politique*, cit. p. 542.

vez vivendo o fim de um período histórico que, ao menos desde 1792-93, foi dominado pelo monopólio da revolução, com todos os efeitos despóticos que isso pode implicar", escreve ele) —, isso não significa, convém lembrar, dados os frequentes mal-entendidos, que Foucault esteja disposto, por alguma reviravolta, a "revalorizar o reformismo": ele o nega explicitamente. Ao contrário, o que o método analítico-político aqui proposto e colocado em prática deveria valorizar — e nisso Foucault é plenamente explícito — é a proliferação, a continuidade e a relevância de lutas que, precisamente por combaterem molecularmente o poder em seus níveis de exercício imediato, foram até agora consideradas marginais.[297] Mas não apenas isso. O que aqui se coloca em questão — justamente a partir da particular fenomenologia e caracterização de práticas antagonistas completamente descentradas do Estado (tanto por não poderem ser processadas pelo filtro da representação nem reduzidas à lógica identitária do partido, quanto por não se dirigirem a um objetivo final segundo a clássica imagem milenar de uma tomada de poder concebida como libertação definitiva) — é a forma particular de poder com que elas se relacionam. Trata-se, diz Foucault, de tecnologias de poder não políticas e não jurídicas (precisamente por não se sobreporem de imediato aos aparatos de Estado), mas também não de tipo econômico (já que as lutas com as quais interagem transbordam os limites da fábrica, não podem ser atribuídas monopolisticamente à classe trabalhadora como sujeito e não limitam o conflito ao quadro do salário) ou "étnico" (os conflitos examinados antecipam, talvez se possa dizer, composições interseccionais e se caracterizam pela circulação em espaços transnacionais: não podem, portanto, ser seletivamente resolvidos com base territorial) — e que, contudo, impactam com imponentes "efeitos estruturantes" a nossa vida cotidiana. Desse poder — o poder que as novas formas de antagonismo liberadas na metade dos anos 1970 assumem como referen-

[297] FOUCAULT, M. *La philosophie analytique de la politique*, cit., p. 547.

te polêmico, tornando visíveis suas apostas, campos de referência e estratégias —, Foucault nos diz que é um poder "de origem religiosa": um poder que toma a seu encargo os viventes com uma economia de detalhe e ao longo de toda a sua existência individual (do nascimento à morte, como ele afirma numa fórmula que remete evidentemente ao relatório de Beveridge);[298] um poder que governa seus comportamentos com a tendência produtiva de cuidar, sustentar e orientar.

Acrescentam-se aqui uma série de elementos ulteriores. Foucault pode, assim, destacar o cruzamento que se produz progressivamente, na transição do século XVIII para o XIX, entre *máquinas disciplinares* e — para usar uma expressão que neste texto não aparece, mas que logo reencontraremos — a governamentalização do Estado; entre ciências humanas e saberes de natureza estatística e atuarial. As disciplinas produzem, fixam e controlam a individuação, do mesmo modo que as ciências humanas permitem conhecer e classificar os sujeitos individuais; a estatística, assim como os dispositivos de assistência ou de segurança social, analisa e quantifica, em nível de massa, os efeitos induzidos pelos comportamentos individuais e, sobretudo no que se refere às trajetórias centrífugas que os caracterizam, garante sua governabilidade. É assim que não apenas o indivíduo e suas condutas, mas a *vida* e a existência — de cada um e de todos — passam a ser redeterminadas não apenas como *pertinentes*, mas, mais ainda, como *elementos indispensáveis* para o exercício do poder nas sociedades modernas. O pastorado encontra, assim, no Estado — sem que isso signifique, de modo algum, a desativação dos dispositivos disciplinares, que simplesmente reproduzem seu próprio sistema de regras como mais um dos jogos que enredam a relação entre os indivíduos e o poder — a estrutura que lhe permite rearticular suas lógicas, uma vez abandonada a matriz religiosa que, em

[298] W BEVERIDGE, W. H. *Report of the Inter-Departmental Committee on Social Insurance and Allied Services*. New York: Agathon Press, 1969.

sua origem, marca sua genealogia.[299] O Estado, por esse motivo, não coincide simplesmente com sua armadura jurídico-soberana: incorpora o pastorado — isto é, um poder de cuidado e de condução das condutas que lhe é formalmente exterior — para, por meio de dispositivos de governo, ampliar o quadro de tecnologias que lhe pertencem e estender seus campos de ação. Isso, evidentemente, no que diz respeito ao lado do poder. A conclusão da conferência, no entanto, retorna ao outro lado da relação. O que, mais uma vez, interessa a Foucault destacar é como aquelas lutas há pouco definidas como *marginais* — por quem se mantém no perímetro da cidadania estatal e considera *político* apenas o que se dirige ao Estado — passam a afetar decisivamente o dispositivo disciplinar-governamental. As que ele cita como formas de antagonismo subtraídas ao mito da Revolução são as que enfrentam, com efeitos disruptivos que inauguram processos inéditos de politização, as intervenções de regulação sobre a vida (em outro léxico: conflitos de natureza *biopolítica*) que dizem respeito às relações entre os sexos, ao meio ambiente e à saúde[300] — e que se organizam segundo trajetórias irredutíveis às agendas sindicais ou aos dispositivos de representação que, no passado, sustentaram o pacto social fordista.

Essa conclusão me parece decisiva. Foucault não apenas introduz o tema do pastorado — isto é, da condução das condutas — em relação às formas específicas de conflito que nele se engajam e que lhe impulsionam as lógicas organizativas, como também mostra que o afastamento do problema da revolução não altera a orientação de fundo que, nele, sempre conduz a análise no sentido de intensificar as lutas, uma vez que seja possível identificar seu centro de gravidade tático-estratégico. O que está em jogo aqui não é apenas a herança do longo 1968 — em especial pelo modo como se prolonga no 1977 italiano ou nas lutas ecologistas e an-

299 FOUCAULT, M. *La philosophie analytique de la politique*, cit., p. 551.

300 FOUCAULT, M. *La philosophie analytique de la politique*, cit., p. 551.

tinucleares na Alemanha —, mas também a posição da analítica foucaultiana do poder, no que diz respeito especificamente aos processos de subjetivação e de politização a que ela se vincula, em um debate francês que envolve, por um lado, a crítica midiática dos (autodenominados) novos filósofos ao bloco de poder soviético e às modernas ciências humanas[301] — crítica que, não por acaso e sem conotação reacionária, também provém de países do Leste[302] — e, por outro, uma discussão muito mais relevante sobre a irredutibilidade, no tempo do neocapitalismo, da composição de classe às figuras tradicionais do proletariado industrial. Se é verdade que Foucault aceita discutir — ao contrário de Deleuze, que o criticará duramente por essa concessão[303] — as teses de Glucksmann[304], mantém relação amistosa com Clavel e chega a confrontar-se com Rancière sobre a noção neofilosófica de *plebe*,[305] também é certo que, na França daqueles anos, o abandono das noções de proletariado e, ligada a ele, de revolução — quando esta significa a transformação dos oprimidos e excluídos em Estado — não se dá numa perspectiva neoliberal. Um ano depois, inaugurando uma discussão com a qual muitas das frações mais avançadas do neomarxismo europeu virão a interagir, André Gorz declarará morto o keynesianismo, no contexto da revolução tecnológica impulsionada pelas novas formas de acumulação; reconhecerá de-

[301] DEWS, P. The Nouvelle Philosophie and Foucault., 1979. 8, n. 2, p. 127-171, 1979.

[302] R BAHRO, R. *The Alternative in Eastern Europe*. New York: New Left Books/ Verso, 1978.

[303] G DELEUZE, G. Que penses-tu des "Nouveaux Philosophes"? *Minuit, Supplément*, n. 24, mai 1977. Disponível em: http://www.generation-online.org/p/fpdeleuze9.htm.

[304] FOUCAULT, M. *La grande colère des faits (sur A. Glucksmann)*. [1977]. In: DEII, p. 277-281. [FOUCAULT, M. A grande cólera dos fatos. In: *Segurança, penalidade, prisão*: Ditos e Escritos VIII, p. 67-72].

[305] FOUCAULT, M. Pouvoirs et stratégies. [1977]. In: DEII, p. 418-428. [FOUCAULT, M. Poderes e estratégias. In: *Estratégia, poder-saber*: Ditos e Escritos IV. p. 270-280].

finitivamente deslocada a centralidade historicamente adquirida pela classe trabalhadora fordista; e colocará como inadiável, para uma esquerda capaz de se apresentar como uma opção de futuro, a organização de uma agenda teórico-política centrada na abolição do trabalho, na renda básica desvinculada do salário e na autonomia das novas figuras do trabalho vivo — circunscrevendo o novo campo de tensão entre liberdade e domínio ao nível da sociedade pós-industrial.[306]

III.

Não é por acaso que o *terceiro* dos textos que menciono para contextualizar o curso de 1978-1979 tenha sido publicado, pela primeira vez, na Itália. Aqui, Foucault havia sofrido, junto com Deleuze, o feroz ataque de intelectuais próximos ao Partido Comunista — que haviam iniciado uma operação reformista de distanciamento do vocabulário marxista e uma reabilitação de Max Weber e de Carl Schmitt, a qual seria capaz de lhes permitir formalizar um conceito de autonomia do campo político em condições de compensar a ausência de uma teoria do Estado em Marx[307] —, e aqui, precisamente na revista na qual havia sofrido o ataque de Cacciari, opta por publicar a única lição extraída do curso dedicado a *Sécurité, territoire et population* [Segurança, território, população]: a *governamentalidade*. É revelador que Foucault o faça justa-

[306] GORZ, A. *Adieu au proletariat*. Paris: Galilée, 1980.

[307] CACCIARI, M. Il problema del politico in Deleuze e Foucault (sul pensiero di autonomia e di gioco). In: CACCIARI, M.; RELLA, F.; TAFURI, M.; TEYSSOT, G. *Il dispositivo Foucault*. Venezia: Cluva, 1977, p. 57-69; CACCIARI, M. "Razionalità" e "irrazionalità" nella critica del Politico in Deleuze e Foucault. *Aut Aut*, n. 161, p. 119-133, 1977; DUSO, G. (coord.). *La politica oltre lo Stato*: Carl Schmitt. Venezia: Arsenale, 1981; FOUCAULT, M. *Précisions sur le pouvoir*. Réponses à certaines critiques. Entretien avec P. Pasquino. 1978. In: DEII, p. 625-635. [FOUCAULT, M. Precisões sobre o poder: respostas a certas críticas. In: *Estratégia, poder-saber*: Ditos e Escritos IV, p. 270-280].

mente nos anos em que — depois da publicação de *A microfísica do poder*[308] — está aberto, na Itália, especialmente na esquerda mais radical, o debate sobre o significado *político* de sua obra. No centro do texto, Foucault coloca a questão do *governo*. Faz isso, em particular, a partir de uma obra — *L'œconomique du prince*, de La Mothe Le Vayer (1653) —, na qual se destaca, com especial evidência, o que significa a introdução do campo econômico no exercício do poder político.[309]

Foucault atravessa a literatura antimaquiavélica sobre a razão de Estado, partindo de uma imagem — uma *representação ancorada*, uma imagem negativa a partir da qual se valoriza uma proposta diferente — construída de forma polêmica sobre Maquiavel. O príncipe estaria caracterizado pela externalidade de seu poder em relação ao território de vigência de seu domínio; precisamente por isso, estaria constantemente ameaçado por inimigos que pretendem derrubar seu poder; por isso, estaria ininterruptamente empenhado em reforçá-lo — não pelo fortalecimento da relação com seus súditos ou com os habitantes do principado, mas simplesmente na forma patrimonialista do *dominium*, isto é, como algo "adquirido ou herdado".[310] Talvez se possa dizer que o que Foucault pretende evidenciar, ainda que com uma extensão evidentemente indevida da categoria, é o caráter icônico com que esse Maquiavel encarna as características da soberania — justamente para fazer sobressair a radical diferença de outro esquema argumentativo. La Mothe Le Vayer serve exatamente para isto: para colocar em questão, contra a o caráter extrínseco do poder do príncipe, seu estabelecimento da fronteira entre amigo e inimigo, seu uso da força como constante e precária recomposição de

308 FOUCAULT, M. *La microfisica del potere*. Torino: Einaudi, 1977.

309 FOUCAULT, M. *La "gouvernamentalité"*. [1978]. In: DEII, p. 635-657. [FOUCAULT, M. A "governamentalidade". In: *Estratégia, poder-saber*: Ditos e Escritos IV, p. 281-305].

310 FOUCAULT, M. *La "gouvernamentalité"*, cit., p. 659.

uma relação, de outro modo inexistente, com seus súditos; e para apresentar a especificidade de uma autêntica *arte de governar*, cuja característica fundamental é transmitir-se como forma de vínculo que une os muitos níveis de seu exercício e que é boa na medida em que não isola, como campo principal de referência, a esfera jurídica com os conceitos que a definem. Um principado bem governado é aquele que mantém uma continuidade ascendente, segundo a qual quem governa governa antes de tudo a si mesmo (moral), a própria *família* (economia) e, por fim, aqueles que estão mais amplamente sujeitos ao seu governo (política); e uma continuidade descendente — aquela que, no plano da história das instituições, se chama *polícia* — pela qual, se um território é bem governado, os pais de família sabem governar bem a própria casa, os próprios bens e, como indivíduos, possuem aquela forma de sabedoria prática graças à qual sabem se comportar com prudência ou, para dizê-lo de outro modo, como se deve.[311]

Centrais, de cara, para a identificação foucaultiana do governo com uma modalidade "econômica" de exercício do poder — "a arte de governar é precisamente a arte de exercer o poder na forma e de acordo com o modelo da economia", escreve Foucault[312] — são, a meu ver, três elementos. O primeiro diz respeito ao sentido mais antigo, mas historicamente persistente, do termo *oikonomia*, que alude, em Aristóteles e no aristotelismo latino, ao "governo da casa" por parte do *oikodespotēs* e refere-se ao sistema de relações amplas por meio do qual o *oikos* se reproduz: relações matrimoniais e parentais, relações produtivas e comerciais, relações clientelares.[313] O governo não é uma função *econômica* num sentido técnico-moderno e, mesmo no interior do *oikos*, desempenha

[311] FOUCAULT, M. *La "gouvernamentalité"*, cit., p. 641.

[312] FOUCAULT, M. *La "gouvernamentalité"*, cit., p. 642.

[313] BRUNNER, O. Das "ganze Haus" und die alteuropäische "Ökonomik". In: *Neue Wege der Verfassungs- und Sozialgeschichte*. Göttingen: Vandenhoeck & Ruprecht, 1968, p. 103-127.

uma função ético-política, dado que se refere a relações *viventes* e a uma pragmática mais geral da relação.[314]

O segundo elemento remete à semântica náutica do termo governar: governar significa timonear, orientar a navegação de um complexo composto de homens e coisas — da tripulação às mercadorias. La Perrière, citado por Foucault, fala do governo como da "íntegra disposição das coisas de que se toma encargo, para conduzi-las a um fim conveniente".[315] *Droite disposition* é uma expressão que provém da arte da navegação: diz respeito, sobretudo, à estabilização da carga; mas "fim conveniente" é a expressão decisiva. Foucault observa que *convenable* [conveniente], adjetivo que remete à especificidade e à singularidade do caso — àquilo que talvez se possa chamar de natureza das coisas ou da situação —, designa uma natureza totalmente indisponível a quem governa e que impede este último, para legitimar a própria ação, de recorrer à noção abstrata de perfeição formal ("bem comum") própria das teorias do direito. É a partir das relações que se governam, da sua resistência ou não à ação de quem governa, que se obtém a medida econômica do "bom" governo.[316] O terceiro elemento diz respeito ao ponto de passagem que vai da moral à política, passando, precisamente, pelo governo. Governar significa valorizar a estreita conexão entre três pontos de articulação de uma tecnologia — o indivíduo, seus interesses e as formas de relação que incluem tanto um quanto os outros — que atua na contramão da cisão entre público e privado, cisão que põe em marcha a operatividade das modernas teorias da soberania e do direito.

A hipótese de Foucault é que essa doutrina do governo sofre um processo de diminuição — mantém, poderíamos dizer, uma

[314] CHIGNOLA, S. Diferencia y repetición: Otto Brunner, Reinhart Koselleck, la historia conceptual. *Conceptos Históricos*, v. 1, n. 1, p. 18-38, 2015.

[315] G LA PERRIÉRE, G. *Le Miroir politique*: contenant diverses manières de gouverner et policer les républiques. Paris: 1567.

[316] FOUCAULT, M. *La "gouvernamentalité"*, cit.

existência subterrânea — com a emergência das teorias mercantilistas e com o fortalecimento do dispositivo estatal. A distinção entre público e privado amplia o espaço e as competências formais da soberania, enquanto as técnicas de governo são relegadas ao microplano das práticas internas à família, revestidas de um papel predominantemente moral. Serão processos de expansão demográfica e de aumento da massa monetária, aliados à crescente relevância dos saberes de cunho estatístico-administrativo, que determinarão o *déblocage* [desbloqueio] capaz de permitir, ao longo do século XVIII, o enxerto de saberes e técnicas de governo na ciência política.[317] A *população* — conceito cuja relevância não pode ser subestimada — substitui a *família* como campo de referência, justamente porque os processos que a atravessam e que exigem ser governados — não apenas taxas de natalidade e mortalidade, curvas epidemiológicas que indicam gradientes de normalidade ou anormalidade e exposição a fatores de risco, mas também os processos gerais de reprodução da força de trabalho[318] — configuram um campo que não pode ser inteiramente apreendido e contido pelas estratégias disciplinares ou jurídico-formais do direito.

Dessa hipótese foucaultiana, parece-me importante sublinhar dois pontos. Primeiro, não é a economia no sentido moderno — produção de valor e circulação de mercadorias — o que mais interessa a Foucault, apesar das muitas objeções que, justamente por isso, lhe foram dirigidas.[319] A introdução do paradigma eco-

[317] SCHIERA, P. Il cameralismo e l'assolutismo tedesco: Dall'arte di governo alle scienze dello Stato. Milano: Giuffrè, 1968; SENELLART, M. *Les arts de gouverner*: Du regimen médiéval au concept de gouvernement. Paris: Seuil, 1995. [SENELLART, M. *As artes de governar*: do regime medieval ao conceito de governo. Tradução de Paulo Neves. São Paulo: Ed. 34, 2006]; e NAPOLI, P. *Naissance de la police moderne*: pouvoir, normes, société. Paris: La Découverte, 2003.

[318] A. ZANINI, A. *L'ordine del discorso economico*: linguaggio delle ricchezze e pratiche di governo in Michel Foucault. Verona: ombre corte, 2010, p. 71.

[319] AMARIGLIO, J. L. The Body, Economic Discourse and the Power: An Economist's Introduction to Foucault. *History of Political Economy*, v. 20, n. 4, p. 583-

nômico no âmbito das ciências do Estado refere-se às formas de regulação que afetam a população como objeto que excede as categorias e molduras do direito, materializando-a antes como o coletivo singular das condutas, preferências e trajetórias dos agentes individuais. Um *sujeito*, este último, sobre o qual só se pode agir de modo indireto, considerando o *ambiente* em que se determinam os processos que o envolvem como essencialmente indisponível para a territorialização da ação direta do soberano. Segundo, Foucault nunca sugeriu que o processo de governamentalização do Estado substitua por completo as tecnologias disciplinares ou soberanas. Ao contrário, ele implica uma rearticulação significativa destas. O que interessa a Foucault é o vínculo histórico profundo que se estabelece entre o movimento que reintegra as constantes da soberania e o surgimento, em primeiro plano — pela centralidade que adquirem —, das decisões de governo e das técnicas e saberes que as sustentam no enfrentamento cotidiano com as escolhas e a liberdade dos governados. E isso diz respeito, mais uma vez, à atualidade. Não apenas porque os movimentos anteriormente citados desafiam a sobrevalorização do Estado que ainda prende certa parte do pensamento crítico — impotente justamente por não conseguir se libertar da ideia de que os aparatos de Estado monopolizam o domínio e irremediavelmente vinculada ao Estado porque supõe que só com a sua tomada se realizam as premissas da libertação coletiva —, mas também porque o Estado nunca teve, ao longo de sua história — e certamente não tem agora — a unidade ou a estrutura funcional rigorosa e coerente que lhe é atribuída.[320] O que marca a atualidade não é um processo de expansão do Estado sobre a sociedade — aquela que alguns intelectuais próximos a Foucault denunciavam como a germanização do Estado, ou seja, a guinada

613, 1988; GRENIER, J.-Y.; ORLÉAN, A. Michel Foucault, l'économie politique et le libéralisme. *Annales: Histoire, Sciences Sociales*, v. 62, n. 5, p. 1.155-1.182, 2007; TELLMAN, U. Foucault and the Invisible Economy. *Foucault Studies*, n. 6, p. 5-24, 2009.

320 FOUCAULT, M. *La "gouvernamentalité"*, cit., p. 644-646.

autoritária supostamente impressa às suas instituições —, mas o processo que Foucault chama de progressiva *governamentalização* do Estado.[321] É bastante significativo, a meu ver, que, no relatório preparado apenas dois anos antes por Crozier, Huntington e Watanuki para a Comissão Trilateral — texto que Foucault conhece —, a sobrecarga do governo que provoca dinâmicas inflacionárias no governo seja atribuída à falta de autoridade do Estado e, mais significativamente, ao excesso de demandas e reivindicações que, no curso de um processo de ampla politização envolvendo novos sujeitos e novas táticas de mobilização, atinge a democracia representativa, reproduzindo sua crise.[322] O relatório mostra como a crescente importância do governo decorre de formas de subjetivação e de agendas reivindicativas — frequentemente de jovens, mulheres e minorias — que lhe impõem campos e questões de intervenção num contexto de profunda desconfiança no sistema de partidos e na representação política e que, justamente por isso, exigem uma tecnificação da decisão. No vocabulário de Foucault, a *governamentalização* do Estado indica não apenas o processo pelo qual a série disciplina-soberania-gestão assume uma nova configuração em resposta a essas dinâmicas, mas também o fato de que essa nova configuração — capaz de totalizar sempre de forma precária os efeitos que produz, pois necessariamente deve passar pela individualidade que interpela — nunca atinge a estabilidade a que aspira. O governo é a área transicional e disputada onde se confrontam, sem possibilidade de separação, inéditos processos de subjetivação política e novas tecnologias dispostas para sua captura, orientação e condução.

Toda a última produção de Foucault elabora esse espaço de tensão: no biênio 1977-1979, com os cursos dedicados à genealo-

321 FOUCAULT, M. *La "gouvernamentalité"*, cit., p. 656; LEMKE, T. Foucault, Governmentality and Critique. *Rethinking Marxism*, v. 14, n. 3, p. 49-64, 2002, p. 59.

322 CROZIER, M.; HUNTINGTON, S. P.; WATANUKI, J. *The Crisis of Democracy*: Report on the Governability of Democracies to the Trilateral Commission. New York: New York University Press, 1975, p. 163-164.

gia da governamentalidade; depois, com os cursos dedicados ao pensamento grego antigo — nota-se, aí, que em grego não há uma palavra para *indivíduo* e que, no pensamento grego antigo, a condução pastoral das condutas ao longo de toda a vida não encontra lugar — e àquilo que Foucault chama de *parresia do governado*. Isto é, a possibilidade de uma crítica imanente aos dispositivos do biopoder, capaz de desfazer de imediato o mal-entendido segundo o qual, na ideia moderna de crítica, ela só teria dignidade se pudesse adotar uma posição análoga — no limite, igual — à do soberano.[323] Há, porém, mais. Concluindo uma entrevista ao *Sunday Times*, Margaret Thatcher usa uma fórmula lapidar para descrever ao interlocutor o projeto neoliberal: "*economics are the method; the object is to change the heart and soul*" [a economia é o método; o objetivo é mudar o coração e a alma].[324] Não é por acaso que Foucault — cuja trajetória de pesquisa inteira se desenvolve no quadro da problemática da subjetivação, isto é, na "dobra" que insiste, como recurso de liberdade, entre a série dos poderes e a dos saberes[325] — assuma o tema da hermenêutica do sujeito como desdobramento da investigação sobre as tecnologias neoliberais de condução das condutas — entra aqui em jogo a conhecida alternativa weberiana entre direção católica de consciência e *ascese intramundana* protestante, como lembram as páginas em que Foucault discute a noção estoica de *askesis*.[326] Tampouco

[323] FOUCAULT, M. Une esthétique de l'existence. Entretien avec A. Fontana. *Le Monde*, 15-16 juillet 1984. In: DEII, p. 1.549-1.554. [FOUCAULT, M. Uma estética da existência. In: *Ética, sexualidade, política*: Ditos e Escritos V, p. 289-293].

[324] THATCHER, Margaret. Economics are the Method; the Object is to Change the Heart and Soul. *Sunday Times*, 1 maio 1981. [Entrevista]. Disponível em: https://www.margaretthatcher.org/document/104475.

[325] DELEUZE, G. *Foucault*. Paris: Minuit, 1986, p. 107. [DELEUZE, G. *Foucault*. Tradução de Claudia Sant'Anna Martins et al.; revisão de Renato Ribeiro. São Paulo: Editora Brasiliense, 2006].

[326] GORDON, C. The Soul of the Citizen: Max Weber and Michel Foucault on Rationality and Government. In: WHIMSTER, S.; LASH, S. (ed.). *Max Weber*:

é casual que o prosseguimento mais amplo das pesquisas sobre governamentalidade se dê em países onde a passagem de Reagan e Thatcher confere concretude imediata às hipóteses foucaultianas sobre a densidade institucional — revolucionária e impactante — do neoliberalismo.[327] É nessa trilha — a da investigação sobre a governamentalização do Estado, sobre a produção de individualidades à altura das transformações que ela introduz e sobre a mudança de paradigma que marca o liberalismo como tecnologia pós-soberana de governo — que o curso de 1978-1979 busca acumular elementos de pesquisa e evidenciar nós problemáticos. O objetivo permanece, para Foucault, o de reinventar a esquerda à altura da virada induzida pelo neoliberalismo.[328]

IV.

À primeira vista, é preciso explicitar uma coisa: *Nascimento da biopolítica* forma, com *Em defesa da sociedade* e com *Segurança, território, população*, um tripé — que, independentemente da operação crítica, não pode ser isolado. Já procurei expor anteriormente as razões que sustentam essa posição. Trata-se agora de analisar alguns elementos que marcam os aspectos de inovação do curso de 1978-1979. Foucault inicia suas aulas retomando o termo *governamentalidade* — o neologismo "bárbaro, mas inevitável" que Barthes recolhe da imprensa como denotativo da eficácia do governo[329] —, mas o que lhe interessa, neste momento, é mostrar como

Rationality and Modernity. London: Allen & Unwin, 1987, p. 293-316.

327 DONZELOT, J.; GORDON, C. Governing Liberal Societies: The Foucault Effect in the English-speaking World. *Foucault Studies*, n. 5, p. 48-62, 2008.

328 LAGASNERIE, G. de. *La dernière leçon de Michel Foucault*: sur le néolibéralisme, la théorie et la politique. Paris: Fayard, 2012. [LAGASNERIE, G. de. *A última lição de Michel Foucault*: sobre neoliberalismo, a teoria e a política. Tradução de André Telles. São Paulo: Três Estrelas, 2013].

329 BARTHES, R. *Mythologies*. Paris: Seuil, 1957, p. 203.

a desestatização liberal da instância de governo dissolve qualquer ambiguidade residual quanto à relação entre governantes e Estado. O que justifica a travessia das teorias neoliberais é o fato de o mercado emergir como lugar de veridicção — isto é, a livre cooperação ou a livre troca entre sujeitos — e, assim, redefinir seus próprios limites, transformando os perfis tradicionais do direito público e do poder estatal.[330] O que Foucault chama de "república fenomênica dos interesses" não é, como na doutrina jurídica alemã do século XIX, um espaço de relações tornado possível pela autolimitação do Estado — como ocorre, por exemplo, em Jellinek[331] —, mas um campo que impõe, de forma autônoma, uma limitação severa ao Estado (e ao Direito), alterando integralmente os seus contornos. É o livre jogo de interesses que obriga o governo a justificar-se pela utilidade — ou pela falta dela — que seja capaz de oferecer nesse mesmo jogo. O que se torna decisivo é o *valor de utilidad*e do governo e de suas ações num contexto em que "é a troca que determina imediatamente o valor das coisas".[332] O liberalismo entra em questão por meio dessa forma específica de reinvenção do princípio de legitimidade. Vale destacar, aqui, quatro elementos.

Primeiro: a modificação radical no princípio e nas práticas de legitimação. No marco da democracia formal — o enquadramento juspublicista do Estado —, uma decisão política é dita legítima, com referência evidente ao passado, com base nos procedimentos que a originaram. Já a legitimidade de uma prática de governo, invertendo-se significativamente o eixo temporal, só pode ser verificada depois que ela tiver produzido seus efeitos e sua eficácia tiver sido avalia-

[330] FOUCAULT, M. *Naissance de la biopolitique*: Cours au Collège de France, 1978-1979. Paris: Gallimard/Seuil, 2005, p. 41. [FOUCAULT, M. *Nascimento da biopolítica*: curso dado no Collège de France (1978-1979). Edição estabelecida por Michel Senellart; sob a direção de François Ewald e Alessandro Fontana. Tradução de Eduardo Brandão. Revisão da tradução de Claudia Berliner. São Paulo: Martins Fontes, 2008].

[331] JELLINEK, G. *Allgemeine Staatslehre*. 3. ed. Berlin: O. Häring, 1914, p. 326.

[332] FOUCAULT, M. *Naissance de la biopolitique*, cit., p. 48.

da.[333] Segundo: essa inversão explica por que, na genealogia do pastorado, Foucault ressalta que o livre movimento do rebanho é sempre *acompanhado* pelo seu guardião[334] — o que inscreve um mecanismo imanente de crítica permanente no cerne da relação de governo. Terceiro: o princípio de utilidade, evocado como critério para julgar performativamente a eficiência do governo, opera de modo adaptativo, funcionando como ponto de articulação entre indivíduos, mercado, governo e instituições — todos os elementos da relação devem interagir no interior de uma sequência (a da troca) à qual precisam ser compatibilizados. Quarto: a liberdade de que a razão governamental necessita — por estar entrelaçada ao livre jogo da oferta e da procura, à liberdade que sustenta o mecanismo de troca, ao livre fluxo de informações e, em seu paradigma puro, à própria formação dos preços — deve ser continuamente reconstruída. Daí decorre uma conclusão decisiva para Foucault: o liberalismo não é uma doutrina de direito natural, nem desenvolve um modelo universal — o que, talvez, baste para mostrar a inconsistência da crítica que lhe imputa lacunas na reconstrução do seu paradigma.[335] O liberalismo é, em si mesmo, uma tecnologia governamental, pois não parte do homem como livre — antes, "produz" esse homem, moldando-o à forma do mercado no qual ambos, indivíduo e governo, atuam: "Não é o 'seja livre' que o liberalismo formula. O liberalismo formula simplesmente o seguinte: vou produzir o necessário para que você seja livre."[336]

[333] CHIGNOLA, S. *Da dentro*, cit., p. 92.

[334] FOUCAULT, M. *Omnes et singulatim*: vers une critique de la raison politique. 1981. In: DEII, p. 953-980, p. 964-965. [FOUCAULT, M. "Omnes et singulatim": uma crítica da razão política. In: *Estratégia, poder-saber*: Ditos e Escritos IV, p. 355-385].

[335] TRIBE, K. The political economy of modernity: Foucault's Collège de France Lectures of 1978 and 1979. *Economy and Society*, v. 38, n. 4, p. 678-698, 2009, p. 678-698; e BEHRENT, M. C. Accidents happen. cit., p. 585-624.

[336] FOUCAULT, M. *Naissance de la biopolitique*, cit., p. 65: « *ce n'est pas le 'sois libre' qui formule le libéralisme. Le libéralisme formule ceci, simplement: je vais te produire de quoi être libre* ».

É a *estadofobia* — liberal, sim, mas paixão compartilhada pelos movimentos pós-1968 — que permite retirar o véu da indefesa nudez do "monstro terrível" que havia encantado o pensamento crítico. O Estado não é — e aqui está o ponto de vista que Foucault conquista com a análise microfísica dos poderes — senão "o efeito, o perfil, o recorte móvel" produzido por múltiplas e infinitesimais transações entre sujeitos e poderes, que multiplicam os centros de decisão; que identificam, caso a caso, pontos, modalidades e ocasiões de investimento; que tornam problemática a relação entre autoridades locais e poder central; que agitam e tornam voláteis os fluxos do capital financeiro. O que se torna evidente ao olhar anatomopatológico de Foucault — sobretudo quando uma conflitualidade difusa e irredutível demonstra sua insubmissão ao compromisso social fordista e atinge, como alvo, os seus pontos nevrálgicos — é que o Estado, ao qual não pertence qualquer essência, "não tem entranhas" ("*n'a pas d'entrailles*") e não é, materialmente, outra coisa senão um regime de práticas e múltiplos regimes de governamentalidade.[337] O neoliberalismo — aqui no sentido genérico — reorganiza práticas econômicas e instituições, incorporando, em muitos aspectos, as críticas que os movimentos sociais dos anos 1960 e 1970 haviam dirigido às formas de comando e de hierarquização próprias ao Estado-planificador, e valorizando — ao capturá-las e reorganizá-las de outro modo — a autonomia e a independência que eles reivindicavam contra ele.[338] É essa transformação — que renova, de maneira radical e inédita, categorias, conceitos e práticas da política — que interessa analisar, para pôr em evidência suas apostas estratégicas.

Daí a decisão de dedicar-se — como Foucault o fará em boa parte das aulas do curso — ao ordoliberalismo alemão. São, ao

[337] FOUCAULT, M. *Naissance de la biopolitique*, cit., p. 79.

[338] BOLTANSKI, L.; CHIAPPELLO, E. *Le nouvel esprit du capitalisme*. Paris: Gallimard, 1999. [BOLTANSKI, L.; CHIAPPELLO, E. *O novo espírito do capitalismo*. Tradução de Ivone C. Benedetti. Revisão técnica de Brasílio Sallum Jr. São Paulo: Martins Fontes, 2009].

menos, duas as razões que justificam essa escolha. Primeira: o ordoliberalismo alemão responde tanto à primeira premissa (é uma doutrina do "liberalismo positivo" ou *constructeur*, para retomar as expressões que Rougier empregará por ocasião do Colóquio Lippmann[339]) quanto à segunda (é um liberalismo "estadofóbico" que, diante das políticas de planejamento e de seus efeitos catastróficos, pôde, no pós-guerra, desenvolver um projeto institucional próprio a partir do mercado — mas de um mercado, evidentemente, ainda por construir).[340] Segunda: com o ordoliberalismo alemão, torna-se evidente a inversão que Foucault quer destacar — o problema que o neoliberalismo coloca é o de afirmar a politicidade imediata — e, portanto, a superfície de disputa que a caracteriza — do plano intermediário que se abre entre a ação individual e o Estado. A questão não é, como no liberalismo clássico, fruto de sua racionalidade abstencionista, a de reduzir a invasividade do soberano em relação aos circuitos sociais do mercado; mas, ao contrário, a de impor um critério de legitimidade material — a liberdade nas escolhas e nas opções dos indivíduos como princípio autônomo de institucionalização — ao sistema de práticas e tecnologias que as governa.[341]

Conceber e formar a ordem jurídica como constituição econômica — como é explicitamente reivindicado — significa reconhecer a politicidade direta do mercado e de seus atores e, ao mesmo tempo, reconhecer, entre as funções ordenadoras do governo, o papel de afirmá-la por meio das medidas e decisões que este seja capaz de assumir.[342] Voltar a centrar-se no plano da economia — e

339 REINHOUDT, J.; AUDIER, S. *The Walter Lippmann Colloquium*: The Birth of Neoliberalism. Basingstoke: Palgrave Macmillan, 2018, p. 74.

340 SENELLART, M. Michel Foucault: la critique de la Gesellschaftspolitik ordolibérale. In: COMMUN, P. (ed.). *L'ordolibéralisme allemand*: Aux sources de l'Économie sociale de marché. Cergy Pontoise: CIRAC/CICC, p. 43.

341 FOUCAULT, M. *Naissance de la biopolitique*, cit., p. 95-96.

342 RICCIARDI, M. Tempo, ordine, potere: Su alcuni presupposti concettuali del neoliberalismo. *Scienza & Politica*, v. 29, n. 57, p. 11-30, 2017, p. 14.

na política sobre esta — significa, na operação neoliberal, reivindicar, com base em uma espécie de invariável antropológica, a autonomia e a indisponibilidade dos planos individuais — cada um planeja sua ação visando à maximização da própria utilidade —, mas também valorizar, para fins de governo, o descompasso que se estabelece entre os efeitos previstos ao empreender uma ação e aqueles que, ao contrário, resultam efetivamente das decisões que a orientaram. Diferentemente das políticas de planejamento — que antecipam seu resultado na medida em que o projetam e que, por isso, se vinculam estruturalmente à abstração do modelo —, a atuação do que se define como *homo œconomicus* — autêntica *interface* entre individualidade e governo[343] — pode ser enquadrada na temporalidade de um processo cujas variações históricas e margens de risco são objeto das políticas econômicas que o orientam.[344] Disso decorre uma dupla consequência. É sobre esse desvio, sempre possível, que o neoliberalismo reivindica a sua pedagogia: o *homo œconomicus* é um referente teórico, mas o homem de carne e osso é aquele que deve ser persuadido a pensar-se como tal e a avaliar suas opções segundo o princípio de maximização da utilidade. Daí a relevância atribuída, desde o Colóquio Lippmann, à psicologia e à propaganda para contrapor-se à fascinação das massas pelo Estado de bem-estar social (*État-providence*).[345] E é exatamente nesses termos — na própria interface entre indivíduo real e funções de governo — que esse indicador teórico, o *homo œconomicus*, pode adquirir a materialidade operativa de uma autêntica *Realfiktion*.[346]

[343] FOUCAULT, M. *Naissance de la biopolitique*, cit., p. 258.

[344] BILGER, F. *La pensée économique libérale dans l'Allemagne contemporaine*. Paris: Libraire Générale de Droit et Jurisprudence, 1964, p. 59 ss.

[345] REINHOUDT, J.; AUDIER, S. *The Walter Lippmann Colloquium*, ct., p. 101.

[346] HUTTER, M.; TEUBNER, G. Der Gesellschaft fette Beute: Homo juridicus und homo oeconomicus als kommunikationserhaltende Fiktionen. In: FUCHS, P.; GÖBEL, A. (ed.). *Der Mensch*: das Medium der Gesellschaft? Frankfurt a. M.: Suhrkamp, 1994, p. 115.

A base analítica liberal esvazia integralmente o referente antropológico da ação.[347] São constantes as atividades e as iniciativas individuais orientadas à maximização da utilidade e da superfície sobre a qual se contabiliza o seu custo social. É sobre esse recorte que Foucault constrói o seu próprio referente neoliberal. De um lado, um sujeito integralmente indexado à valorização ("capital humano" e feixe de investimentos: empresa na qual se elimina a passividade tradicionalmente atribuída, no paradigma da economia política, ao trabalho);[348] de outro, uma função de coordenação das iniciativas individuais que reproduz as condições básicas para que o jogo concorrencial — isto é, a identificação do sujeito com suas atividades — possa se repetir. Um sujeito mínimo e uma regulação que o subsume, com efeitos jurídicos, políticos e econômicos muito concretos, em relação à sua formalização como elemento interno, sob a forma da operatividade do próprio dispositivo. Foucault sublinha, nesse sentido, a intenção sociológica originária que anima — como declara Röpke no Colóquio Lippmann,[349] e que Müller-Armack define como uma *Gesellschaftspolitik* — o ordoliberalismo alemão: trata-se de intervir na sociedade "em sua trama e em sua espessura"[350] para nela implantar o mercado como regulador geral, por meio de um indicador — o *homo œconomicus* — que desempenha a função de estabilizador ao mediar, no plano da *governamentalidade*, entre motivos psíquicos individuais (escolhas, opções, preferências) e condutas sociais no seu conjunto.[351]

Eis aqui a ruptura epistemológica que o neoliberalismo produz em relação ao liberalismo clássico. A *Realfiktion* em questão permite, de fato, uma dupla operação: em primeiro lugar, uma po-

[347] DILTS, A. From "Entrepreneur of the Self" to "Care of the Self": Neo-Liberal Governmentality and Foucault's Ethics. *Foucault Studies*, n. 12, p. 130-146, 2010, p. 136.

[348] FOUCAULT, M. *Naissance de la biopolitique*, cit., p. 229.

[349] REINHOUDT, J.; AUDIER, S. *The Walter Lippmann Colloquium*, cit., p. 73.

[350] FOUCAULT, M. *Naissance de la biopolitique*, cit., p. 151.

[351] HUTTER, M.; TEUBNER, G. Der Gesellschaft fette Beute, cit. p. 114.

lítica social inteiramente distinta daquela do *Welfare State*, caracterizada por um retraimento das funções compensatórias e assistenciais que historicamente o marcaram. Uma política social que pretenda integrar-se às lógicas de mercado não pode operar como compensação geral dos desequilíbrios produzidos por esses mesmos processos. O *homo œconomicus* — definido pela valorização potencial do capital humano que individualmente possui, cultiva e investe, e pelas escolhas que o diferenciam de outros projetos e atividades individuais — é a representação imediatamente operativa da deslegitimação do conceito de igualdade sobre o qual o direito moderno construiu seu plano específico de referência. Proteger-se contra riscos torna-se tarefa individual, assim como investir o próprio capital; e governar passa a significar simplesmente realizar uma distribuição mínima de recursos que permita a qualquer um fazê-lo.[352] Mas há outra operação que a *Realfiktion* do *homo œconomicus* torna possível: ela atua como eixo de um *projeto político* — o neoliberalismo *não* é, e aqui reside a força da argumentação foucaultiana, mera retórica ou simples doutrina — empenhado em construir uma realidade social ao mesmo tempo que sugere que ela *já* existe de fato.[353]

Adotar medidas orientadas ao mercado e a modelos empresariais — especialmente no plano da atividade individual de um sujeito de outra forma vazio — aponta para uma reestruturação geral das tecnologias governamentais.[354] O êxito global desse modelo, no final dos anos 1970, decorre da potência que lhe é própria e que se expressa ao subsumir, no modelo empresarial, o repúdio

352 FOUCAULT, M. *Naissance de la biopolitique*, cit., p. 148-149.

353 LEMKE, T. "The birth of bio-politics": Michel Foucault's lecture at the Collège de France on neo-liberal governmentality. *Economy and Society*, v. 30, n. 2, p. 190-207, 2001, p. 203.

354 BRÖCKLING, U.; KRASMANN, S.; LEMKE, T. From Foucault's Lectures at the Collège de France to Studies of Governmentality: an Introduction. In: BRÖCKLING, U.; KRASMANN, S.; LEMKE, T. (ed.). *Governmentality*: Current Issues and Future Challenges. New York-London: Routledge, 2011, p. 1-33, p. 10.

ao trabalho comandado e à fábrica social fordista, tal como teorizado e praticado, em particular, pelo operaísmo italiano e expresso nos movimentos sociais mais radicais daqueles anos.

É uma *bizarre mécanique* [mecânica bizarra], certamente fruto de decisões políticas bem determinadas, cuja genealogia é possível traçar, e que recoloca no *homo œconomicus* a responsabilidade por suas próprias escolhas. Elas atuam como pontuação individual de interesse num quadro geral que o indivíduo não controla, mas que determina a racionalidade das suas decisões. A opacidade — a "incognoscibilidade da totalidade do processo" — é a premissa fundamental tanto para o esvaziamento do sujeito, reduzido a mera imputação estratégica de opções projetadas sobre o diagrama de atividades e planos, quanto do soberano, privado da própria possibilidade de exercer controle sobre dinâmicas movidas por motivações de ação totalmente fora do seu alcance.[355] Esse duplo esvaziamento — cujo efeito é também decretar o fim do confronto entre Poder e Contrapoder revolucionário — constitui a operação teórico-política realizada pelo liberalismo.[356] Seus efeitos são múltiplos: por um lado, subsumir, em tecnologias inovadoras, o disciplinamento e a produção da subjetividade[357] — não se trata, neste caso, de pôr os corpos a trabalhar: a saída dos dispositivos fordistas de acumulação implica moldar a autopercepção dos indivíduos, atravessada por estratégias de governo e por dispositivos jurídicos que valorizam a capacidade de iniciativa, a disposição para a mobilidade e o risco; que incitam o cinismo ao captar oportunidades, ao cooperar e ao interagir com o êxito da operação neoliberal —; por outro, reestruturar integralmente, em

[355] FOUCAULT, M. *Naissance de la biopolitique*, cit., p. 285.

[356] FOUCAULT, M. *Naissance de la biopolitique*, cit., p. 286.

[357] BIEBRICHER, T. The Biopolitics of Ordoliberalism. *Foucault Studies*, n. 12, p. 171-191, 2011, p. 174.

chave governamental, o sistema de relações político-sociais, numa perspectiva radicalmente distinta da keynesiana.[358]

Foucault — vale a pena recordar — empreende sua travessia pelo ordoliberalismo e pelo neoliberalismo norte-americano no quadro de uma analítica do poder que parte da centralidade da resistência: a operação liberal de esvaziamento da soberania e do sujeito tem um reverso. Por um lado, a possibilidade de pensar e praticar a subjetivação de outro modo — subtraindo a alma evocada por Margaret Thatcher às tecnologias de governo que a tomam como alvo — torna-se o desafio dos cursos que Foucault dará nos anos seguintes no Collège de France e de muitas intervenções, conferências e seminários que lhes dão contexto. Por outro lado, a possibilidade de expor os dispositivos que sustentam tal operação à crítica constante e imanente por parte dos governados. O soberano, na teoria política moderna, é concebido como irresistível; a resistência, ao contrário, é componente irredutível do Governo. É essa dupla possibilidade — libertar-nos da máquina de individuação neoliberal e praticar a política de outro modo — que Foucault nos oferece para alcançar uma política à altura da atualidade.

[358] LAZZARATO, M. Neoliberalism in Action: Inequality, Insecurity and the Reconstitution of the Social. *Theory, Culture and Society*, v. 26, n. 6, p. 109-133, 2009.

5. A política dos governados: governamentalidade, formas de vida, subjetivação

Neste seminário, proponho-me analisar como, no final dos anos 1970, Michel Foucault radicaliza sua própria analítica do poder, modificando os esquemas e categorias interpretativas mobilizados em *Vigiar e punir* (1975). Por um lado, ele introduz, nesse período, os termos *biopoder* e *biopolítica* (como sabemos, no quinto capítulo de *A vontade de saber* (1976) e na aula de 17 de março de 1976 do curso "É preciso defender a sociedade", no Collège de France) para evidenciar as modalidades de captura dos fenômenos da vida por tecnologias não disciplinares de poder que invertem os códigos da tanatopolítica soberana; que veem a população como objeto de cuidado e de gestão arriscada, aleatória, não previsível, dada a autonomia das dinâmicas que a atravessam, com a predisposição de redes jurídicas voltadas a construir suas condições de possibilidade; e que revelam, por fim, as transformações de um poder que, em relação aos processos que deve governar, se mostra cada vez mais desterritorializado, dessoberanizado e desjuridicizado. Por outro lado, a partir da quarta aula do curso de 1977-1978, "Segurança, território, população", e em textos breves porém decisivos de 1978-1979, Foucault cunha o termo *governamentalidade* para designar um fenômeno muito mais complexo — cuja genealogia remonta a antes do século XIX e à descoberta do social como efeito dos processos de população —, que lhe permite afastar de forma definitiva o equívoco em que muitos de seus leitores corriam então o risco de incorrer: entender *biopoder* e *biopolítica* como simples prolongamento da superfície do domínio (a ampliação de seus códigos, a concretização de seus efeitos, o refinamento de suas estratégias para uma irradiação mais eficaz dos dispositivos de assujeitamento sobre todo o campo traçado pelas trajetórias da liberdade e da vida). Trata-se, convém sublinhar, de um equívoco — ou de uma forçação de leitura — que marcou parte significativa da recepção italiana desses termos, inclusive em tempos recentes.[359]

O que emerge dessa reformulação da analítica foucaultiana do poder é, antes, uma saída definitiva da identificação entre o político e o estatal estabelecida pelo conceito moderno de soberania. Tratar o poder como governo significa, para Foucault, "cortar a cabeça do rei" no campo da teoria, depois de tê-lo feito — ao menos em certos momentos — na prática. Duas coordenadas reorientam sua pesquisa nesse período. A primeira é a consideração do Estado como simples "peripécia" do fato de governo.[360] A segunda, o problema da liberdade como centro de uma produção do sujeito distinta da individualização disciplinar — isto é, obtida

[359] Cf. ao menos, ainda que em diferentes perspectivas: AGAMBEN, G. *Homo sacer*: il potere sovrano e la nuda vita. Torino: Einaudi, 1995. [AGAMBEN, G. *Homo sacer*: o poder soberano e a vida nua. Tradução de Henrique Burigo. Belo Horizonte: Editora UFMG, 2002]; ESPOSITO, R. Bios: biopolitica e filosofia. Torino: Einaudi, 2004. [ESPOSITO, R. *Bios*: biopolítica e filosofia. Prefácio de Alexandre Franco de Sá. Tradução de M. Freitas da Costa. Lisboa: Ed. 70, 2010]. Mais em geral: CUTRO, A. *Michel Foucault*: tecnica e vita: biopolitica e filosofia del bios. Napoli: Bibliopolis, 2004; CUTRO, A. *Biopolitica*: storia e attualità di un concetto. Verona: ombre corte, 2005; BAZZICALUPO, L. *Biopolitica*: una mappa concettuale. Roma: Carocci, 2010. [BAZZICALUPO, L. *Biopolítica*: um mapa conceitual. Tradução de Luisa Rabolini. São Leopoldo: Unisinos, 2017].

[360] FOUCAULT, M. *Sécurité, territoire, population*: Cours au Collège de France, 1977-1978 [=STP]. Édition établie sous la direction de F. Ewald et A. Fontana par M. Senellart. Paris: Gallimard/Seuil, 2004, p. 253: "Mas o Estado somente é uma peripécia do governo e este não é um instrumento daquele". [FOUCAULT, M. *Segurança, território, população*: curso dado no Collège de France (1977-1978). Edição estabelecida por M. Senellart sob a direção de F. Ewald e A. Fontana. Tradução de Eduardo Brandão. Revisão da tradução de Claudia Berliner. São Paulo: Martins Fontes, 2008].

como dobra reflexiva da vida, como "cuidado" e "governo de si", capaz de reescrever o próprio vínculo do indivíduo consigo mesmo e com os outros.

Ludwig Wittgenstein escreveu que somente aquele que tivesse demonstrado ser capaz de revolucionar a si mesmo poderia se chamar de revolucionário.[361] "Releio os gregos porque a revolução será ética", parece dizer Foucault, plenamente consciente de que o pensamento ético-político grego antigo é irredutível ao dispositivo pastoral cristão, reconhecido como o motor do fato de governo.

Daqui decorre o percurso que me proponho a seguir nestas páginas: em primeiro lugar, o problema do poder e de como deve ser conduzida a sua analítica; em segundo, o que marca a irrupção que obriga Foucault a repensar sua genealogia; e, por fim, o que significa "acontecimentalizar" o liberalismo, na forma como ele nos é legado como o nosso presente e, portanto, como aquilo que é preciso pensar.

I.

Existe um texto de 1978 ao qual atribuo grande relevância — a conferência que Foucault dá em Tóquio, em 2 de junho daquele ano, publicada no segundo volume de *Ditos e escritos*.[362] Nela, Foucault discute a relação entre filosofia e política e explica plenamente as noções de *poder* e de *analítica do poder*. Afirma que a filosofia não pode ser separada da política, nem deve assumir um

[361] WITTGENSTEIN, L. *Vermischte Bemerkungen*. Frankfurt a. M.: Suhrkamp, 1977. O aforismo é datado de 1944 [WITTGENSTEIN, L. *Cultura e valor*. Tradução de Jorge Mendes. Lisboa: Ed. 70, 2019, p. 71].

[362] Uso a edição em dois volumes da Gallimard, de 2001 [= DEI e DEII]. O texto aparece com o número 232 no DEII, nas páginas 534-551. [FOUCAULT, M. *La philosophie analytique de la politique*. [1978]. In: DEII, p. 534-551. (FOUCAULT, M. A filosofia analítica da política. In: *Ética, sexualidade, política*: Ditos e Escritos V. Organização e seleção de textos de Manoel Barros da Motta. Tradução de Elisa Monteiro et al. 2. ed. Rio de Janeiro: Forense Universitária, 2006, p. 37-55), N.T.]

papel superior e puramente diretivo em relação a ela. Na Antiguidade, essa dupla impossibilidade — impossibilidade de separação e impossibilidade de fusão — deu origem a figuras como a dos filósofos-legisladores (Sólon); a dos filósofos-pedagogos, que instruíam o tirano contra o possível abuso do poder de que se havia apropriado (Platão); e a dos filósofos, pelo menos aparentemente, antipolíticos, que ridicularizavam o poder e mediam a força da filosofia por sua capacidade de se subtrair à política (os cínicos). Para Foucault, esse vínculo incontornável entre filosofia e política deve ser valorizado. Em relação à política, a filosofia conserva um papel que há muito perdeu em relação às ciências. Contudo, quando a relação entre filosofia e política se define em termos diretamente organizativos — de Hobbes a Marx —, ou seja, quando a práxis humana é posta em dependência de um projeto teórico que se propõe a fundamentá-la, alterando radicalmente o quadro da antropologia clássica e os esquemas prudenciais e éticos nos quais a política havia sido pensada, o resultado, muitas vezes, é catastrófico. Isso é particularmente verdadeiro na trajetória[363] moderna dessa relação. O tom de resistência da filosofia — sua disposição frente ao poder com função crítica, seja para corrigi-lo, persuadi-lo ou organizá-lo segundo ideais abstratos de liberdade e justiça — acaba sendo consumido pelo contato com o poder e se converte, por exemplo, no desfecho terrorista do pensamento de Rousseau, no pangermanismo de Hegel, no uso nazista de Nietzsche e na tradução/traição stalinista da filosofia de Marx. Fundar — ou contrariar — o poder significa postular um vínculo direto entre filosofia e política, comprimindo teoria e práxis uma sobre a outra. Dessa primeira opção, que podemos chamar de "moderna", deriva a alternativa rígida entre reafirmar o laço constitutivo entre filosofia e política, confinando o pensamento à tarefa de legitimar o poder — pouco importando se isso ocorre de forma direta, como

[363] Nesta direção, ver: DUSO, G. (ed.). *Oltre la democrazia*: un itinerario attraverso i classici. Roma: Carocci, 2004; DUSO, G. (org.). *Il Potere*: per la storia della filosofia politica moderna. Roma: Carocci, 2001.

em grande parte da teoria política burguesa ou revolucionária, ou de forma indireta, atribuindo à crítica um valor normativo para imaginar arranjos de poder mais justos ou mais inclusivos —, ou "salvar" a filosofia, rompendo seu compromisso com a práxis para lhe atribuir uma função teórica, metodológica ou fundacional em relação a outros saberes e práticas.

Entretanto, essa possível retirada da filosofia em relação à política revela-se apenas um efeito adicional, induzido pela configuração particular que o pensamento moderno deu a essa relação. Como frequentemente acontece em Foucault, a bifurcação diante da qual nos encontramos pode ser contornada. É possível atribuir à filosofia um papel distinto em relação ao poder — que não seja nem fundacional nem pedagógico-profético-legislativo —, papel pelo qual ela foi concebida, da Antiguidade à primeira modernidade, como instância corretiva ou restauradora no campo da práxis. A filosofia pode, ao contrário, evidenciar o poder como uma trama estratégica — nó em torno do qual se combate; lugar vazio no qual se disputam liberdade e controle —, na qual algo ou alguém sempre escapa enquanto outro busca aprisioná-lo.[364] Essa é a segunda opção que, para Foucault, permanece disponível: aquela que permite conservar e renovar a vocação política da filosofia, mesmo enquanto a especialização e a autonomização dos saberes a marginalizam cada vez mais em outros domínios.

[364] Vale a pena recordar que a analítica do poder de Foucault parte do pressuposto de que o poder se torna visível somente lá onde algo resiste; a resistência como "catalisador químico" do poder. Ver FOUCAULT, M. *Le sujet et le pouvoir*. [1982]. In: DEII, p. 1.041-1.062, p. 1.041-1.044. [FOUCAULT, M. O sujeito e o poder. In: *Genealogia da ética, subjetividade e sexualidade*: Ditos e Escritos IX, p. 118-140]. Sublinhe-se justamente a "anterioridade não somente cronológica, mas ontológica da resistência ao poder", REVEL, J. *Michel Foucault*: expériences de la pensée. Paris: Bordas, 2005, p. 75. [REVEL, J. *Michel Foucault*: conceitos essenciais. Tradução de Maria do Rosário Gregolin, Nilton Milanez, Carlos Piovesani. São Paulo: Claraluz, 2005].

Trata-se de uma perspectiva que só se abre se a filosofia se colocar no desencanto, capaz de pensar o poder para além da conotação axiológica que o qualifica como "bom" ou "mau". Contra Sartre, mas também, indiretamente, contra Habermas e sua utopia de uma comunicação "lisa", transparente, sem efeitos de constrangimento, Foucault afirmará alguns anos mais tarde: "O poder não é o mal. O poder é feito de jogos estratégicos".[365] O poder não deve ser entendido como algo que se possa possuir, conquistar, eliminar, fundar ou refundar; deve ser assumido, ao contrário, como um dado de pura constatação.

Livrar-se do fantasma do Leviatã, do espectro da soberania — com um exorcismo que libere, ao mesmo tempo, a filosofia da obsessão pelo poder e da hipoteca que este impõe sobre sua potência de imaginar a liberdade —, só é possível mediante uma consideração capaz de remover o peso moral e jurídico que obriga a filosofia a conceber-se como corretivo ou formalização da realidade, e que opte, em vez disso, por uma simples adesão à superfície dos fenômenos. O papel da filosofia não é descobrir o que está selado como segredo; não é opor uma suposta verdade das coisas à mistificação que a ideologia realiza; não é medir a imperfeição das coisas pelo modelo que a filosofia nos habilita a conceber para elas. A tarefa de uma analítica da verdade é, antes, fazer aparecer aquilo que está tão próximo de nós, tão intimamente ligado a nós, que se torna praticamente imperceptível. Essa é a operação capaz de nos salvar — e, ao mesmo tempo, de salvar a própria filosofia.[366]

Pois, afinal, o que é a filosofia para Foucault nesse ponto de relação que a liga à política, mas a coloca para além das declinações

365 FOUCAULT, M. L'éthique du souci de soi comme pratique de la liberté (Entretien avec H. Becker, R. Fornet-Betancourt, A. Gomez-Müller, 20 janvier 1984). *Concordia: Revista internacional de filosofia*, n. 6, p. 99-116, jul.-dez. 1984. In: DEII, p. 1.527-1.548, p. 1.546. [FOUCAULT, M. A ética do cuidado de si como prática da liberdade. In: *Ética, sexualidade, política*: Ditos e Escritos V, p. 264-287].

366 FOUCAULT, M. *La philosophie analytique de la politique*, cit., em particular, p. 540-542.

que, em sua tradição, a traduziram ora como palavra-lei, ora como palavra-profecia, ora como palavra-pedagogia? Antes de tudo, a filosofia é um *reagente* — assim como o são a liberdade e a resistência. Filosofia, liberdade e resistência têm a capacidade de fazer emergir as relações de poder que nos constituem, que nos atravessam e nas quais a própria filosofia está capturada, sem a pretensão de ultrapassar esse limiar da regularidade, do cotidiano, no qual o poder materialmente funciona, atua e circula. Em segundo lugar, a filosofia é um *espessante*, um *catalisador* e um *intensificador*. Ao tratar aquilo que Foucault chama (com uma referência clara e intencional à filosofia analítica da linguagem) de jogos de poder como jogos linguísticos, ela não apenas reconduz a política, para usar os termos de Wittgenstein,[367] ao seu *uso cotidiano* — ao sistema de movimentos que marcam um confronto irredutível e diário entre liberdade e domínio, resistência e poder —, mas também multiplica, amplia e difunde os focos de luta e os terrenos de embate. Por isso mesmo, a filosofia pode se redefinir como *filosofia analítico-política*: uma filosofia que assume a tarefa de "analisar o que ocorre cotidianamente nas relações de poder", como diz Foucault, e que renuncia aos julgamentos definitivos, globais, unilaterais e absolutos que até agora se lhe atribuíram. O real é polêmico — e a filosofia está implicada nessa batalha.[368] Ela não pode se arrogar o direito de julgar a realidade como se esta fosse um objeto isolado e exterior. Sendo assim, o poder implicado nessa batalha deve ser analisado nos jogos de táticas e estratégias por meio dos quais ele se move, como lógica de conexão sempre precária, con-

[367] Sobre a relação entre Foucault e Wittgenstein, a meu modo de ver, fundante com relação à analítica do poder foucaultiana, ver: GROS, F.; DAVIDSON, A. (coord.). *Foucault, Wittgenstein*: des possibles rencontres. Paris: Kimé, 2011.

[368] FOUCAULT, M. *Précisions sur le pouvoir*. Réponses à certaines critiques. Entretien avec P. Pasquino. 1978. In: DEII, p. 625-635. [FOUCAULT, M. Precisões sobre o poder: respostas a certas críticas. In: *Estratégia, poder-saber*: Ditos e Escritos IV, p. 270-280], p. 633.

tingente e aleatória entre elementos marcados por uma heterogeneidade constitutiva e irredutível.[369]

Daqui decorrem três axiomas centrais para compreender o sentido da filosofia em Foucault. Primeiro: não há nada para a filosofia "compreender" — pois o próprio olhar do filósofo é atravessado pelas relações de poder. O olho do filósofo não é o do soberano que contempla as coisas de uma posição de absoluta exterioridade. O olhar do filósofo é capaz de percorrer o mundo e as coisas mergulhando integralmente em suas vicissitudes. Segundo: a verdade é deste mundo.[370] — e emerge como o resultado das tensões entre os elementos que o compõem. Terceiro: a filosofia não existe para compreender, mas para tomar posição — não para capturar a realidade com o atraso estrutural do conceito, mas para intervir.[371] E isso, para Foucault, é decisivo para a própria ética do trabalho intelectual.

II.

É conhecido o modo como Foucault identifica o sentido do trabalho filosófico — nos termos de um iluminismo radical — a partir da relação sagital que se estabelece, genealogicamente, entre

[369] Cf. as decisivas observações de KARSENTI, B. La política del fuori: una lettura dei Corsi di Foucault al Collège de France (1977-1979). In: CHIGNOLA, S. (coord.). *Governare la vita*: un seminario sui corsi di Michel Foucault al Collège de France (1977-1979). Verona: ombre corte, 2006. p. 71-90.

[370] FOUCAULT, M. La fonction politique de l'intellectuel. Politique Hebdo, 1976. In: DEII, p. 109-114, p. 112. [FOUCAULT, M. A função política do intelectual. In: *Arte, epistemologia, filosofia e história da medicina*: Ditos e Escritos VII. p. 213-219].

[371] FOUCAULT, M. Entretien avec Michel Foucault, réalisé par A. Fontana et P. Pasquino. [1977]. In: DEII, n. 192, p. 140-160, p. 158. [FOUCAULT, M. Entrevista com Michel Foucault. In: *Genealogia da ética, subjetividade e sexualidade*: Ditos e Escritos IX. Organização, seleção de textos e revisão técnica de Manoel Barros da Motta. Tradução de Abner Chiquieri. Rio de Janeiro: Forense Universitária, 2014, p. 13-34].

o presente e a sua história.[372] Dizer o que está acontecendo, para que seja possível tomar posição, é precisamente a responsabilidade específica do filósofo. Responsabilidade que Foucault leva tão a sério que chega a colocar em questão até mesmo as amizades mais estreitas. Há um episódio que sempre me pareceu ilustrativo. Nos anos em que trabalhava nos cursos sobre biopolítica, Foucault rompeu uma amizade de décadas com Gilles Deleuze. O motivo, segundo se diz, foi a recusa de Foucault em assinar o apelo que Félix Guattari redigira contra a extradição de Klaus Croissant, advogado do grupo Baader-Meinhof. No texto, Guattari — e indiretamente Deleuze, que o assinara — opunha, sobretudo, no fundo *et pour cause*, os direitos humanos ao fascismo do Estado alemão das leis especiais. Para Foucault, no entanto, não era essa a questão central. O que se organizou em torno do caso Croissant era, sem dúvida, uma *batalha real* — a ponto de ele próprio participar de uma manifestação em frente à prisão de La Santé, reprimida violentamente pela polícia —, mas era também uma batalha que evidenciava um deslocamento decisivo, irrecuperável no sentido das categorias mobilizadas por Guattari.[373]

[372] FOUCAULT, M. Qu'est-ce que les Lumières? In: RABINOW, P. (ed.). *The Foucault Reader*. New York: Pantheon Books, 1984, p. 32-50. In: DEII, p. 1.381-1.397. [FOUCAULT, M. O que são as Luzes? In: *Arqueologia das ciências e história dos sistemas de pensamento*: Ditos e Escritos II. Organização e seleção de textos de Manoel Barros da Motta. Tradução de Elisa Monteiro. 3. ed. Rio de Janeiro: Forense Universitária, 2015, p. 273-295], p. 1500.

[373] Cf. ao menos: MILLER, J. *The Passion of Michel Foucault*. Cambridge Mass: Harvard University Press, 2000, p. 296 ss. [MILLER, J. *La Pasión de Michel Foucault*. Traducción de Oscar Luis Molina S. Buenos Aires/México D.F./Santiago de Chile: Editorial Andres Bello, 1995]; OKSALA, J. *Foucault, Politics and Violence*. Evanston Ill: Northwestern University Press, 2012. [OKSALA, J. *Como ler Foucault*. Tradução de Maria Luiza X. de A. Borges. Rio de Janeiro: Zahar, 2011]; HANNAH, M. G. Foucault's "German Moment": Genealogy of a Disjunction. *Foucault Studies*, n. 13, p. 116-137, 2012.

Em Croissant — figura da diáspora e do exílio, como o eram, de outro modo, os dissidentes do bloco soviético ou as subjetividades da nova composição social do trabalho, tornadas protagonistas pelos movimentos radicais das décadas de 1960 e 1970 —, Foucault identifica algo de radicalmente novo. Não, como sustentavam alguns de seus interlocutores, o elemento da negação no interior de uma dialética entre poderes constituídos e contrapoder revolucionário, mas algo que excedia qualquer forma que essa relação — ainda assim considerada interna ao perímetro soberanista do direito — pudesse assumir.[374]

Croissant não é o militante de uma possível derrocada revolucionária do poder, o *futuro governante* destinado a ocupar o lugar arrancado do inimigo, mas o *perpétuo dissidente* que recusa radicalmente o sistema de regras em que vive; alguém cuja própria existência desestabiliza a centralidade jurídica, deserta do imperativo do poder e se orienta antes por uma reivindicação de liberdade — um "direito de viver, de ser livre" — cuja gramática só pode ser pensada em termos subtrativos e como êxodo.

O que está em jogo no caso Croissant, afirma Foucault, é o *direito dos governados*: um direito que excede a definição estritamente jurídica, que escapa às malhas da soberania e que revoga a sobrevalorização do Estado — presente também no pensamento radical que nele identifica o alvo a ser derrubado —, para o qual, sobretudo, ainda não existe formulação teórica.[375] É o problema

[374] Sobre o tema, CHEVALLIER, Ph. Michel Foucault and the question of Right. In: GOLDER, B. (ed.). *Re-reading Foucault*: On Law, Power and Rights. Oxford: Routledge, 2014, p. 171-187.

[375] FOUCAULT, M. Va-t-on extrader Klaus Croissant? [1977]. In: DEII, n. 210, p. 361-365. [FOUCAULT, M. Vão extraditar Klaus Croissant? In: *Segurança, penalidade, prisão*: Ditos e Escritos VIII. Organização e seleção de textos de Manoel Barros da Motta. Tradução de Vera Lúcia Avellar Ribeiro. Rio de Janeiro: Forense Universitária, 2012, p. 95-100]. Sobre a centralidade do pensamento foucaultiano com relação aos vínculos com Deleuze, ver ERIBON, D. *Michel Foucault*. Paris: Flammarion, 1989, p. 276 [ERIBON, D. *Michel Foucault*, 1926-1984. Tradução de

dessa teoria por fazer que, creio, leva Foucault a concentrar sua atenção no fato do governo. Esse deslocamento marca, a meu ver, uma transformação radical na perspectiva foucaultiana sobre o poder e define o ponto de conexão com os estudos sobre a ética na Antiguidade que se seguirão.[376]

Trata-se de um duplo movimento. Por um lado, na perspectiva de *A vontade de saber*, integrar ao político as dimensões de regulação pelas quais o poder intercepta e incorpora os fenômenos da vida: a disciplina — anatomopolítica do corpo humano (docilidade, produtividade, aprimoramento de suas capacidades) — e a biopolítica das populações (controles que atuam não apenas sobre o corpo individual, mas sobre o corpo-espécie, visando otimizar o ciclo de reprodução social) invertem o código tanatopolítico da soberania e destituem a sua lógica de pura extração. Por outro lado, em articulação com o primeiro, rompe-se o perímetro autorreferencial do poder, ultrapassa-se o circuito de legitimação formal que vincula o sujeito ao Estado e que apresenta o próprio Estado como produto da vontade de incorporação dos sujeitos segundo o esquema de juridificação do poder típico das teorias do contrato social que inauguram a modernidade[377] — a época clássica da política.

Ao introduzir o tema do governo — cuja genealogia remete ao pastorado cristão e indica um tipo de relação que a política oci-

---

Hildegard Feist. São Paulo: Companhia das Letras, 1990]. Mas veja-se, sobretudo, o importante dos livros: ARTIÈRES, Ph.; POTTE-BONNEVILLE, M. *D'après Foucault*: Gestes, luttes, programmes. Paris: Les prairies ordinaires, 2007.

[376] CESARONI, P. La filosofia in Il coraggio della verità. In: CESARONI, P.; CHIGNOLA, S. *La forza del vero*: un seminario sui Corsi di Michel Foucault al Collège de France (1981-1984). Verona: ombre corte, 2013, p. 132-160; LORENZINI, D.; REVEL, A.; SFORZINI, A. (org.). *Michel Foucault*: éthique et vérité 1980-1984. Paris: Vrin, 2013.

[377] Cf. DUSO, G. (ed.). *Il contratto sociale nella filosofia politica moderna*. Milano: Franco Angeli, 2003.

dental incorpora, por assim dizer, *a partir de fora*[378] —, Foucault rompe o efeito de espelhamento entre a fabricação do Leviatã e a fabricação do indivíduo no reflexo da disciplina.[379] Com isso, consegue deslocar o Estado, juntamente com toda a monopolização estatal da decisão, tal como esta se estruturou na história político-filosófica da modernidade, de Hobbes a Weber.

Vejamos, então, os dois pontos. Primeiro — *desespacialização*, *desjuridificação* e *dessoberanização* do domínio: um modo de fazer história que recusa a simples imputação temporal, o seu assentamento na consciência ou na memória, e que recorre a metáforas espaciais para cartografar deslocamentos e transformações na relação entre o poder e os objetos sobre os quais ele se apoia e se articula para continuar circulando.[380] Aqui se insere a transformação radical na relação entre espaço e poder que estrutura a genealogia do biopoder. Não mais o território de vigência da norma, nem o esquema binário que sustenta a noção de soberania (legal/ilegal; inclusão/exclusão; dentro/fora), mas um ambiente de relações instáveis, contingentes e aleatórias, que escapam ao olhar do soberano, destituem a sua ilusão de onipresença e de controle territorial, e se desenvolvem como processos dotados de ampla autonomia. Trata-se de uma mudança que afeta os próprios dispositivos de poder, deslocando-os para uma ótica de *regulação* — e não apenas de prescrição ou interdição —, obrigados a relacionar-se com um fora que os precede, com trajetórias que o poder não pode antecipar sob forma de lei ou restringir nos esquemas disciplinares. Essa regulação *na* realidade visa *assegurar* o intercâmbio contra o *risco* inerente à própria liberdade — liberdade que emerge progressivamente como campo móvel dos interesses so-

[378] Retomo aqui novamente as teses de Bruno Karsenti, das quais compartilho.

[379] Sobre o tema, numa perspectiva não de todo dissonante: SCHIERA, P. *Specchi della politica*: Disciplina, melancolia, socialità nell'Occidente moderno. Bologna: Il Mulino, 1999.

[380] Veja-se: FOUCAULT, M. *Questions à Michel Foucault sur la géographie*, cit. Sobre Foucault, "novo cartógrafo", G. Deleuze, *Foucault*, Minuit, Paris, 1986.

ciais.[381] Substituem-se, assim, extração e consumo por otimização e crescimento. É nesse contexto que se redistribuem as relações entre soberania, disciplina e segurança na gestão governamental da população e da sociedade.[382]

Segundo — já na quarta aula do curso, Foucault introduz o termo *governamentalidade* em substituição à expressão *biopoder*. Trata-se de integrar a economia ao exercício político como "desafio essencial do governo"[383] e, por essa via, abrir o Estado, por meio da economia e de seus desdobramentos, a um sistema de relações que descentra definitivamente o Político. *Oikonomia*: estrutura do governo em Aristóteles, e, ainda mais, na teologia cristã, onde se articula ao pastorado[384] — uma relação que inclui homens e coisas, atravessa o indivíduo (que deve saber se conduzir) e se estende ao conjunto das relações que ele administra ou nas quais está inserido como vivente.

O governo, como se sabe, é metáfora marítima: *kubernein*, *gubernare*, governar — termos derivados da raiz sânscrita *kubara*, o timão do navio.[385] Assumir o governo como matriz da política significa deslocá-la radicalmente das estruturas de neutralização, controle e monopólio da decisão, características da tradição mo-

381 FOUCAULT, M. *Sécurité, territoire, population*, cit., p. 48.

382 FOUCAULT, M. *Sécurité, territoire, population*, p. 111.

383 FOUCAULT, M. *Sécurité, territoire, population*, p. 642.

384 Veja-se G RICHTER, G. *Oikonomia*: der Gebrauch des Wortes Oikonomia in Neuen Testament, bei den Kirchenvältern und in der Theologischen Literatur bis ins 20. Jahrhundert. Berlin-New York: De Gruyter, 2005; AGAMBEN, G. *Il regno e la gloria*: per una genealogia teologica dell'economia e del governo (Homo sacer II, 2). Venezia: Neri Pozza, 2007. [AGAMBEN, G. *O reino e a glória*: uma genealogia teológica da economia e do governo (Homo sacer II, 2). Tradução de Selvino Assmann. São Paulo: Boitempo, 2011].

385 ARIENZO, A. Dalla corporate governance alla categoria politica di governance. In: BORRELLI, G. F. (org.). *Governance*. Napoli: Libreria Dante & Descartes, 2004. Sobre a metáfora do *gubernare rempublicam* e do governo como navegação do Estado: RIGOTTI, F. *Metafore della politica*. Bologna: Il Mulino, 1989, p. 41 ss.

derna do Estado.[386] Governar é, antes de tudo, lidar com o complexo constituído pelas interações contingentes, precárias e imprevisíveis entre homens e coisas. Mas governar significa também participar de uma relação viva que inclui a própria função diretiva do capitão e a expõe ao confronto com aqueles que embarcaram com ele: as resistências de uma tripulação de homens livres, sempre capaz de motins, cujos desejos, opiniões e condições de vida a bordo definem um risco constante para o exercício do comando.[387] O comandante deve governar, antes de tudo, a si mesmo, em relação ao conjunto de fatores sociais e ambientais que configuram o intercâmbio de que participa; é preciso *saber conduzir-se* para levar a navegação a bom porto.

Em Foucault, a destituição progressiva da centralidade da noção de biopoder em favor da noção de *governamentalidade* tem, creio, relação fundamental com dois aspectos. Por um lado, com uma analítica cada vez mais atenta ao campo de imanência dos jogos de poder, às dinâmicas divisórias que o atravessam e que tornam visível a sua estrutura relacional. Por outro, com a possibilidade de tematizar, no ponto crucial de interseção entre pastorado e contracondutas, o processo de constituição recíproca entre tecnologias de poder, formas de saber e processos de subjetivação.[388] Quando, com um movimento que retoma aquele "fio do

[386] Cf. DUSO, G. Fine del governo e nascita del potere. In: *La logica del potere*: storia concettuale come filosofia politica. Roma-Bari: Laterza, 1999, p. 55-85. [DUSO, G. *O poder*: história da filosofia política moderna. Tradução de Andrea Ciacchi et al. Rio de Janeiro: Vozes, 2005]. Mas veja-se também o meu trabalho: CHIGNOLA, S. In the Shadow of the State: Governance, governamentalità, governo. In: FIASCHI, G. (ed.). *Governance*: oltre lo Stato? Soveria Mannelli: Rubbettino, 2008, p. 117-141.

[387] Sobre esta constatação, além das referências "clássicas", recordaria um livro de história, REDIKER, M. *Between the Devil and the Deep Blue Sea*: Merchant Seamen, Pirates and the Anglo-American Maritime World 1700-1750. Cambridge: CUP, 1987.

[388] Colocou recentemente em relevo LEMKE, T. Oltre la biopolitica: Sulla ricezione di un concetto foucaultiano. In: COMETA, M.; VACCARO, S. (ed.). *Lo*

presente" — motor da genealogia —, Foucault se obriga a um salto à frente (ou para o lado, como talvez preferisse dizer) em relação aos críticos da sociedade do espetáculo ou da sociedade de massas ("já não estamos aí", adverte-nos),[389] e fala, a propósito de Klaus Croissant, do *direito dos governados*, ele parece empregar a expressão em duplo registro: como genitivo objetivo [o direito exercido *sobre* os governados] e como genitivo subjetivo [o direito que os próprios governados *possuem* e reivindicam].

A época do liberalismo — universal histórico a ser desmontado como todos os demais[390] — é aquela em que os dispositivos de poder se deslocam rumo à administrativização e à oblatividade do comando, isto é, na direção do governo (bastaria reler Tocqueville[391] para confirmar). Mas é também, e sobretudo, a época em que os governados se fortalecem por meio de uma liberdade subjetiva que opera em termos irredutivelmente *críticos* em relação ao comando.

A elipse da governamentalidade liberal tem dois focos: de um lado, a constelação formada por soberania, disciplina e dispositivos de segurança, reconfigurada segundo a centralidade adquirida por estes últimos; de outro, um sistema de variáveis contingentes e aleatórias, definido pelo feixe de condutas livres de sujeitos que

---

sguardo di Foucault. Roma: Meltemi, 2007, p. 85-107, com o qual, neste ponto, encontro-me em sintonia.

389 FOUCAULT, M. *Naissance de la biopolitique*: Cours au Collège de France, 1978-1979. Paris: Gallimard/Seuil, 2005, p. 154. [FOUCAULT, M. *Nascimento da biopolítica*: curso dado no Collège de France (1978-1979). Edição estabelecida por Michel Senellart; sob a direção de François Ewald e Alessandro Fontana. Tradução de Eduardo Brandão. Revisão da tradução de Claudia Berliner. São Paulo: Martins Fontes, 2008].

390 Cf. VEYNE, P. *Comment on écrit l'histoire*. Paris: Seuil, 1971. [VEYNE, P. Como se escreve a história. Tradução de Antônio José da Silva Moreira. Lisboa: Edições 70].

391 Quis demonstrar através de um longo *détour* em: CHIGNOLA, S. *Fragile cristallo*: Per la storia del concetto di società. Napoli: Editoriale Scientifica, 2004; CHIGNOLA, S. *Il tempo rovesciato*, cit.

perseguem o próprio interesse, que exigem ser livres e aos quais a liberdade seja continuamente restituída — condutas cujas trajetórias estão sempre em risco de escapar aos critérios de uma socialização ordenada.[392]

III.

Já não estamos aí: a nossa não é a sociedade do espetáculo de que tratam os situacionistas, tampouco a sociedade de massas temida pela Escola de Frankfurt. Onde, então, nos situamos? Trata-se, aqui, da problematização da própria atualidade discursiva por parte do filósofo — que, apenas falando, mobilizando o que parece cristalizado e autoevidente, reimergindo no fluxo das dinâmicas de processo o que se apresenta como universal e necessário, e trazendo ao primeiro plano o surdo rumor de batalha que atravessa o silêncio operoso das categorias e dos conceitos — assume a responsabilidade que o pensamento lhe impõe. Produzir diferenças: eis a tarefa do genealogista. Mais uma vez, trata-se do *ethos* moderno do pensamento, em que a questão da pura atualidade se impõe como constante *reativação* do problema do presente: introduzir e marcar uma diferença em relação ao ontem. Que diferença o hoje introduz com relação ao ontem? Para Foucault, é a produtividade dessa diferença que constitui o dado crucial.[393]

[392] Para uma análise de conjunto da noção de liberalismo em Michel Foucault, BONNAFOUS-BOUCHER, M. *Un libéralisme sans liberté*: du terme "libéralisme" dans la pensée de Michel Foucault. Paris: L'Harmattan, 2004; REINFELDT, S.; SCHWARZ, R. Liberalismus und Biopolitik. In: REICHERT, R. (ed.). *Governmentality Studies*: Analysen liberalerdemokratischer Gesellschaften in Anschluß an Michel Foucault. Münster: Lit Verlag, 2004. Numa direção decididamente mais próxima da minha, BERNINI, L. Foucault: una liberta senza liberalismo. A proposito dei Corsi di Foucault al Collège de France (1977-1979). *Filosofia Politica*, n. 1, p. 126-141, 2006; BERNINI, L. *Le pecore e il pastore*: critica, politica, etica nel pensiero di Michel Foucault. Napoli: Liguori, 2008.

[393] FOUCAULT, M. Qu'est-ce que les Lumières?, cit., p. 1.383.

Se há algo que define tal diferença, não deve ser buscado na direção das críticas que apontam para a suposta evanescência do político ou para a imediaticidade e difusividade do domínio. Para Foucault, não é a *estatatização da sociedade* que caracteriza o presente, mas, ao contrário, a *governamentalização do Estado*. Ao Estado — assim como ao poder — não se deve atribuir a unidade funcional e mitológica que, em geral, seus críticos lhe conferem. Ele não atua simplesmente subjugando a sociedade de cima para baixo ou colonizando-a integralmente. O poder não tem vontade nem intenção próprias. O que, no máximo, garante a "sobrevivência" do Estado é a sua capacidade de se apropriar, interceptando-os, de processos de governo que sempre lhe foram externos; processos com uma matriz teológico-política específica, concernentes ao modo pelo qual a ordem é produzida de forma mediada — passando pela livre autodisposição dos sujeitos, pelo movimento de seus desejos, pela vibração de seus interesses e pelas dinâmicas de troca orientada —, e mediante os quais alguém ou algo consegue imprimir efeitos, torções e dobras à ação ou vontade alheias,[394] ainda que estas permaneçam, em essência, indisponíveis.

Atravessar os processos de governamentalização do Estado significa, portanto, abandonar a posição que sobrevaloriza seus aparatos a partir do movimento de personificação abstrata que lhes atribui uma vontade — significa, de fato, matar o monstro frio de coração negro, o grande Leviatã teorizado por Hobbes e por Carl Schmitt, o monstro cuja imagem é tão potente que continua a exercer o seu efeito "mesmo apenas pintada na parede",[395] condicio-

[394] FOUCAULT, M. *Sécurité, territoire, population*: Cours au Collège de France, 1977-1978 [=STP]. Édition établie sous la direction de F. Ewald et A. Fontana par M. Senellart. Paris: Gallimard/Seuil, 2004, p. 112. [FOUCAULT, M. *Segurança, território, população*: curso dado no Collège de France (1977-1978). Edição estabelecida por M. Senellart sob a direção de F. Ewald e A. Fontana. Tradução de Eduardo Brandão. Revisão da tradução de Claudia Berliner. São Paulo: Martins Fontes, 2008].

[395] SCHMITT, C. *Der Leviathan in der Staatslehre des Thomas Hobbes*: Sinn und Fehlschlag eines politischen Symbols. Köln-Lövenich: Hohenheim, 1982. [Ham-

nando a imaginação política, inclusive a subversiva —, mas significa também aceitar o confronto com dinâmicas, tensões e processos que não podem ser reduzidos a uma transformação linear e definitiva das estruturas estatais. Creio que é também para dissipar esse equívoco que Foucault abandona os termos *biopoder* e *biopolítica*.

Esses conceitos não são os últimos guardiões de um quadro de categorias reconduzíveis à experiência estatal da política, mas indicadores de uma transição que abre o Estado ao seu fora — aos processos de governo nos quais a vida se dobra sobre si mesma, torna-se sujeito e se articula politicamente com o outro.[396] Nesses processos, biopoder e biopolítica funcionam como *placeholders* [coringas; espaços reservados], signos de remissão que apontam para uma ordem do discurso na qual a figura panóptica do Estado — como grande máquina de neutralização e de assujeitamento — pode, enfim, ser destituída de sua centralidade, e o dispositivo da governamentalidade liberal reconstruído como aquele ao qual correspondem os processos de subjetivação e de resistência da *época* a que pertencemos.

Foucault utiliza o termo *governamentalidade* para designar, pelo menos, três dimensões distintas. Um conjunto de procedimentos, análises e reflexões — os "cálculos e táticas", escreve ele — que permitem exercer essa forma específica de poder cujo alvo é a população, cuja principal forma de conhecimento é a economia política e cujo instrumento técnico essencial são os dispositivos de segurança — ele nos diz, em primeiro lugar. Com *governamentalidade*, Foucault alude, em segundo lugar, a uma tendência ou linha de força que, no Ocidente, não cessou jamais de afirmar a preeminência do governo e de seus saberes sobre outros dispositivos de

---

burg: Hanseatische Verlagsanstalt, 1938].

[396] Para uma análise atenta e inovadora dos últimos escritos de Foucault como "reescritura" da dialética hegeliana da consciência de si na *Fenomenologia do Espírito*, ver: FIMIANI, M. P. *Erotica e retorica*: Foucault e la lotta per il riconoscimento. Verona: ombre corte, 2007.

poder.[397] (Dessa trajetória ficam excluídos tanto o Oriente quanto a Grécia antiga — polos de práticas de subjetivação que não comportam nem toleram assujeitamento, como veremos adiante.) Em terceiro lugar, por *governamentalidade*, pode-se entender o processo de *governamentalização* que leva à remodulação dos aparatos do Estado, até transformá-los em nós de processos que o excedem e o atravessam — processos que, no máximo, podem ser territorializados, controlados, filtrados, administrados ou geridos de modo parcial e sempre arriscado,[398] cuja excedência pode, no limite, ser apenas *normalizada*.

Vivemos na era da *governamentalidade*, escreve Foucault.[399] Novamente: a nossa é a época dos governados — como afirmou no caso Croissant. Por um lado, é a época da sobrevivência do Estado, da reconfiguração de seus dispositivos na fronteira de uma relação que abre o governo ao mercado como conjunto de processos sociais que oferecem superfície de inscrição a esses dispositivos e, ao mesmo tempo, blindam — de forma definitiva — o acesso à suposta *coisa em si* do Político.[400] Por outro, é a época em que os governados — individualizados pelo próprio interesse e capazes

[397] FOUCAULT, M. *Sécurité, territoire, population*, cit., p. 112.

[398] FOUCAULT, M. *Sécurité, territoire, population*, cit., p. 111-112. Sobre o tema, ver o importante SASSEN, S. *Territory, Authority and Rights*: From Medieval to Global Assemblages. Princeton: Princeton University Press, 2006. [SASSEN, S. *Territorio, autoridad y derechos*: de los ensamblajes medievales a los ensamblajes globales. Traducción de María Victoria Rodil. Buenos Aires: Katz Editores, 2010].

[399] FOUCAULT, M. *Sécurité, territoire, population*, cit., p. 112. Cf. LEMKE, Th.; KRASMANN, S.; BRÖCKLING, U. Gouvernamentalität, Neoliberalismus und Selbsttechnologien. In: LEMKE, Th.; KRASMANN, S.; BRÖCKLING, U. (ed.). *Gouvernamentalität der Gegenwart*: Studien zur Ökonomisierung des Sozialen. Frankfurt a. M.: Suhrkamp, 2000, p. 7-40.

[400] FOUCAULT, M. *Naissance de la biopolitique*: Cours au Collège de France, 1978-1979. Paris: Gallimard/Seuil, 2005, p. 47-48. [FOUCAULT, M. *Nascimento da biopolítica*: curso dado no Collège de France (1978-1979). Edição estabelecida por Michel Senellart; sob a direção de François Ewald e Alessandro Fontana.

de se conduzirem por si mesmos no interior de redes de cooperação autônomas, marcadas pela indisponibilidade do desejo e das paixões, por dinâmicas de subjetivação irredutíveis ao filtro da representação política — reivindicam cada vez mais liberdade e, portanto, exigem ser governados no sentido de ampliar e estender a própria autonomia.

Para Foucault, o liberalismo não é uma teoria política, mas um modo — concretamente, uma tecnologia — pelo qual se produziu a configuração atual da relação entre governantes e governados. Essa configuração permite inserir o governo — suas funções de tutela e de promoção das trocas — no arriscado e inóspito *soziale Umwelt* da cooperação de mercado e do conflito de interesses. Contudo, o governo não é apenas isso: ele corresponde também ao processo, igualmente arriscado, que produz o sujeito, que o torna responsável por si mesmo e que o abre à relação ética com os outros. Governar é a práxis de uma subjetivação em constante relação com o Outro de si — um devir cujo ritmo se extrai de uma relação livremente inferida da contingência dos vínculos imanentes entre a singularidade e o mundo.

Em uma das raras intervenções em que procurou justificar seu percurso de pesquisa, iluminando-o retrospectivamente, Foucault destacou exatamente esse ponto: nunca foi sua intenção — escreve — estabelecer as bases de uma analítica do poder e de seus tipos. É sintomático, contudo, o reflexo weberiano que atua na formulação do tema da *Lebensführung* — no interior, através e para além do problema do poder e da disciplina. Mas essa é uma questão, observa ele, a ser tratada em outro seminário.[401] "Busquei, antes, produzir uma história dos diferentes modos de subjetivação do ser humano em nossa cultura", escreve Foucault. "Tratei, nessa

Tradução de Eduardo Brandão. Revisão da tradução de Claudia Berliner. São Paulo: Martins Fontes, 2008].

[401] Cf. "*Phantasiebildern/histoire fiction*: Weber, Foucault". [N.T.]

perspectiva, dos três modos de objetivação que transformam os seres humanos em sujeitos."[402]

Foucault busca estudar a torção objetivante pela qual a vida — poder-se-ia dizer, retomando Aristóteles, a pura determinação biológica do homem enquanto animal político e falante — fez-se sujeito. Ele identifica três modalidades distintas. A primeira, determinada pelos saberes, é tratada em *As palavras e as coisas*: a objetivação do sujeito como animal falante por meio da gramática, da filologia e da linguística; a objetivação do *animal laborans* pela economia; e a da "vida nua" ("o mero fato de estar vivo", como escrevera então Foucault) nas ciências biológicas ou na história natural. Num segundo momento, sua investigação concentra-se na partição, na lógica divisória que atravessa o sujeito ou que o separa do fundo obscuro sobre o qual a subjetivação se ergue, ligando-se aos dispositivos de disciplina: a separação entre o sujeito responsável de si e o louco, o são e o enfermo, o criminoso e o cidadão. Por fim, a terceira fase, na qual trabalhava antes de ser interrompido de forma definitiva e precoce: "a maneira pela qual um ser humano se transforma em sujeito". "Não é, portanto, o poder, mas o sujeito", conclui ele, "o tema geral de minhas pesquisas."[403]

Trabalhar sobre a trama da subjetivação implica, sem dúvida, examinar os dispositivos de poder — o modo como o poder incide sobre a matéria viva e lhe confere uma forma, habilitando-a a uma subjetividade normalizada e perfeitamente *representável*. Mas também significa ultrapassar o perímetro definido pelo momento cartesiano, de que trata a primeira aula do curso "A hermenêutica do sujeito", e que marca o modo moderno de individuação.[404] Esse

[402] FOUCAULT, M. *Le sujet et le pouvoir*, cit., p. 1.042.

[403] FOUCAULT, M. *Le sujet et le pouvoir*, cit., p. 1042.

[404] FOUCAULT, M. *L'Herméneutique du sujet*: Cours au Collège de France, 1981-1982. Édition établie sous la direction de F. Ewald et A. Fontana par Frédéric Gros. Paris: Gallimard/Seuil, 2001, p. 19. [=HS]. [FOUCAULT, M. *A hermenêutica do sujeito*: curso dado no Collège de France (1981-1982). Edição estabelecida sob a direção de François Ewald e Alessandro Fontana, por Frédéric Gros. Tradu-

modo — fruto da apropriação estatal e administrativa do fato de governo — é caracterizado por uma condução orientada para a contenção das dinâmicas da liberdade, na forma de uma responsabilização individual e coletiva quanto ao seu uso. Postula-se um acesso à liberdade sob a forma de conhecimento e, portanto, de normalização. Entretanto, se a tarefa que nos cabe não é descobrir o que somos, "mas recusar o que somos",[405] posicionando-nos no rastro do fio do presente que se desenrola como distanciamento, recusa, salto para fora do ventre do Leviatã e da subjetivação que este guarda por meio dos dispositivos jurídico e soberano, então esse ponto de chegada genealógica ao governo deve ser novamente posto em movimento e redirecionado.

O tema da contraconduta, da revolta antipastoral e do cuidado de si articula essa perspectiva: a de uma subjetivação livre, *ética*, pois necessariamente referida ao mundo e ao Outro — incluindo aquele Outro de si mesmo que cada um descobre ser quando fixa o próprio *eu* à práxis e ao devir da verdade. "É preciso promover novas formas de subjetivação, *recusando* o tipo de individualidade que nos foi imposto durante vários séculos", escreve Foucault.[406]

Temos, assim, novamente uma recusa — mas uma recusa pela qual se derruba o último pano de fundo sobre o qual se encena a cena do poder. Rejeitar o que somos significa ir além das formas de individuação *governadas* por uma produção divisória da verdade; significa reencontrar, no coração de si mesmo, o lugar da verdade e articular a ele — na práxis de uma liberdade imanente que se faz investigação, *curiositas*, reconhecimento da constituição temporal e relacional do sujeito — os modos de uma produção do comum, de formas de vida definitivamente subtraídas ao espectro do soberano.

ção de Márcio Alves da Fonseca e Salma Tannus Muchail. 3. ed. São Paulo: WMF Martins Fontes, 2010].

[405] FOUCAULT, M. *Le sujet et le pouvoir*, cit., p. 1.051. Cf. LUCE, S. *Fuori di sé*: poteri e soggettivazioni in Michel Foucault. Milano: Mimesis, 2009.

[406] FOUCAULT, M. *Le sujet et le pouvoir*, cit., p. 1.051, destaque do autor.

IV.

Os escritos e as aulas de Michel Foucault dos primeiros anos da década de 1980 movem-se precisamente nessa direção. Por um lado, propõem uma ética específica do trabalho intelectual, reposicionando o papel — a atitude própria, o *ethos* — da crítica. Por outro, aprofundam radicalmente a linha de problematização que coloca o sujeito no centro da investigação, lendo seus processos não pelo lado da "sujeição", mas pelo da prática, da ativação.

Numa entrevista concedida a François Ewald em maio de 1984 — pouco antes de sua morte —, Foucault articula estreitamente essas duas questões. Trata-se de um balanço e, ao mesmo tempo, de uma resposta àqueles que não souberam compreender o sentido de sua última fase de investigação, ficando bastante surpresos, sem captar o deslocamento em curso. O fato de que ele tenha reinscrito sua pesquisa numa perspectiva de longa duração e se reinstalado, ao menos em aparência, num espaço academicamente delimitado — cercado por um cânone de textos, interpretações, léxicos técnicos e modos de escrita que pareciam abandonar o brilho e a experimentação dos anos 1960 e 1970 para se aproximar das práticas mais tradicionais da história das ideias[407] — não é, a meu ver, o dado mais relevante. Ao contrário, como Gilles Deleuze assinalou, o que estava em jogo era uma nova operação de problematização — talvez ainda mais radical. Num primeiro plano, tal movimento parte da constatação da permanência dos códigos da moral. As rupturas, as descontinuidades, as curtas durações

[407] Esta crítica foi colocada com particular força por NARDUCCI, E. L'archeologia del desiderio: Michel Foucault sulla sessualità degli antichi. *Quaderni di storia*, v. 11, n. 22, p. 185-214, 1985, e retomada por VEGETTI, M. Foucault et les anciens. *Critique*, n. 471-472, p. 925-932, 1986. Mais geral, ver: MOSS, J. (ed.). *The Later Foucault*: Politics and Philosophy. London: Sage, 1998. Para uma reconstrução conjunta do pensamento foucaultiano sobre o pensamento clássico Cf. CREMONESI, L. *Michel Foucault e il mondo antico*: spunti per una critica dell'attualità. Pisa: Ets, 2008.

servem para localizar passagens de articulação e de rearticulação dos poderes em relação às modalidades historicamente concretas de seu exercício. Mas, quando o que está em questão é o tipo de relação que o sujeito mantém consigo mesmo — sobretudo na época da *governamentalização* do poder, em que antigos esquemas de condução pastoral dos indivíduos operam a recomposição da liberdade singular com vistas a uma ordem geral, atravessando o núcleo privado, mais íntimo, do eu —, os processos pelos quais o sujeito se vê carregado revelam-se efeitos de ciclos muito mais amplos. O que Foucault busca é uma nova genealogia da moral — e, para isso, é necessário remontar à Antiguidade tardia e ao primeiro cristianismo, a fim de reencontrar a torção que o tema da lei — da norma mais do que da interdição; da decifração mais do que do exercício; da confissão mais do que da hermenêutica — impõe às estruturas da ética clássica.

Isso, contudo, não esgota a questão. Para Deleuze, a razão mais profunda pela qual Foucault reorienta sua investigação para o horizonte da longa duração diz respeito ao tema da subjetivação e da memória. Memória é o verdadeiro nome da relação consigo mesmo — não tanto no sentido da reflexão, como no processo anamnésico de Platão que vincula a memória ao conhecimento, mas no sentido daquela ativação da filosofia como prática: um conjunto de breves aforismos a manter presentes como exercício; advertências a repetir para conservar o rumo; *hypomnemata*[408] como suporte à

[408] "Inicialmente, é preciso lembrar certo número de fatos históricos que são, frequentemente, subestimados, quando se apresenta o problema da escrita; é preciso lembrar, por exemplo, a famosa questão dos *hypomnêmata*. [...]. No sentido técnico, os *hypomnêmata* podiam ser livros de conta, registros públicos, mas também carnês individuais que serviam para tomar notas. Sua utilização como livros da vida, ou guias de conduta, parece ter sido uma coisa mais corrente, pelo menos em certo público culto. Nesses carnês, colocavam-se citações, extratos de obras, exemplos tirados da vida de personagens mais ou menos conhecidos, anedotas, aforismos, reflexões ou raciocínios. Eles constituíam uma memória material das coisas lidas, ouvidas ou pensadas; e eles faziam dessas coisas um tesouro

concentração —, que diz respeito à ação e à navegação no tempo que cada um tem potencialmente à disposição como percurso de livre subjetivação.[409] O lema de Epicteto — "Se queres, és livre" — vale aqui ser lembrado.[410] Para Foucault, retomar as sequências longas, mudar radicalmente o *estilo* de trabalho e de escrita, significa não apenas abandonar a analítica do poder via genealogia de seus dispositivos (todos modernos, pois na modernidade o poder representou a solução mais eficiente para o problema da condução dos homens), mas também recuperar o próprio núcleo da temporalidade naquilo que a subtrai à operatividade dos dispositivos. O tempo pode ser memória enquanto reapropriação do problema do sujeito no centro da filosofia, depois de um esquecimento de séculos — como observa Deleuze —, e pode sê-lo precisamente por meio das modalidades pelas quais o vivente se subjetiva, em um processo de apropriação de si que se faz com e pela memória. Esse é o resultado da leitura foucaultiana do estoicismo. Aqui, a duração não é a da história das ideias, mas a da atualização daquele trabalho sobre si que conquista o tempo como possibilidade e como potência. A memória, assim, não é simples memória histórica: é reativação do cuidado de si como tarefa e como responsabilidade diante do acontecimento que cada um descobre, no fundo,

---

acumulado para a releitura e a meditação ulterior. Eles formavam, também, um material bruto para a escrita de tratados mais sistemáticos nos quais se davam argumentos e os meios de lutar contra tal ou tal defeito (como a cólera, a inveja, a fofoca, a adulação) ou, então, de transpor um obstáculo (um luto, um exílio, uma ruína, uma desgraça)." FOUCAULT, M. Sobre a genealogia da ética: um resumo do trabalho em curso. [1984]. In: *Genealogia da ética, subjetividade e sexualidade*: Ditos e Escritos IX, p. 214-337, p. 230. [N.T.]

409 O tema do deslocamento da memória (da *anamnesis* platônica para a ativação "prática") é tratado por Foucault em: FOUCAULT, M. *L'Herméneutique du sujet*, cit., p. 246 e ss.

410 EPITTETO. *Diatribe*. I, 17, 28. [EPICTETO. *As Diatribes de Epicteto*, Livro I. Série "Autores Gregos e Latinos". Tradução do grego, introdução e comentário Aldo Dinucci. Coimbra: Imprensa da Universidade de Coimbra, 2020].

ser; é responder a si mesmo pela escolha de uma vida filosófica que já se fez e continua a se fazer.[411] A memória é tempo vivido como apropriação e reinvenção de si, como relançamento e como imaginação — e isso vale também para Foucault.

"Havia começado a escrever dois livros de acordo com meu plano original" — disse Michel Foucault a François Ewald, referindo-se aos trabalhos posteriores a *A vontade de saber* —, "mas muito rapidamente comecei a me aborrecer. Era imprudente da minha parte e contrário aos meus hábitos". O trabalho intelectual — termo que Foucault reivindica com orgulho — só pode ser interpretado como o desenvolvimento linear de um projeto claramente antecipado em seus traços essenciais quando se está muito cansado, muito velho ou desmedidamente presunçoso; ou ainda como continuar a arar um campo de competências acadêmicas bem entrincheirado. "Trabalhar" — disse Foucault — "é se propor a pensar algo diferente do que se pensava antes".[412] Esse *pensar de outro modo*, esse valorizar o desvio e a diferença, implica uma ética do trabalho intelectual. Ou seja, a maneira pela qual, por meio do que se fez, pensou ou escreveu, uma pessoa enfrenta o próprio limite e os limites de sua atualidade — a crítica como trabalho conduzido no limite do que somos, escreveria Foucault à época, ao falar de Kant e de uma atitude hipermoderna do pensamento; uma atitude tão paradoxal que, aqui, retoma um estilo clássico[413]

[411] DELEUZE, G. *Foucault*. Paris: Minuit, 1986, p. 114-115. [DELEUZE, G. *Foucault*. Tradução de Claudia Sant'Anna Martins et al.; revisão de Renato Ribeiro. São Paulo: Editora Brasiliense, 2006].

[412] FOUCAULT, M. Le souci de la vérité: entretien avec F. Ewald. *Magazine littéraire*, n. 207, p. 18-23, mai 1984. In: DEII, p. 1.487-1.497. [FOUCAULT, M. O cuidado com a verdade. In: *Ética, sexualidade, política*: Ditos e Escritos V, p. 240-251].

[413] FOUCAULT, M. Qu'est-ce que les Lumières? cit., p. 1.387: "por atitude quero dizer um modo de relação com respeito à atualidade, uma escolha voluntária efetuada por alguns, assim como uma maneira de agir e de se conduzir que, ao mesmo tempo, marca um pertencimento e se apresenta como uma tarefa. *Um pouco, sem dúvida, como o que os gregos chamavam um ethos*", grifo do autor.

— para estabelecer um vínculo intenso de problematização com o mundo, coincidindo com o ato que liberta a potência criadora do pensamento.

"O que seria a ética de um intelectual senão isto: tornar-se permanentemente capaz de desprender-se de si mesmo — o que é o contrário da atitude de conversão?"[414] Apartar-se, desengatar-se, libertar-se das formas disciplinares e pastorais da individualização: eis a ética do intelectual, a atitude moderna da crítica. Trabalhar na modificação do pensamento dos outros — e, com isso, trabalhar na modificação do próprio. Dupla inversão do código pastoral de conversão: não reprimir a *curiositas* contornando-a e retendo-a num penoso trabalho de deciframento voltado a esculpir a coerência de um perfil autoral, no caso de Foucault; não exercitá-la sobre os outros para induzir neles uma transformação que não se esteja disposto a realizar, antes de tudo, em si mesmo. Ao *déprise*[415] — elemento que dinamiza a subjetivação — não se chega por iluminação, nem por mera entrega às vibrações passageiras da conjuntura. Exige-se o tempo necessário, a tensão e a constância da memória que nos reconduz, sem cessar, àquilo que decidimos ser.

Se é certo que a atitude moderna do pensamento é a crítica — e que esta só pode ser exercida como problematização da atualidade a que pertencemos —, a ética do desapego, ou *déprise*, não pode confundir-se com o simples perseguir dos processos que, de tempos em tempos, marcam a ponta avançada da contemporaneidade. Esse "desprender-se de si mesmo", essa recusa da individualização disciplinar que prende o sujeito a um registro civil, a um currículo, a uma bibliografia, só pode ser entendida como "elaboração de

414 FOUCAULT, M. Le souci de la vérité, cit., p. 1.494. Sobre o tema, algumas observações verdadeiramente importantes em CESARONI, P. *La distanza da sé*: política e filosofia in Michel Foucault. Padova: cleup, 2010.

415 Derivado de *dé-prendre*: desprender, desapegar, apartar. O termo alude ao *déprise de soi* de Foucault, traduzido habitualmente como "desprendimento de si", "desprendimento de si mesmo", "alheamento...". [N.T.]

si por si mesmo", "transformação estudiosa", "modificação lenta e árdua em constante cuidado com a verdade".[416] São exatamente os termos da *askesis* filosófica dos antigos, de que Foucault se ocupa nas lições que deu, à época, em Berkeley e no Collège de France — não ascese, mas trabalho artesanal de produção, rigorosa feitura na imanência de uma prática, *ergon*.[417] A relação constitutiva entre verdade, problematização e subjetividade está no coração do trabalho — inclusive daquele empreendido em primeira pessoa, sobre si mesmo — do último Foucault.[418]

V.

O que é um sujeito? Um sujeito não é uma substância — é, no máximo, uma "forma", e jamais idêntica a si mesma. Foucault já havia assinalado isso, poucos meses antes, numa outra entrevista[419] — uma dessas entrevistas, que (no juízo fundamentado de Deleuze) integram plenamente a obra foucaultiana, pois prolongam a investigação para além do canteiro histórico de seus livros para levá-la a impactar a realidade e buscar realizar nela o efeito de dinamização

[416] FOUCAULT, M. Le souci de la vérité, cit., p. 1.494.

[417] FOUCAULT, M. *Le courage de la vérité*: Le gouvernement de soi et des autres II. Cours au Collège de France, 1984. Édition établie sous la direction de F. Ewald et A. Fontana par F. Gros. Paris: Gallimard/Seuil, 2009, p. 202. [=CV]. [FOUCAULT, M. *A coragem da verdade*: o governo de si e dos outros II. Curso no Collège de France (1983-1984). Edição estabelecida por Frédéric Gros, sob a direção de François Ewald e Alessandro Fontana. Tradução de Eduardo Brandão. São Paulo: Editora WMF Martins Fontes, 2011]. Cf. MCGUSHIN, E. *Foucault's Askesis*: An Introduction to the Philosophical Life. Evanston: Northwestern University Press, 2007.

[418] Numa perspectiva não muito distante: FLYNN, Th. R. Truth and Subjectivation in the Later Foucault. *The Journal of Philosophy*, v. 82, n. 10, p. 531-540, 1985. [Eighty-Second Annual Meeting American Philosophical Association, Eastern Division (Oct., 1985)].

[419] FOUCAULT, M. L'éthique du souci de soi comme pratique de la liberté, cit., p. 1.537.

que lhe é próprio. O fato de que o sujeito, assim como o poder, não seja uma coisa, uma substância ou um ser originário não significa apenas, para Foucault, afastar-se da linha que — nos marcos internos da transmissão de uma filosofia *alla française*, como a chama Pierre Macherey[420] — liga Descartes à fenomenologia, reforçando uma vez mais as razões de seu distanciamento em relação a Sartre e ao que este representou no exercício da função intelectual. Significa, sobretudo, afirmar as razões do múltiplo, do temporal, do heterogêneo, no campo de imanência em que o sujeito se produz.

Ninguém mantém consigo mesmo a mesma relação quando se constitui como sujeito político (indo votar ou tomando a palavra numa assembleia) e quando se constitui como sujeito de desejo (no interior de uma relação sexual), observa Foucault. O mesmo se pode dizer a respeito do multiverso de funções afetivas, linguísticas e relacionais por meio das quais nos vinculamos aos outros e aos códigos disciplinares dos dispositivos de poder, estabilizando, de modo contingente, parcial e sempre revogável, uma experiência do mundo. Se é verdade que surgem efeitos de interferência, de troca e de passagem entre as múltiplas formas assumidas pela subjetividade em relação a cada um dos diferentes pontos de gravidade em torno dos quais orbita seu campo de expressão, é igualmente verdade que — "em cada caso, jogam-se e estabelecem-se consigo mesmo formas de relação distintas". E é precisamente "a constituição histórica dessas diferentes formas de sujeito em relação com os jogos de verdade" que me interessa, conclui Foucault.[421]

No plano mais externo, atua em Foucault — de forma evidente — a polêmica com a noção cartesiana de sujeito.[422] Seu objetivo é

420 MACHEREY, P. *Études de philosophie "française"*: De Sieyès à Barni. Paris: Publications de la Sorbonne, 2013.

421 FOUCAULT, M. L'éthique du souci de soi comme pratique de la liberté, cit., p. 1.537-1.538.

422 Cf. GUENANCIA, P. Foucault/Descartes: la question de la subjectivité. *Archives de philosophie*, v. 65, n. 2, p. 239-253, 2002.

contornar o acontecimento fundacional da filosofia moderna, isto é, o ponto de incidência descrito por Descartes entre pensamento e realidade, independentemente das qualidades pessoais do enunciador da proposição verdadeira — uma racionalidade que se desdobra com pretensão de universalidade e que se autoconvalida sem encarnar-se numa consciência concreta, na trama de uma vida.[423]

No plano mais interno, a Foucault interessa encontrar o ponto de torção pelo qual as redes de saberes e poderes que atravessam e constituem o sujeito — aquilo que define sua *memória* — se dobram, não para delimitar uma interioridade (um "eu penso" que preceda ou se libere da realidade), mas para trans-formar o efeito de superfície produzido pelos dispositivos disciplinares e reinventar a relação da consciência consigo mesma, libertando-a do esquema historicamente limitado da subjetividade por sujeição, característico da época clássica da política europeia.

Daí decorre uma consequência decisiva: o sujeito — simples forma, e não substância, como já foi dito — é apenas *uma das possibilidades* por meio das quais se atualiza, ou se organiza, a "consciência de si mesmo". Não é fundamento, nem último refúgio de uma autenticidade a que se pudesse recorrer para preservar um espaço imune à invasão das máquinas disciplinares ou à lei do valor. Boa parte do pouco apreço de Foucault pela Escola de Frankfurt, naquele período — ainda que, por vezes, reconhecesse que conhecê-la melhor teria lhe poupado muito trabalho —, deriva exatamente dessa posição.

A subjetividade é um processo que se desenvolve no interior — e não num "alhures" — dos circuitos de saber e poder, que estão constitutivamente entrelaçados à vida e à linguagem. Nem à vida, nem a tais circuitos são atribuídas condições universais. O saber é a forma assumida pelo diagrama no qual, num momento deter-

423 FOUCAULT, M. La vie: l'expérience et la science. *Revue de métaphysique et de morale*, v. 90, n. 1, p. 3-14, jan./mar. 1985. In: DEII, p. 1.582-1.595, em particular, p. 1.586. [FOUCAULT, M. A vida: a experiência e a ciência. In: *Arqueologia das ciências e história dos sistemas de pensamento*: Ditos e Escritos II, p. 369-384].

minado, o visível e o enunciável se relacionam; o poder, a relação de forças variável, contestável e sempre reversível, que atravessa as singularidades e as compõe num ordenamento — sempre parcial e provisório — de regulação. O *sujeito* — ou melhor, o *si mesmo*, o *ser si mesmo* — não é senão o efeito do processo de subjetivação pelo qual o *dehors* [fora] em que a vida está implicada (trabalho, reprodução, linguagem — retomando as divisões internas de *As palavras e as coisas*) pode ser dobrado não para costurar uma identidade, mas para *des-dobrar* uma possibilidade, uma potência. Um sujeito não tem nada de universal: ele marca uma constelação de posições historicamente singulares, no interior de um "fala-se", de um "luta-se", de um "vive-se"[424] — puro recorte de imanência.

"Chamarei subjetivação" — escreve Foucault — "ao processo pelo qual se obtém a constituição de um sujeito, mais exatamente de uma subjetividade, que evidentemente não é senão uma das possibilidades de organização de uma consciência de si".[425] Remontar o processo moderno de individuação disciplinar — organizar a resistência às técnicas de governo pastoral — significa ir além da história do poder, reativando a memória da *vida* à qual ele esteve constantemente interligado, como aquilo que sempre forçou o poder a se transformar e a redirecionar seus dispositivos. O que interessa a Foucault, em sua última investigação, não é o acesso a um vocabulário ou a um *saber* tão diferente do nosso que possa funcionar como recurso ou via de fuga — "nenhum pensador grego jamais encontrou uma definição de sujeito, nem jamais a buscou; direi simplesmente que não há sujeito", afirmará

[424] DELEUZE, G. *Foucault*, cit., p. 122.

[425] FOUCAULT, M. Le retour de la morale: entretien avec G. Barbedette et A. Scala, 29 mai 1984. *Les Nouvelles Littéraires*, n. 2937, p. 36-41, 28 juin-5 juillet 1984. In: DEII, p. 1.515-1.526, p. 1.525. [FOUCAULT, M. O retorno da moral. In: *Ética, sexualidade, política*: Ditos e Escritos V, p. 252-263]. Sobre o tema: GROS, F. Sujet moral et sujet éthique chez Foucault. *Archives de philosophie*, v. 65, n. 2, p. 229-237, 2002; REVEL, J. *Michel Foucault*: expériences de la pensée, cit., p. 207 e ss.

explicitamente sobre aquela fase da cultura ocidental[426] —, mas, sobretudo, a identificação de um novo terreno de disputa: o que diz respeito ao *si mesmo* e à sua elaboração, justamente onde o sistema moderno dos saberes traça um quadro pacificado de individuação objetivada.

VI.

Os gregos não têm sequer a palavra *sujeito* — e, no contexto da abordagem de Foucault, não oferecem nenhuma filosofia a ser "reabilitada" ou "restaurada"[427] —, porque na Grécia o vivente, qualificável nos termos aristotélicos como *zôon politikon kai logon echon* [um ser político e dotado de logos], o falante político situado no vínculo entre verdade, discurso e governo, não cede à ilusão de um saber de si depositado numa forma apartada do *koinon*, o comum da relação. O que a modernidade chama de *sujeito* — recordemos: efeito de uma *assujettissement* [sujeição] integral ao código que o universaliza como abstração, como aquele puro *in-diferente* que se define como correlato das modernas tecnologias

[426] FOUCAULT, M. Le retour de la morale, cit., p. 1525. Para um recorrido amplo da leitura foucaultiana da antiguidade: DARAKI, M. Le Voyage en Grèce de Michel Foucault. *Esprit*, n. 100, p. 55-83, 1985; GROS, F.; LÉVY, C. (org.). *Foucault et la philosophie antique*. Paris: Kimé, 2003. Mais especificamente para o tema que nos ocupa: DEVOS, R. The Return of the Subject in Michel Foucault. *American Catholic Philosophical Quarterly*, v. 76, n. 2, p. 255-280, 2002; HAHN, B. The Analytic of Finitude and the History of Subjectivity. In: CUTTING, G. (ed.). *The Cambridge Companion to Foucault*. Cambridge: CUP, 2005, p. 176-212.

[427] Do contrário, para aquela que se apresenta explicitamente, com certa influência na Europa nos primeiros anos 1980, como uma "reabilitação" da filosofia prática grega, ver RIEDEL, M. (ed.). *Rehabilitierung der praktischen Philosophie*. Freiburg I. B.: Rombach, 1972-1974. [2 v.]. Sobre o sentido da operação realizada então: VOLPI, F. La riabilitazione della filosofia pratica in Germania e il suo senso nella crisi della modernità. *Il Mulino*, v. 35, n. 308, p. 928-949, 1986; VOLPI, F. Reabilitación de la filosofia práctica y neo-aristotelismo. *Anuario filosófico*, v. 32, n. 63, p. 315-344, 1999.

do direito ou da normalização clínica, psicológica e moral[428] —, o pensamento ético e filosófico antigo mantém no sistema multilateral de práticas, onde uma liberdade é reflexivamente dobrada em um estilo e continua a *desdobrar* sua potência num contexto atravessado por outras forças e outras trajetórias da singularidade. "A liberdade é a condição ontológica da ética", sustenta Foucault, "mas a ética é a forma reflexiva que assume a liberdade".[429]

O que interessa a Foucault, portanto, não é o vínculo tradicional entre liberdade e ética — vínculo para o qual a moral cristã deu a sua solução —, mas o modo como o grau zero da problematização, a dimensão que em geral marca seu início e que se refugia no seu *dehors*, é aqui também integralmente problematizado. Pensar, para Foucault, é experimentar, pôr à prova: "sou um experimentador, e não um teórico", repetirá diversas vezes.[430] E a problematização — como assinala nas palavras finais do curso ministrado em Berkeley, no outono de 1983 — é sempre uma resposta a uma situação concreta, que é real.[431]

[428] Sobre a lógica de abstração, imanente ao dispositivo, dos conceitos fundamentais da política moderna: S CHIGNOLA, S.; DUSO, G. *Storia dei concetti e filosofia politica*. Milano: Franco Angeli, 2008.

[429] FOUCAULT, M. L'éthique du souci de soi comme pratique de la liberté, cit., p. 1.531. Para um desenvolvimento útil deste ponto: PANDOLFI, A. L'ética come pratica riflessa della liberta: l'ultima filosofia di Foucault. In: FOUCAULT, M. *Archivio III*: estetica dell'esistenza, ética, política. Edição de A. Pandolfi. Milano: Feltrinelli, 1998, p. 7-28.

[430] FOUCAULT, M. Entretien avec D. Trombadori. Paris, 1978. *Il Contributo*, n. 1, p. 23-84, jan.-mar. 1980. In: DEII, p. 860-914, p. 861. [FOUCAULT, M. Conversa com Michel Foucault. In: *Repensar a política*: Ditos e Escritos VI, p. 289-347].

[431] FOUCAULT, M. *Fearless Speech*. Edited by J. Pearson. Los Angeles: Semiotext(e), 2001. As lições de M. Foucault transcritas e publicadas sob este título podem ser escutadas diretamente em: https://guides.lib.berkeley.edu/c.php?-g=901488&p=6487003. [FOUCAULT, M. *Discurso y verdad*: conferencias sobre el coraje de decirlo todo. Grenoble, 1982/Berkeley, 1983. Traducción de Horacio Pons. Buenos Aires: Siglo Veintiuno Editores Argentina, 2017].

O que leva, afinal, Foucault a trabalhar sobre a ética antiga e tardo-antiga? São várias as observações possíveis. A mais imediata diz respeito às transformações recentes das tecnologias de poder — sua inserção direta na vida. Se o modo de exercício da governamentalidade é se atrelar ao núcleo volitivo do sujeito — aquilo que, na forma moderna da individuação, coincide com a autodisposição livre da vontade —, poderíamos dizer, em última análise, que a governamentalidade representa um diagrama de orientação da liberdade, de valorização que a compatibiliza com finalidades gerais, mas que, como vimos, nada tem a ver com o dispositivo soberanista da interdição, da proibição e do controle. É, portanto, evidente que o trabalho de problematização, quando conduzido sobre o terreno desta nova modalidade de exercício do poder, tende a tomar como alvo o sujeito, a forma que o processo de subjetivação assume no quadro da governamentalidade liberal e a noção de liberdade — seja ela abstrata, subjetiva e formal, seja inventiva e criativa — que lhe corresponde.

Deslocar a análise para o terreno da Antiguidade significa, nesse sentido, buscar um laboratório em que a subjetivação não se produz por sujeição — como vimos, na Grécia o termo *sujeito* nem sequer tem lugar — e no qual o que diz respeito à individuação nunca se separa da dimensão inventiva e criativa, nem se afasta do jogo de forças que descreve o campo de imanência das práticas singulares de liberdade.

Em outras palavras: a individuação clássica jamais é passiva, pacificada ou objetual. Determina-se num quadro agonístico e belicoso, no interior do qual cada um existe em função dos outros — sob o olhar e através dos olhos alheios —, onde os fundamentos de uma pessoa são tanto mais sólidos quanto mais se estende a sua reputação.

Para um grego, a verdadeira morte não é a extinção física — destino inevitável de todo vivente —, mas o esquecimento, o silêncio, a perda da fama. Como observa Jean-Pierre Vernant, se é certo que os gregos — tanto na Grécia arcaica quanto na clássica, que depende muito da primeira — têm uma experiência de si, de sua pessoa e de seu corpo, essa experiência se articula de forma diversa da nossa. O *eu* grego não é delimitado nem unificado; não está assujeitado à soberania de uma síntese formal. É um *campo aberto de forças múltiplas* e a sua experiência, longe de coincidir com uma interioridade protegida e isolada dos fatores sociais, orienta-se inteiramente para o exterior, ligando-se ao campo agonístico no qual se exercem as práticas sociais e políticas.

O indivíduo se busca e se encontra nos outros — nos espelhos que refletem sua imagem e que são seus *alter egos*: pais, amigos, filhos, companheiros, rivais. O sujeito não define um mundo interior fechado, no qual precise mergulhar para se encontrar ou se descobrir. O sujeito é extrovertido; assim como o olho não se vê a si mesmo — trata-se do conhecido argumento do *Alcibíades* platônico[432] —, o indivíduo, para poder experimentar-se, olha para além de si, para o seu "fora".[433] Poderíamos dizer: não se *re-dobra* em termos de consciência, mas se *des-dobra* em termos existenciais.

O curso de 1982-1983, que aborda o tema do governo de si e dos outros, assume exatamente essa dinâmica como núcleo organizador. Para governar os outros, não é possível fixar-se na posição isolada ou protegida do *nomoteta* [legislador]. Governar os outros requer um trabalho rigoroso sobre si mesmo — capaz de

[432] PLATONE. *Alcebiade I*. 132d-133c. [PLATÃO. *Alcibíades I*. Tradução Celso Vieira. São Paulo: Penguin-Companhia, 2022]. Sobre a complexidade da leitura foucaultiana de Platão: WOLFF, E. Éros et logos: À propôs de Foucault et de Platon. *Revue de philosophie ancienne*, v. 7, p. 47-48, 1989.

[433] Cf. VERNANT, J.-P. *L'individu, la mort, l'amour*. Paris: Gallimard, 1989. Veja-se também: FRÄNKEL, H. *Dichtung und Philosophie des frühen Griechentums*. München: Beck, 1962; SNELL, B. *Die Entdeckung des Geistes*. Hamburg: Claassen & Goverts, 1948; REDFIELD, J. Le sentiment homérique du moi. *Le Genre humain*, n. 12, p. 93-111, 1985; VERNANT, J.-P. Catégories de l'action et de l'agent em Grèce ancienne. In: KRISTEVA, J.; MILNER, J.-C.; RUWET, N. (coord.). *Langue, discours, société*: pour Émile Benveniste. Paris: Seuil, 1975; depois em: VERNANT, J.-P. *Religious, histoires, raisons*. Paris: Maspero, 1979.

alcançar a atenção do outro e enfrentar o risco que isso implica. A conquista da relação no jogo agonístico do reconhecimento é a prova de realidade para a filosofia. Na Grécia, a verdade da filosofia não é posta em jogo por um arranjo proposicional, mas por um confronto estreito entre quem fala e quem escuta, no qual é a exemplaridade da vida — e não um sistema prévio de regras — que determina a possibilidade do círculo de veridicção.

Em seu comentário à *Carta VII* de Platão (aqui não importa se o texto é autêntico ou não), Foucault expressa esse ponto com clareza. Primeiro: a insuficiência do *logos* e a recusa da escrita. Platão — que confessa "a vergonha experimentada ao pensar em ser apenas um fazedor de palavras"[434] — abre assim um horizonte filosófico-político que recusa o conhecimento que seja reduzido a nomes e definições. Depois: o risco da práxis. A denúncia dos limites do logos (e, portanto, da logicização da política, que será a marca moderna a partir de Descartes e Hobbes) e a constatação de que não se pode incitar à ação apenas convencendo o interlocutor com um discurso que se pretenda "mais verdadeiro". A práxis é movida, sobretudo, pela *tribé* [Fricção; exercício; trabalho; esforço] — o trabalho árduo que o sujeito conduz sobre si —, pela prática da verdade como diagrama de subjetivação, pela exemplaridade de uma vida que confere autoridade, pelo risco que o locutor assume ao confrontar suas próprias inclinações e a resistência do outro. Foucault retoma aqui — ainda que de outra forma — a antiga discussão com Derrida: "O que se deve decifrar nessa recusa da escrita não é, de modo algum, o advento de um logocentrismo, mas o advento de algo inteiramente distinto: o advento da filosofia, de uma filosofia na qual o real mesmo da filosofia seja a prática de si sobre si".[435]

434 PLATONE, *Lettera VII*, 328c. [PLATÃO. *Carta VII*. Texto em grego estabelecido por John Burnet. Tradução e notas de José Trindade dos Santos e Juvino Maia Jr. Rio de Janeiro: Editora PUCRJ/Edições Loyola, 2008].

435 FOUCAULT, M. *Le gouvernement de soi et des autres*: Cours au Collège de France, 1982-1983. Édition établie sous la direction de F. Ewald et A. Fontana par

Por fim, a verificação do que seja a filosofia: não discurso, mas forma de vida; prática de si; exercício no qual saber e poder — o "pode-se" e o "diz-se", os marcos internos em que cada vivente-político se move e respira — são *im-piegati* [*em-pregados*][436] (não transcendidos, não abandonados, não invertidos) como instrumentos, como tecnologias de si, para uma subjetivação que é força entre forças, acontecimento de verdade.[437] O jogo sério da filosofia não consiste em dizer ou mostrar aos homens como deveriam conduzir suas relações segundo um esquema ideal de socialização — como a *kallipolis* platônica, por exemplo —, mas em lembrar-lhes incessantemente (ativando, mais uma vez, um circuito de memória — continuidade do socratismo, ao menos até os cínicos) que o real da filosofia é a prática: "essas práticas que se exerce sobre si" e sobre os outros, quando se tem a coragem de enfrentar a prova da escuta.[438] O risco da relação.

VII.

Para Foucault, dizíamos, o que confere realidade à filosofia é a sua capacidade de encontrar e sustentar uma atenção — de instalar-se numa escuta viva. É a capacidade (que implica também assumir

---

F. Gros. Paris: Gallimard/Seuil, 2008, p. 235. [= GSA]. [FOUCAULT, M. *O governo de si e dos outros*: curso no Collège de France (1982-1983). Edição estabelecida por Frédéric Gros, sob a direção de François Ewald e Alessandro Fontana. Tradução de Eduardo Brandão. São Paulo: WMF Martins Fontes, 2010].

436 Conservamos o termo italiano *impiegati* (empregados), derivado de *impiegare* (empregar), pois nele remanesce a riqueza que traz consigo do latim *implicare* (dobrar em) da qual deriva: *in* ("dentro", "em") e *plicare* (fazer pregas, dobras). O português "empregar", também o francês *employer*, acaba por perder e restringir, de certa maneira, o sentido, perdendo em parte a matriz que refere ao modo como se "faz uso" de algo, ao modo como se *implica*. Trata-se, em todo caso, de "pregar", "dobrar". [N.T.]

437 DELEUZE, G. *Foucault*, cit., p. 124.

438 FOUCAULT, M. *Le gouvernement de soi et des autres*, cit., 1983, p. 236.

concretamente o risco do fracasso) de dirigir-se a alguém ou a algo capaz de entrar, por sua vez, em relação com a aguda acuidade de que é capaz a veridicção filosófica. "A realidade, a prova através da qual a veridicção filosófica se manifesta como real, é o fato de que ela se dirige — de que pode e ousa dirigir-se — a quem exerce o poder", afirma Foucault.[439]

O que retira a filosofia de sua inoperância — da tagarelice vazia, da especulação estéril, da prestação acadêmica assalariada, para retomar os termos com que Joseph Ferrari, num célebre texto, atacou o ecletismo de Victor Cousin e a filosofia universitária da Sorbonne[440] — é a sua capacidade de determinar as condições da sua correlação com o campo da política. Se é certo que um discurso marcado pelo signo da intervenção, como o da filosofia — "um dizer-verdadeiro irruptivo", nas palavras de Foucault; uma forma de discurso que abre uma descontinuidade no interior mesmo da enunciação —, se define pela oposição ao poder e ao regime de normalidade discursiva, também é verdade que uma tomada de palavra que se limitasse à forma do grito, da contestação ou do protesto — nos termos de Pierre Rosanvallon[441] — não seria capaz de manter a tensão específica que distingue a filosofia.

O real da filosofia está no círculo da escuta — na potência performativa de uma palavra concreta, capaz de provocar reações, encadear práticas, codeterminar o *governo* (o que Foucault chama de *arte estocástica* e *arte de conjuntura*, já que nunca deixou de evocar o vínculo do governo com a arte náutica e com a medicina, e o seu laço indissolúvel com a *ocasião*, com o *kairós*[442]) e, ao mesmo tem-

439 FOUCAULT, M. *Le gouvernement de soi et des autres*, cit., p. 210.

440 FERRARI, J. *Les philosophes salariés*. [1849]. Paris: Payot, 1983.

441 Estas formas de "protesto" têm sido consideradas recentemente por Rosanvallon, e creio de interesse como eixo para uma possível institucionalização da "contrademocracia". Ver: ROSANVALLON, P. *La contre-démocratie*: la politique à l'âge de la défiance. Paris: Seuil, 2006.

442 FOUCAULT, M. *L'Herméneutique du sujet*, cit., Cours du 10 mars 1982, p. 368.

po, resistir internamente à tentação de converter-se em adulação, retórica vazia ou pensamento brando. E está também na coragem com que, para alcançar esse grau de incandescência, o filósofo põe à prova a si mesmo — testando a coerência do seu próprio discurso, em primeiro lugar, e depois a daqueles que assumem, para com os outros,[443] a responsabilidade política que dele decorre.

Que a filosofia pertença aos *pragmata* [relativo aos atos, ao que foi feito] — e, portanto, não possa ser reduzida a um puro logos —; que ela seja uma prática, ou seja, que esteja vinculada a uma forma de vida específica, na qual o enunciador se ponha à prova da escuta e onde o jogo da verdade e da veridicção se cumpra primeiro como árduo trabalho sobre si e em seguida se manifeste como coragem, como responsabilidade da verdade diante de si mesmo e diante de quem governa — todo esse sistema de considerações conduz progressivamente Foucault a concentrar seus estudos no tema da *parrhēsia*, no *falar franco* e na *coragem da verdade*.[444] Isso determina, creio, uma série de consequências decisivas.

A primeira delas, sobre a relação entre política e filosofia. Trata-se de uma relação simultaneamente de *correlação* e de exterioridade. A filosofia é estrangeira no campo das ilusões, delírios e *doxai* [opiniões;; pseudoconhecimento; via incerta ao conhecimento], que ameaçam conformar-se, na vida do filósofo, como discurso verdadeiro. Disso decorre que a filosofia não tem por função dizer o que se deve fazer. A sua veridicção não é da ordem do projeto ou da ideologia. Ela não deve — e não pode, se quiser permanecer como o gatilho do jogo de veridicção que a coloca em relação com o Político — alinhar-se ao discurso de quem governa. "Ela tem de permanecer numa exterioridade permanente e resis-

[443] Ver em particular: FOUCAULT, M. *Le gouvernement de soi et des autres*, cit., Leçon du 16 fevrier 1983, p. 223.

[444] FOUCAULT, M. *Le courage de la vérité*: Le gouvernement de soi et des autres II, cit. Sobre o tema: GROS, F. La parrhêsia chez Foucault (1982-1984). In: GROS, F. (coord.). *Michel Foucault*: le courage de la vérité. Paris: PUF, 2002.

tente em relação à política, e é nisso que reside a sua realidade", afirma Foucault. Deve exercer continuamente a crítica "em relação àquilo que é embuste, engano e ilusão, e deste modo praticará o jogo dialético de sua própria verdade" e, apenas assim, ela pode contribuir para o papel dialético da verdade.[445] Essa correlação — não sobreposição, não captura, não encadeamento linear entre uma teoria, domínio do filósofo, e uma práxis, competência do político — delineia, mais uma vez, a figura da elipse. Uma figura na qual cada um dos dois focos se mantém frente a frente, gerando entre si um espaço de tensão.

A segunda, igualmente importante, concerne à ontologia do discurso verdadeiro. O discurso verdadeiro organiza-se como prática: prática da palavra, estilo de vida filosófica, risco da escuta. Uma sequência sustentada ininterruptamente pela liberdade, matriz da ética. A liberdade é moldada pela escolha da vida filosófica; a vida filosófica só é filosófica mesmo se demonstra coragem diante da verdade; e essa coragem manifesta-se ao assumir o risco de falar livremente, francamente e abertamente, diante de quem detém o poder — poder esse que, por sua vez, é livre para ouvir ou não, e para levar sua indiferença até as consequências extremas: perseguição, exílio, morte (como no destino de Sócrates). A contingência própria do fato de governo — ou seja, o caráter ineliminável da elipse — faz com que a relação entre filosofia e governo, entre *parrhēsia* e *poder*, deva ser concebida como invenção singular. E faz também com que a liberdade — nunca reduzida a um *direito* — seja vivida como potência, como *capacidade de fazer*:[446] aqui, capacidade de traçar as modalidades de um encontro único entre veridicção filosófica e governo.

A terceira consequência me parece decisiva. Foucault descreve aqui uma dinâmica da liberdade — o processo de subjetivação que

[445] FOUCAULT, M. *Le gouvernement de soi et des autres*, cit., Leçon du 9 mars 1983, p. 326.

[446] FOUCAULT, M. *Le gouvernement de soi et des autres*, cit., Leçon du 2 mars 1983, p. 286.

se liga a uma forma de vida, à prática de uma relação —, de modo que, mesmo que se admitisse que os gregos tivessem alguma noção de subjetividade (o que Foucault nega, com razão), não é para recuperar um "canteiro" de uma nova teoria do sujeito[447] que ele recorre aos materiais da filosofia antiga. Como observou com precisão Deleuze: "assim como não há retorno aos gregos, tampouco há, em Foucault, retorno ao sujeito".[448]

Foucault não usa o termo *sujeito* ao interpretar os gregos — não apenas por dificuldade de encontrar nos textos um equivalente adequado. Em outros casos, por exemplo, não tem problemas em falar indistintamente de *governo* ou de *poder* inclusive em relação à *polis* grega ou romana, contextos nos quais não existe algo comparável ao que a modernidade identifica como *poder*. Aqui, ele fala de um *processo* — no caso, o processo de subjetivação — e de um *si* investido nesse processo, descrevendo uma *relação consigo mesmo*. E o que significa isso? Deleuze esclarece: esse processo e essa relação desenham um arco de torção, uma linha de dobra de uma força — o modo pelo qual a livre criatividade do vivente inventa novas modalidades de existência e novas possibilidades de vida.

[447] Em oposição, esta é uma hipótese muito difundida e amplamente discutida entre os estudiosos. Cf. por exemplo: EWALD, F. *Michel Foucault et l'histoire du sujet en Occident*. Paris: Bertrand-Lacoste, 1998; DEWS, P. The Returns of the Subject in the Late Michel Foucault. *Radical Philosophy*, n. 51, p. 37-41, 1989; DEVOS, R. The Return of the Subject in Michel Foucault, cit. Em outra direção: HEBEL, K. Dezentrierung des Subjekt in der Selbstsorge: Zum ästhetischen Aspekt einer nicht-normativen Ethik bei Foucault. In: GAMM, G.; KIMMERLE, G. (ed.). *Ethik und Ästhetik*: nachmetaphysische Perspektiven. Tübingen: Edition Diskord, 1990, p. 226-241; ALLEN, A. The Anti-Subjective Hypothesis: Michel Foucault and the Death of the Subject. *The Philosophical Forum*, v. 31, n. 2, p. 113-130, 2000; NEHAMAS, A. *The Art of Living*: Socratic Reflections from Plato to Foucault. Berkeley/Los Angeles: University of California Press, 2000.

[448] DELEUZE, G. Fendre les choses, fendre les mots. In: *Pourparlers 1972-1990*. Paris: Minuit, 2003, p. 115-128, p. 127. [DELEUZE, G. Rachar as coisas, rachar as palavras. In: *Conversações, 1972-1990*. Tradução de Peter Pál Pelbart. São Paulo: Ed. 34, 1992, p. 105-117].

É nesse ponto, penso, que se esclarece definitivamente o porquê da última fase da pesquisa de Foucault e a razão de ele retomar, em *O governo de si e dos outros*, o texto kantiano sobre o Iluminismo.[449] Sua postura não é restauradora nem nostálgica — não busca retroceder contra a corrente da modernidade. O que está em jogo é a atualidade. Nos gregos, torna-se visível uma modalidade de relação consigo mesmo que valoriza o aspecto criativo da liberdade. E não no retiro de um estilo privado — Foucault, aliás, defendeu-se mais de uma vez da acusação de ter sucumbido ao culto californiano[450] do eu —, mas na prática de uma relação que, seguindo regras facultativas, revisáveis e adaptáveis, permite escapar à captura, criar formas de vida, inaugurar novas possibilidades existenciais e abrir vias de fuga para construir outras formas de relação, outras formas de comum.

Ethopoiesis no coração da atualidade: é assim que Foucault conjuga Plutarco e Kant. Se a subjetivação é um processo, ele não é, evidentemente, uma individuação. Deleuze, novamente: "os modos de existência, ou possibilidades de vida, não cessam de se recriar; novos modos surgem; e, ainda que essa dimensão tenha sido inventada pelos gregos, não é a eles que retornamos quando buscamos os modos de existência que hoje se desenham, a nossa vontade-artística irredutível ao saber e ao poder".[451] Ao tratar da subjetivação nos antigos, Foucault pensa na possibilidade de

449 FOUCAULT, M. *Le gouvernement de soi et des autres*, cit., Leçon du 5 janvier 1983.

450 Ver sua resposta a esta contestação em: FOUCAULT, M. On the Genealogy of Ethics: An Overview of Work in Progress. Entrevista por H. Dreyfus e P. Rabinow. In: DREYFUS, H.; RABINOW, P. *Michel Foucault*: Beyond Structuralism and Hermeneutics. Chicago: The University of Chicago Press, 1983. [FOUCAULT, M. Michel Foucault Entrevistado por Hubert L. Dreyfus e Paul Rabinow. In: DREYFUS, H. *Michel Foucault*: uma trajetória filosófica (para além do estruturalismo e da hermenêutica). Tradução de Vera Porto Carrero. Rio de Janeiro: Forense Universitária, p. 253-278; tradução francesa: *À propos de la généalogie de l'éthique*: un aperçu du travail en cours. In: DEII, p. 1.202-1.230, em particular, p. 1.222].

451 DELEUZE, G. Fendre les choses, fendre les mots, cit., p. 127.

reinventá-la no cruzamento com a atualidade — não como estilo *privado* ou fuga do político, mas como politização radical da relação consigo e como gatilho para a criação de formas de vida radicalmente novas. "É preciso governar-se como um governante governa seus súditos", afirma Foucault; pensar o "cuidado de si" — essa torção específica que as tecnologias do eu impõem a "saber" e "poder", apropriando-se da sua impossibilidade de transcender — como "uma espécie de relação política permanente entre si e si".[452]

VIII.

Talvez o sentido dessa *política* de si tenha sido, muitas vezes, o que escapou a certos comentadores que se deixaram confundir pelo uso foucaultiano de termos vindos da estética.[453] Uma *estilística da existência*, uma *ascética* de si mesmo — nada disso tem a ver com um retiro em relação ao que somos, nem com uma romântica busca de autenticidade. Trata-se, pelo contrário — ao menos assim creio —, da via pela qual Foucault começa a pensar a possibilidade de uma *política dos governados*, para retomar o ponto de partida da nossa discussão.

O que Foucault quer mostrar, em suas pesquisas sobre a ética antiga — e ele o diz abertamente a Hubert Dreyfus e Paul Rabinow — é que aquilo que apenas o longo *détour* cristão deixou parecer, ou seja, que a moral fosse um assunto exclusivamente individual, um código de controle ligado à introspecção, à culpa e à confissão,

[452] FOUCAULT, M. *À propos de la généalogie de l'éthique*, cit., p. 1.222-1.223.

[453] Cf. por exemplo: WOLIN, S. Foucault's Aesthetic Decisionism. *Telos*, n. 67, p. 71-86, 1986. Contra a interpretação de R. Rorty, em vários sentidos análoga, expressa (entre outros lugares) numa resenha à *Volontè de savoir, Beyond Nietzsche and Marx* (RORTY, R. Volonté de savoir, Beyond Nietzsche and Marx. *London Review of Books*, v. 3, n. 3, p. 5-6, 1981), veja-se: TAYLOR, Ch. Foucault on Freedom and Truth. In: *Philosophical Papers*. Cambridge: CUP, 1985, v. 2, p. 152-184. Sobre o tema: ABRAMS, J. J. Aesthetics of self-fashioning and cosmopolitanism: Foucault and Rorty on the art of living. *Philosophical Today*, v. 46, n. 2, p. 185-192, 2002.

na realidade nada tem a ver com o ético. "Quero mostrar que o grande problema grego não era uma técnica de si", observa Foucault, "era uma *technē* da vida, a *technē toû bíou*, a maneira de viver". Para os gregos, não se tratava da vida monástica, da ética individual vinculada à autodisciplina e à interioridade da Antiguidade tardia.[454] O que o encontro com a filosofia antiga evidencia, antes, é o modo como se organiza uma práxis — uma prática que inova e cria suas próprias formas de vida, que impõe novas modalidades de relação consigo mesmo e com os outros, e que imprime novas formas à experiência singular e coletiva.

De um lado, o *bíos* — a imanência da vida como substrato do processo criativo. De outro, a ideia de que a ética, enquanto estrutura de regulação e de *governo* da subjetivação, possa ser decisiva para a existência sem precisar vincular-se a um eixo jurídico ou disciplinar;[455] ou seja, sem depender necessariamente de uma soberania, de um código ou da legitimação por um conjunto de direitos — como só viria a ocorrer muitos séculos depois.

A meu ver, essa passagem é decisiva. Em primeiro lugar, Foucault pode reafirmar sua distância em relação a Sartre e, ao mesmo tempo, tomar distância definitiva de Heidegger — apesar das concessões elegantes que lhe faz. No pensamento clássico, o ponto crucial é precisamente a possibilidade de inverter o cânone da autenticidade. O que Sartre realiza em suas análises de Flaubert e de Baudelaire — ou seja, vincular, inclusive no contexto estético do *dandismo* e da *flânerie*, o trabalho inventivo da escrita à dimensão subjetivo-autoral — é precisamente o que Foucault inverte. No processo de subjetivação, o centro não é o circuito da autenticidade, que vai do sujeito ao sujeito, nem o mecanismo de desvelamento de um *eu* mais verdadeiro oculto sob um *eu* inautêntico ou ainda

[454] Ver: BROWN, P. *The Making of Late Antiquity*. Cambridge Mass.: Harvard University Press, 1978; BROWN, P. *Society and the Holy in the Late Antiquity*. London: Faber and Faber, 1982. Sobre a questão que nos ocupa: GROS, F. Sujet moral et sujet éthique chez Foucault, cit.

[455] FOUCAULT, M. On the Genealogy of Ethics, cit. In: DEII, p. 1.209.

não apropriado, mas sim a *atividade criadora*: a *força* que destitui o sujeito e o inclui em uma forma de vida. "Não deveríamos ligar a atividade criadora de um indivíduo à relação que ele mantém consigo mesmo, mas ligar esse tipo de relação consigo mesmo que cada um pode ter à atividade criadora",[456] diz Foucault.

A segunda consequência que Foucault extrai é ainda mais relevante. Um sujeito não é uma substância — como já dissemos —, mas no máximo uma forma: o efeito de tecnologias, de saberes e de poderes que o cercam e o constituem. Para Foucault, não existe sujeito soberano, fundador, identificável como forma universal. O sujeito pode ser constituído por práticas de sujeição — como na modernidade jurídica e disciplinar do Estado — ou pode se constituir autonomamente, como na Antiguidade clássica, trabalhando criativamente sobre si e *im-piegando*[457] — pois não há liberdade sem governo[458] — regras, estilos e convenções que cada indivíduo estipula com a cultura à qual pertence. Vincular a relação consigo mesmo a essa dimensão produtiva e imanente da liberdade significa constituir o sujeito por meio da dobra que se pode imprimir a uma força — dobra que relança a liberdade, sem traduzi-la nem transferi-la para outra coisa.

Vale acrescentar: quando Foucault fala do movimento gay, é absolutamente coerente nesse ponto (e creio que a ideia pode ser estendida ao conjunto dos movimentos sociais dos anos 1960 e

456 FOUCAULT, M. On the Genealogy of Ethics, cit. In: DEII, p. 1.211-1.212.

457 Conservamos o termo italiano *im-piegando* ("em-pregando"), derivado de *impiegare* (empregar), pois nele remanesce a riqueza que traz consigo do latim *implicare* ("dobrar em", "nas dobras") da qual deriva: *in* ("dentro", "em") e *plicare* (fazer pregas, dobras). O português "empregar", e também o francês *employer*, acaba por perder e restringir, de certa maneira, o sentido, perdendo em parte a matriz que refere ao modo como se "faz uso" de algo, ao modo como se *implica*. Trata-se, em todo caso, de "pregar", "dobrar". [N.T.]

458 FOUCAULT, M. Une esthétique de l'existence. Entretien avec A. Fontana. *Le Monde*, 15-16 juillet 1984. In: DEII, p. 1.549-1.554, p. 1.552. [FOUCAULT, M. Uma estética da existência. In: *Ética, sexualidade, política*: Ditos e Escritos V, p. 289-293].

1970 que ele acompanhou e cuja novidade radical assumiu como marca de época — "sinal característico", *Auszeichnung*, talvez dissesse Kant — no contexto do *affaire* Croissant). Tratar a questão homossexual no vocabulário dos direitos significa conter o potencial da situação e reforçar o mecanismo de soberania que poderia reconhecer e regulamentar esses direitos. O que está em jogo, para Foucault, é subjetivar a condição homossexual criando novas formas de vida, instauradas por escolhas éticas, sexuais e políticas livres. É ativar processos autônomos de transformação radical, não adotar uma postura defensiva para reivindicar direitos que não são reconhecidos. Está em jogo uma *potência de afirmação* — uma força criadora — que se expressa em termos irredutíveis, ampliando continuamente a tensão entre liberdade e governo, e reforçando-se nos próprios processos de subjetivação que a sustentam. "Devemos não apenas nos defender, mas também nos afirmar — e nos afirmar não apenas enquanto identidade, mas enquanto força criadora", afirma Foucault.[459]

A análise que Foucault conduz sobre as configurações político-sociais dos anos 1960 e 1970, que inauguram a chamada *época dos governados*, é bastante clara. E não se limita aos movimentos de libertação sexual. No diagrama elíptico do governo, estabiliza-se uma relação entre resistência e poder que, para Foucault, representa a única via real de fuga ao *efeito espelho* — aquele pela qual a liberação tende a imitar a própria dominação. Não se trata, para Foucault, de construir um contrapoder, nem de reafirmar uma *autonomia de classe*. Essa relação elíptica, entretanto, tampouco pode ser dissolvida por uma libertação imediata da instância governamental que se instala em um dos pólos da elipse. É nesse ponto que ele se afasta do irenismo democrático e liberal. Contra Habermas,

[459] FOUCAULT, M. Michel Foucault, an Interview: Sex, Power and the Politics of Identity (interview with B. Gallagher and A. Wilson, Toronto, juin 1982). *The Advocate*, n. 400, p. 26-30, 7 août 1984. In: DEII, p. 1.554-1.565, p. 1.555. [FOUCAULT, M. Michel Foucault, uma entrevista: sexo, poder e a política da identidade. In: *Genealogia da ética, subjetividade e sexualidade*: Ditos e Escritos IX, p. 264-295].

por exemplo, Foucault explicita sua crítica: a ideia de que os jogos de veridicção possam circular livremente num circuito de comunicação "sem coerções e sem efeitos coercitivos" — em outras palavras, que possa existir verdade sem poder — é, para ele, utópica ou ingênua. O desafio, diz, não é dissolver o fato de governo "na utopia de uma comunicação perfeitamente transparente", mas sim "encontrar as regras de direito, as técnicas de gestão e também a moral, o *ethos*, a prática de si, que permitam, nesses jogos de poder, jogar com o mínimo possível de dominação".[460]

Assim, não se trata de considerar o poder como um mal absoluto, mas de abordá-lo como um jogo estratégico, posicionando-se no outro foco da elipse governamental como ponto de uma resistência ineliminável — que se expressa tanto no indivíduo quanto na multiplicidade pura de suas relações. É preciso dificultar o domínio encontrando-o no próprio diagrama de forças onde se produzem os confrontos e dinâmicas que alimentam os processos de subjetivação, mantendo-o com mínima invasividade e limitando-o à sua função regulatória.

Não se pode exigir que o governo "diga a verdade". O que se pode, isto sim, é exigir que preste contas das finalidades que persegue e dos meios pelos quais atua. Trata-se de interpelá-lo, constrangê-lo ao debate; impor a quem governa prioridades e agendas políticas formuladas pelo governado, expressando, assim, o poder — ao mesmo tempo destituinte e constituinte — da liberdade. Para isso, é necessário alterar radicalmente a ideia de sujeito e de agência política: ninguém representa mais ninguém, e já não se pode pensar a decisão como algo que desce verticalmente, através de uma hierarquia executiva, sobre a sociedade e seus processos, sem encontrar resistência ou objeção.

[460] FOUCAULT, M. L'éthique du souci de soi comme pratique de la liberté, cit., p. 1.546. Sobre a discussão entre Habermas e Foucault: ALADJEM, T. K. Of Truth and Disagreement: Habermas, Foucault and Democratic Discourse. *History of European* Ideas, v. 20, n. 4-6, p. 909-914, 1995.

"Penso que uma das grandes constatações que tivemos desde a última guerra mundial", disse Foucault a Gallagher e a Wilson, em Toronto, em 1982, "foi o rotundo fracasso de todos os programas sociais e políticos. Não existe programa político ou plano administrativo — e isso vale também para os mais progressistas — que não traga consigo a marca da falibilidade ou a imposição de uma hegemonia ou de um domínio, ainda que seja apenas o de um aparato ou de uma burocracia". E prossegue: "mas uma das realizações dos anos 1960 e 1970, que considero benéfica, é que certos modelos institucionais foram experimentados sem um programa".[461]

Essa *ação sem programa* — que caracteriza a prática inovadora dos movimentos sociais da época, tanto na Europa quanto nos países do Leste e nos Estados Unidos — não significa, evidentemente, ausência de organização. Trata-se, antes, de uma prática organizada que, ao dispensar o formato programático, pode revelar-se útil, original e extremamente criativa, justamente por estar situada no jogo estratégico do presente e carregada de uma *coragem da verdade* que não se intimida diante do impossível. "Uma das coisas que, a meu ver, é preciso preservar", continua Foucault, "é a existência, fora dos grandes partidos políticos e fora do programa normal do ordinário, de uma certa forma de inovação política, de criação política e de experimentação política".[462] Um efeito de inovação que surge à margem dos esquemas da representação política e da sua referência soberanista.

A coragem da verdade de que fala Foucault — a coragem de uma franqueza de palavra e de ação que ele próprio sustentou, em várias ocasiões públicas, ao lado de presos políticos, detentos comuns, migrantes, em defesa da dissidência no bloco do Leste ou das revoltas anticoloniais na Tunísia e no Irã[463] — é uma fun-

[461] FOUCAULT, M. Sex, Power and the Politics of Identity, cit., p. 1.565.

[462] FOUCAULT, M. Sex, Power and the Politics of Identity, cit., p. 1565.

[463] Nesta direção, no marco de uma reconstrução mais ampla do percurso intelectual de Foucault: CARNEVALE, F. La parrhesia, le courage de la revolte et de

ção que se acende como forma específica de uma *política dos governados*. Uma política capaz de interpelar e pressionar o poder numa fase em que este, inclusive para responder à sobrecarga de reivindicações que o atinge, descentraliza, dessoberaniza, flexibiliza e *governamentaliza* os seus próprios dispositivos.[464] Na época do anonimato das multidões, a *parrhēsia* não é mais prerrogativa exclusiva do filósofo: o que Foucault destaca é a *parrhēsia do governado*,[465] a interpelação que este dirige ao poder pelo simples fato de estar implicado na relação de governo.

Não cabe ao governado dizer o que deve ser feito. A objeção segundo a qual, colocado por um instante na posição de quem governa, o governado deveria assumir a responsabilidade de oferecer soluções, é um expediente retórico que apaga, de uma só vez, a assimetria de informação e de posição que caracteriza a comunicação política na era da *governance* pós-democrática.[466] É também por meio dessa objeção que a inventividade e a potência criadora do governado são confinadas ao cânone de um realismo político — este, sim, verdadeiramente cínico.[467]

---

la vérité. In: MICHON, P.; HAUSER, Ph.; CARNEVALE, F.; BROSSAT, A. *Foucault dans tous sés éclats*. Paris: L'Harmattan, 2005, p. 141-210. Veja-se também: YOUNG, R. Foucault in Tunisia. In: *Postcolonialism*: An Historical Introduction. Oxford: Blackwell, 2001, p. 395-410; ARTIÈRES, Ph.; POTTE-BONNEVILLE, M. *D'après Foucault*, cit., p. 189 ss.; VEYNE, P. Foucault: sa pensée, sa personne. Paris: Albin Michel, 2008, p. 185 ss. [VEYNE, P. Foucault: o pensamento, a pessoa. Tradução de Luís Lima. Lisboa: Edições Texto e Grafia, 2009].

464 Neste sentido, pode ser lido com certa utilidade o informe sobre a crise da governabilidade das democracias: CROZIER, M.; HUNTINGTON, S. P.; WATANUKI, J. *The Crisis of Democracy*: Report on the Governability of Democracies to the Trilateral Commission. New York: New York University Press, 1975.

465 FOUCAULT, M. Sex, Power and the Politics of Identity, cit., p. 1.553.

466 Cf. CROUCH, C. *Post-democracy*. London: Polity Press, 2004.

467 Cf. SLOTERDIJK, P. Kritik der zynischen Vernunft. Frankfurt a. M.: Suhrkamp, 1983. [SLOTERDIJK, P. Crítica da razão cínica. Tradução de Marco Casanova et

O que o governado, enquanto tal, deve fazer — admitindo que se possa falar em dever no terreno da criatividade que produz diretamente as suas próprias instituições — é assumir, subjetivamente, o direito de colocar aquelas *questões de verdade*, como Foucault as chama, que desestabilizam a rotina burocrática e interrompem os circuitos de operatividade do governo. Trata-se de uma tarefa ligada à ética do trabalho intelectual — ao seu necessário posicionamento do lado da liberdade, e não do poder; àquela postura que preserva a filosofia da torção ideológica que a converteria em teoria política, em saber para o príncipe, em vazia legislação ideal — e que incumbe a qualquer um que se coloque diante do governo, obrigando-o a justificar o sentido de sua ação e as estratégias que persegue, e, ao mesmo tempo, a reconhecê-lo como sujeito que lhe resiste.

Não se trata, penso, de mera posição política, nem de uma retórica de engajamento prolongada para além de seu tempo útil. O que está em jogo é o próprio destino da filosofia. Releiamos, então, Paul Veyne: para que serve a filosofia? Para tornar convincente aquilo de que os homens não estão inteiramente persuadidos? Para fornecer indicações a quem governa, de modo a tornar mais eficientes as suas decisões e, do lado dos governados, mais aceitáveis? A despeito do que ensina o irenismo filosófico, o espetáculo do passado não revela outra razão na história que não seja o conflito em torno daquilo que, nem verdadeiro nem falso, se impõe como uma verdade a ser dita. A de Foucault é, efetivamente, uma ética — uma filosofia sem final feliz.[468]

O conflito que inaugura a era neoliberal da política é o que opõe governantes e governados. Essa constatação lúcida não corresponde a uma adesão liberal do último Foucault, mas é a forma de permanecer, com um ponto de vista situado, no campo estratégico descrito pela elipse que articula as práticas de liberdade e os

---

al. São Paulo: Estação Liberdade, 2012]. O trabalho de Sloterdijk provavelmente influenciou a análise contemporânea de Foucault sobre o cinismo antigo.

468 VEYNE, P. Le dernier Foucault et sa morale. *Critique*, n. 471-472, p. 933-941, août-sept. 1986.

dispositivos de captura que as enfrentam no tempo pós-soberano e pós-representativo da *governamentalidade*. Escolher de que lado estar é ter a coragem da verdade; é colocar-se no *devir* de uma transformação que atinge, antes de mais nada, o sujeito e a sua capacidade de cuidar do próprio desejo — e só depois o poder e seus dispositivos. Nessas condições, parece-me difícil sustentar, como o próprio Foucault chegou a afirmar em certo momento, que o seu estudo da Antiguidade tenha sido um erro.[469]

[469] FOUCAULT, M. Le retour de la morale, cit., p. 1.515.

6. Michel Foucault e as "confissões da carne"

No decorrer das últimas décadas, o trabalho de investigação filológica sobre Foucault cresceu exponencialmente. Não apenas a publicação dos cursos realizados no Collège de France, desde o início dos anos 1970, e a reunião dos *Dits et écrits*, mas também a exploração progressiva e intensa dos arquivos depositados na Bibliothèque Nationale de France, juntamente com a transcrição de palestras e seminários inéditos, tornaram possível um conhecimento cada vez mais aprofundado da pesquisa foucaultiana. Uma nova geração de estudiosos dedicou-se quase exclusivamente à reconstrução e ao polimento do perfil de Foucault, que se destaca como uma das figuras mais importantes da filosofia contemporânea.

Não pretendo aqui discutir a legitimidade — indiscutível — ou o sentido dessa operação, nem se tamanha insistência em documentar e mapear o desenvolvimento do pensamento de Foucault não corre, no fundo, o risco de desativar a natureza política intrínseca de uma prática filosófica entendida como intervenção, quebra de evidências e problematização das estruturas do discurso, para, em vez disso, restituir dela uma imagem meramente funcional à sua inócua transcrição nos registros da história da filosofia. Vou me limitar a discutir o seguinte impasse: a não publicação do volume da *História da sexualidade* dedicado a *As confissões da carne*, provavelmente escrito entre 1981 e 1982, como demonstra, entre outras coisas, a publicação de "O combate da castidade" — apresentado por Foucault, na revista *Communications*, como um "extrato" do livro em preparação — e que, já há algum tempo disponível, documenta uma profunda reestruturação do projeto original da *História da sexualidade*.[470]

I.

Quando, em 1976, foi publicado o primeiro volume, a hipótese metodológica de Foucault foi esclarecida da seguinte forma: entre os séculos XVII e XVIII, três grandes códigos intervieram para regulamentar as práticas sexuais — o direito canônico, a pastoral cristã e o direito civil. Todos esses códigos, cuja tendência era se basearem na defesa e na valorização do casamento, mesmo quando captados em sua proliferação centrífuga e lateral — isto é, quando aplicados para peneirar, classificar e censurar comportamentos e práticas individuais transgressivas ou não imediatamente reconduzíveis à forma conjugal da sexualidade —, faziam uso de um dispositivo: o da confissão. Este tinha o duplo propósito de culpabilizar o comportamento individual e "colocar o desejo em discurso". A partir do século XVIII, toda uma "fermentação discursiva" acelera-se e multiplica-se: o sexo — ou melhor, o discurso sobre o sexo — entra de maneira incisiva no campo de exercício do poder. Isso implica um "incitamento institucional a falar" que, do lado do sujeito, obriga o indivíduo a um zumbido ininterrupto e a uma constante verbalização de seus pensamentos mais íntimos e escondidos. O que Foucault registra é uma passagem crucial para a história ocidental, expressa na mudança semântica do termo *aveu*. Se, em sua formulação original, *aveu* era um termo característico da estrutura política e social pré-moderna — nesse sentido, *aveu* significava "homenagem" e exprimia o vínculo de

[470] FOUCAULT, M. *Le combat de la chasteté*. [1982]. In: DEII, p. 1.114-1.127. [FOUCAULT, M. O combate da castidade. In: *Ética, sexualidade, política*: Ditos e Escritos V, p. 104-118]; FOUCAULT, M. *Histoire de la sexualité 4*: Les aveux de la chair. Paris: Gallimard, 2018. [FOUCAULT, M. *História da Sexualidade 4*: as confissões da carne. Edição estabelecida por Frédéric Gros. Tradução de Heliana de Barros Conde Rodrigues e Vera Portocarrero. São Paulo: Paz e Terra, 2020].

inclusão feudal, a ponto de *homme sans aveu* ser sinônimo de vagabundo —, o *aveu* que, na Europa pós-tridentina,[471] se torna prática obrigatória para o fiel, acaba por operar, no cruzamento entre cultura religiosa e instituições jurídicas, como uma das principais matrizes de individuação da moderna fábrica do sujeito. O indiví duo é habilitado pelo discurso da verdade que deve produzir sobre si mesmo. É a insistência nesse procedimento que Foucault identifica como máquina dispersiva da proliferação dos poderes nos séculos seguintes: nas esferas judicial, médica, pedagógica, religiosa — mas também nas relações familiares, privadas ou amorosas —, confessa-se e se é obrigado a confessar, e o homem ocidental transforma-se numa autêntica *bête d'aveu* [besta de confissão].[472]

Especificando o significado de sua própria pesquisa, numa entrevista alguns anos depois, Foucault destaca uma série de outras questões. Não apenas seu ponto de vista contorna as linhas básicas do debate sobre a repressão da sexualidade — "*j'ai essayé de montrer que ce serait sans doute plus intéressant et plus riche faire l'histoire de la sexualité à partir de ce qui l'a motivée et incitée plutôt qu'à partir de ce qui l'a interdite*" [Tentei mostrar que seria sem dúvida mais interessante e mais rico fazer a história da sexualidade a partir do que a motivou e impulsionou do que a partir daquilo que a proibiu], diz ele. Mas também considera, para colocá-las genealogicamente em relevo, as técnicas de que o poder se dota — poder cujas funções produtivas e não repressivas, multilaterais e não unitárias, centrífugas e não centrípetas, Foucault já valorizava desde anos anteriores —, a fim de encontrar seu ponto de inserção na vida dos sujeitos em relação a aspectos que não estão entre aqueles imediatamente codificados como objetivos disciplinares ou normativos. O cristianismo não pronuncia um interdito radical sobre a sexualidade, mas reorganiza elementos da morali-

[471] Referência ao Concílio de Trento, realizado de 1545 a 1563, convocado pelo Papa Paulo III, para assegurar a unidade da fé e da disciplina eclesiástica. [N.T.]

[472] FOUCAULT, M. *Histoire de la sexualité 1*: La volonté de savoir. Paris: Gallimard, 1976, p. 78-80.

dade sexual estoica e romana pré-existente por meio de técnicas pastorais de governo, que se generalizam à medida que se difunde como religião imperial. Essa nova tecnologia de poder, o pastorado — um poder que, ao contrário do código régio da soberania, não tem como finalidade a guerra ou a conquista, pois não se fixa na defesa ou expansão de um território; que se inclina benevolentemente sobre o rebanho e sobre cada um de seus componentes singulares para prover sua salvação; que assume um valor sacrificial e oblativo na relação com este último, mas que, justamente por isso, o fixa a uma dependência indeterminada —, é o que marca a ruptura com o mundo antigo. Nesse contexto, a "carne" assume o papel de conceito-chave para alcançar o equilíbrio entre as formas de ascetismo radical que caracterizam parte da experiência cristã em suas origens e a sociedade dos leigos, com suas exigências e necessidades, organizada em torno da instituição matrimonial e da necessidade de reprodução.[473]

O projeto da *História da sexualidade* previa a publicação de seis volumes. Além de *La volonté de savoir* [A vontade de saber], cuja contracapa anunciava os títulos seguintes — *La chair et les corps* [A carne e os corpos]; *La croisade des enfants* [A cruzada das crianças]; *La femme, la mère, l'hystérique* [A mulher, a mãe, a histérica]; *Les pervers* [Os perversos]; *Population et races* [População e raças] —, em 1984, pouco antes da morte de Foucault, foram publicados o segundo volume, *L'usage des plaisirs* [O uso dos prazeres], e o terceiro, *Le souci de soi* [O cuidado de si]. *L'usage des plaisirs* é introduzido por um capítulo intitulado "Modificações", que expõe como o projeto inicial foi progressivamente transformado. O que distingue os volumes efetivamente publicados é, mesmo no quadro de uma história da sexualidade, o surgimento de um campo de investigação em parte irredutível ao esquema original — o esquema que refletia a transição foucaultiana do eixo saber/poder

473 FOUCAULT, M. *Sexualité et pouvoir*. [1978]. In: DEII, p. 552-570, p. 560 ss. [FOUCAULT, M. Sexualidade e poder. In: *Ética, sexualidade, política*: Ditos e Escritos V, p. 56-76].

para a genealogia dos biopoderes — e, em alguns aspectos, novo, cujo centro de gravidade, deslocando-se dos saberes e poderes, fixa-se no sujeito, compreendido sob a figura do "*homme de désir*" [homem de desejo].[474]

É bastante evidente que os volumes publicados em 1984 diferem consideravelmente da estrutura prevista no primeiro. *La volonté de savoir* ainda registra o uso, ao menos em parte híbrido, da confissão entre práticas judiciais e psiquiátrico-disciplinares que levaram Foucault a tratá-la nos cursos realizados no Collège de France entre 1974 e 1975. No ciclo de aulas dedicadas a *Les anormaux* [Os anormais], e em particular na de 19 de fevereiro de 1975, a análise dos manuais de confissão da pastoral pós-tridentina ainda se concentrava na "anatomia da volúpia" que, em termos penitenciais, incidia sobre o corpo e seus prazeres, bem como no *code du charnel* [código do carnal] implícito no inquérito penitencial sobre o sexto mandamento.[475] Na série de conferências que Foucault deu no Rio de Janeiro, em maio de 1973, o modelo da *inquisitio* religiosa é estudado como ponto de ruptura em relação às formas do direito germânico e como modelo de recodificação do direito enquanto técnica de administração do território e modalidade de gestão das almas: portanto, como uma "determinada maneira de exercer o poder".[476] Na altura de *La volonté de savoir*,

474 FOUCAULT, M. *Histoire de la sexualité 2*: L'usage des plaisirs. Paris: Gallimard, 1984, p. 10. [FOUCAULT, M. *História da Sexualidade 2*: o uso dos prazeres. Tradução de Maria Thereza da Costa Albuquerque. Revisão Técnica de José Augusto Guilhon Albuquerque. 8. ed. Rio de Janeiro: Graal, 1984].

475 FOUCAULT, M. Les anormaux: Cours au Collège de France 1974-1975. Paris: Gallimard/Seuil, 1999, p. 173. [FOUCAULT, M. Os Anormais: Curso no Collège de France (1974-1975). Edição estabelecida sob a direção de François Ewald e Alessandro Fontana, por Valério Marchetti e Antonella Salomoni. Tradução de Eduardo Brandão. São Paulo: Martins Fontes, 2001, p. 236].

476 FOUCAULT, M. *La verità e le forme giuridiche*. Edição de Lucio d'Alessandro. Napoli: La città del sole, 1994, p. 88-89. [FOUCAULT, M. *A verdade e as formas jurídicas*. 3. ed. 1. reimpressão. Tradução de Roberto Machado e Eduardo Morais.

a pesquisa foucaultiana, mesmo quando examina a verdade que o sujeito deve produzir sobre si mesmo, ainda se mantém predominantemente centrada no eixo saber/poder. Sua conclusão, entretanto — que, pela primeira vez, nomeia a regulação da população como efeito de biopolíticas que excedem o quadro da anatomia política do corpo sobre a qual se apoiava o mecanismo de individuação das sociedades disciplinares — inaugura a virada rumo à analítica da governamentalidade e à problemática do biopoder. Esse assujeitamento consistia na captura do indivíduo por sua própria individualidade, por meio de um meticuloso *dressage* [adestramento] que decompõe e reorganiza o vivente em um esqueleto mecânico capaz de ser coordenado ao movimento de um corpo coletivo, fazendo da subjetividade — da alma à qual o adestramento se dirige — o ponto de ativação e reprodução das tecnologias políticas da corporeidade ("*l'âme, prison du corps*" [a alma, prisão do corpo], escrevera Foucault um pouco antes, invertendo de forma incendiária a recorrente metáfora neoplatônica).[477] Essa mudança colocaria, nos anos seguintes, a questão da subjetividade como algo que excede o plexo saber/poder, até então no centro das investigações foucaultianas.[478]

A entrada do sujeito como terceiro componente do triângulo arqueológico-genealógico — dos saberes aos poderes; dos poderes ao sujeito, entendido este não apenas como produto dos mecanismos de assujeitamento, mas como mobilizado ativamente em práticas autônomas de subjetivação, irredutíveis à configuração pela qual a subjetividade é formalizada nos saberes que a investigam ou nos poderes que a disciplinam — impõe uma reviravolta de-

Supervisão final do texto de Léa Porto de Abreu Novaes et al. Rio de Janeiro: NAU Editora, 2003].

477 FOUCAULT, M. *Surveiller et punir*: Naissance de la prison. Paris: Gallimard, 1975, p. 34.

478 FOUCAULT, M. *Histoire de la sexualité 1*: La volonté de savoir, cit., p. 188.

cisiva na pesquisa de Foucault.[479] A partir daí, os dois eixos sobre os quais Foucault vinha conduzindo sua pesquisa — o da história dos biopoderes, progressivamente deslocado para a genealogia neoliberal do *homo oeconomicus* como versão específica e adaptada ao dispositivo pastoral do *homme de désir* [homem de desejo], e o da história da sexualidade, que deixa emergir o problema da veridicção do sujeito no contexto da direção de consciência[480] — se separam para depois voltarem a se cruzar, tanto no âmbito dos cursos que Foucault dá no Collège de France entre 1978-79 e 1984, quanto no projeto de redação, profundamente reformulado, dos volumes que sucedem — ou que deveriam ter sucedido — *La volonté de savoir*. Biopoder e governamentalidade são formas de exercício do poder distintas das soberanas ou disciplinares. O que se torna definitivamente evidente através delas é que o poder — exatamente como a relação de capital, vale notar[481] — é, para

[479] Sobre a ambivalência da noção de sujeito — *subiectus*: produto do assujeitamento ao poder; *subiectum* e protagonista de uma dinâmica de subjetivação —, ver BALIBAR, É. Réponse à la question de Jean-Luc Nancy: «Qui vient après le sujet?». In: *Citoyen Sujet et autres essais d'anthropologie philosophique*. Paris: PUF, 2011, p. 35-84. Ver também: REVEL, J. Between Politics and Ethics: The Question of Subjectivation. In: *Foucault and the Making of Subjects*. London: Rowman & Littlefield, 2016, p. 163-173. Sobre a radical passagem epistemológica implicada na transição do saber, ao poder e ao sujeito (ou ao conceito das práticas), cf. PALTRINIERI, L. *L'expérience du concept*: Michel Foucault entre épistémologie et histoire. Paris: Publications de la Sorbonne, 2012.

[480] Cf. SENELLART, M. Paradossi e attualità della soggettivazione cristiana. In: *Dopo Foucault*: Genealogie del postmoderno. Milano: Mimesis, 2007, p. 33-51. Sobre o nexo entre *homo oeconomicus* e « *homme de désir* », HARCOURT, B. Foucault's Keystone: Confession of the Flesh: How the Fourth and Final Volume of The History of Sexuality Completes Foucault's Critique of Modern Western Societies. *Foucault Studies*, n. 29, p. 48-70, 2021.

[481] Sobre a relação entre Foucault e Marx: LEONELLI, R. M. (org.). *Foucault-Marx*: paralleli e paradossi. Roma: Bulzoni, 2010, objeto de discussão entre estudiosos. Ver, ainda: CHIGNOLA, S. *Foucault oltre Foucault*: Una politica della filosofia. Roma: DeriveApprodi, 2014; LAVAL, C.; PALTRINIERI, L.; TAYLAN, F. *Foucault-*

Foucault, uma relação; e que, nessa relação, é quem resiste, quem escapa, que comanda o trabalho de reestruturação e concepção de novas tecnologias ou novas formas de exercício de poder, destinadas a organizar, em um novo arranjo, aquilo que as excede ou contorna. Falar sobre como o poder incide sobre a vida (biopoder) e como procura governar seus processos (governamentalidade)[482] significa, para Foucault, ter acesso não apenas à forma específica de exercício do poder no liberalismo e no neoliberalismo — que reconhecem na liberdade dos sujeitos, em sua potência de iniciativa, o risco de práticas, comportamentos ou usos que não podem ser neutralizados nem previamente planejados e codificados —, mas também inaugurar uma investigação sobre a subjetividade e seu governo. Isso obriga a adotar metodologias de pesquisa distintas e a fazer recuar, mesmo quando se trate das práticas de inquérito ou de inquisição (o *aveu*), tanto o modelo punitivo e a análise estratégica predominantes até 1976[483], quanto a própria arqueologia dos saberes.

-*Marx*: lectures, usages, confrontations. Paris: La Découverte, 2015; NEGRI, A. *Marx and Foucault*: Essays volume I. Cambridge: Polity Press, 2017. [NEGRI, A. *Quando e como eu li Foucault*. Organização, tradução, apresentação e notas de Mario A. Marino. São Paulo: n-1 edições, 2016; NEGRI, A. *Marx y Foucault*: Ensayos 1. Traducción de Fernando Venturi. Buenos Aires: Cactus, 2019].

482 FOUCAULT, M. *La "gouvernamentalité"*. [1978]. In: DEII, p. 635-657. [FOUCAULT, M. A "governamentalidade". In: *Estratégia, poder-saber*: Ditos e Escritos IV, p. 281-305].

483 FOUCAULT, M. *Il faut défendre la société*: Cours au Collège de France, 1975-76 [=FDS]. Édition établie sous la direction de F. Ewald et A. Fontana par M. Bertani et A. Fontana. Paris: Gallimard/Seuil, 1997. [FOUCAULT, M. *Em defesa da sociedade*: curso no Collège de France (1975-1976). Edição estabelecida sob a direção de F. Ewald e A. Fontana, por Mauro Bertani e A. Fontana. Tradução de Maria Ermantina Galvão. São Paulo: Martins Fontes, 1999].

II.

A transição foucaultiana encontra, no curso *Du gouvernement des vivants* (1979-1980) [Do governo dos vivos][484], um ponto de articulação particularmente relevante. Aqui, Foucault reivindica vários rearranjos e reorganizações de seu projeto de pesquisa. O primeiro, no contexto de mais uma leitura da tragédia de Sófocles, destaca-se pela valorização da expressão *techne technes*. Nesta ocasião — em que não está diretamente, ou não apenas, em questão o drama da ação judicial[485] —, Édipo serve, a partir de uma observação aparentemente incidental que se repete em seu discurso dirigido a Tirésias (v. 380), para evidenciar como a técnica de todas as técnicas, a do exercício do poder, deve ser interpretada como uma forma muito particular de exercício de uma "arte" que, embora dependa de um saber, deve utilizá-lo em termos móveis e precisos, não previamente garantidos ou codificáveis, e constantemente expostos a um risco de excesso ou de perda.[486] A arte do governo — e não da detenção do poder —, enquanto *techne technes*, introduz com

[484] FOUCAULT, M. *Du gouvernement des vivants*: Cours au Collège de France, 1979-1980. Édition établie sous la direction de F. Ewald et A. Fontana par M. Senellart. Paris: EHESS/Gallimard/Seuil, 2012. [FOUCAULT, M. *Do governo dos vivos*: curso no Collège de France (1979-1980). Edição estabelecida sob a direção de François Ewald e Alessandro Fontana, por Michel Senellart. Tradução de Eduardo Brandão. São Paulo: WMF Martins Fontes, 2014].

[485] Para a leitura foucaultiana de Édipo Rei em termos jurídicos: FOUCAULT, M. *La verità e le forme giuridiche*, cit., p. 47 e ss.; FOUCAULT, M. *Mal faire, dire vrai*: Fonction de l'aveu en justice. Cours de Louvain, 1981. Chicago/Louvain: University of Chicago Press/Presses Universitaires de Louvain, 2012, p. 47 e ss. [FOUCAULT, M. *Malfazer, dizer verdadeiro*: função da confissão em juízo. Curso de Louvain, 1981. Edição estabelecida por Fabienne Brion e Bernard E. Harcourt. Tradução de Ivone C. Benedetti. São Paulo: WMF Martins Fontes, 2018]. Sobre a leitura foucaultiana de Édipo: BRINDISI, G. V. *Potere e giudizio*: giurisdizione e veridizione nella genealogia di Michel Foucault. Napoli: Editoriale Scientifica, 2010, p. 159 e ss.

[486] FOUCAULT, M. *Du gouvernement des vivants*, cit., p. 50-51.

força a *aleturgia* do sujeito nessa forma particular de relação dual que o governo implica. Isso acarreta uma reestruturação radical do discurso crítico. Para Foucault, o poder não deve ser criticado — tal postura é totalmente inútil, especialmente do ponto de vista político — a partir do vínculo formal entre o sujeito e a verdade. Não há falsidade a ser revelada no exercício do poder, nem uma realidade mais verdadeira que possa ser oposta à realidade mascarada pela ideologia. O problema que Foucault começa a colocar, especialmente na aula de 30 de janeiro de 1980, inverte a abordagem frankfurtiana ou althusseriana. A relação entre sujeito e verdade não é o pressuposto indiscutível da postura crítica, e o código binário pelo qual se formulou modernamente o problema (verdadeiro/falso, ideologia/ciência, racional/irracional) deve — e pode — ser desmobilizado. A questão não se coloca de forma produtiva no plano da diferença entre a realidade e sua representação, entre um sujeito que tenha acesso ao verdadeiro e um objeto de crítica, em sua essência e suas práticas, falso ou mentiroso; tampouco no plano da relação entre saber e poder. O que se refere ao governo — ou, de outra forma, à direção da consciência — é uma relação elíptica e constitutivamente bipolar, que não se expressa numa linha vertical e unidirecional. Por isso mesmo, o poder não pode ser simplesmente derrubado. O governo é uma forma de vínculo, e esse vínculo pode ser desfeito e rearticulado na pura superfície deslizante da relação entre governante e governado. É, então, nesse plano que inverte a abordagem tradicional do problema da crítica, em que a relação entre sujeito e verdade deve ser colocada: "é o movimento para se desprender do poder [...] que deve servir de revelador para as transformações do sujeito e para a relação que ele mantém com a verdade". Poder este que é frágil, que se expressa na contingência da relação; que não é legitimado por qualquer contrato social ou pela forma que modernamente o torna legítimo e necessário, afastando-o do confronto com o súdito.[487] A relação do sujeito com a

[487] FOUCAULT, M. *Du gouvernement des vivants*, cit., p. 225: "Na cessão jurídica da soberania, você cessa de querer, transfere toda ou parte da sua vontade para outro

verdade, portanto, longe de ser garantida, deve ser continuamente reconquistada no vínculo com — e, em qualquer caso, diante de — um poder que, por sua vez, está igualmente vinculado à mesma relação: aquela dentro da qual a verdade se expressa e, progressivamente, obtém sua própria definição.

Em nível metodológico, isso implica pelo menos outras duas passagens importantes dentro desse ponto central da investigação foucaultiana. A analítica do poder afasta-se do tema da fundação — posição que Foucault já defendia com clareza alguns anos antes: o poder, entendido como pura lógica de circulação, deve ser estudado nos jogos que permite jogar, assim como o segundo Wittgenstein estuda os jogos de linguagem.[488] Além disso, assume o poder como desnecessário e neutro em relação a qualquer

---

que, com isso, toma o lugar da sua vontade, é, de certo modo, seu lugar-tenente ou seu representante [...]. Na direção, não há contrato social, porque não há cessão de uma parte de vontade a outro. Há o seguinte: há alguém que guia a minha vontade, que quer que a minha vontade queira isto ou aquilo. Eu não cedo minha vontade, continuo a querer, continuo a querer até o fim, mas a querer ponto por ponto e a cada instante o que o outro quer que eu queira. As duas vontades permanecem continuamente presentes". Trata-se de um excerto decisivo para toda referência que Foucault faz ao pensamento da Antiguidade: em questão está a definitiva dessoberanização do dispositivo de poder. Em relação à oposição diametral entre soberania e governo: DUSO, G. *La logica del potere*: storia concettuale come filosofia politica. Roma-Bari: Laterza, 1999. [DUSO, G. *O poder*: história da filosofia política moderna. Tradução de Andrea Ciacchi et al. Rio de Janeiro: Vozes, 2005].

488 FOUCAULT, M. *La philosophie analytique de la politique*. [1978]. In: DEII, p. 534-551. [FOUCAULT, M. A filosofia analítica da política. In: *Ética, sexualidade, política*: Ditos e Escritos V. Organização e seleção de textos de Manoel Barros da Motta. Tradução de Elisa Monteiro et al. 2. ed. Rio de Janeiro: Forense Universitária, 2006, p. 37-55]. A relação de Foucault com a filosofia analítica da linguagem é central desde o final da década de 1960, como demonstra a recente publicação da inédita introdução preparada (mas não publicada) da *Archéologie du savoir*: FOUCAULT, M. Introduction à l'Archéologie du savoir. *Les Études philosophiques*, n. 3, p. 327-352, 2015. Cf. também: *Foucault, Wittgenstein: des possibles rencontres*, sous la direction de Frédéric Gros & Arnold Davidson, Paris, Kimé, 2011.

conotação axiológica, não vincula o saber ao poder e modula, ao longo de uma diretriz móvel que atravessa o sujeito, a articulação sempre provisória e reversível da relação entre verdade e governo. Para designar, em termos radicais, a posição metodológica na qual agora se assenta a análise dos *jeux de véridiction* [jogos de veridicção], Foucault cunha, neste curso, o termo *anarqueologia*.[489]

Uma terceira inovação — após a relativa à arte de governar como *techne technes* e à que impõe a análise anarqueológica dos jogos de veridicção para além da relação saber/poder — refere-se à introdução do que Foucault chama de "regimes de verdade". Um regime de verdade é aquele que obriga os indivíduos a um certo número de atos de verdade, determinando sua forma e orientando a produção de seus efeitos: "*un régime de vérité*" — *regimen*, em latim, significa "governo" — "*c'est ce qui détermine les obligations des individus quant aux procédures de manifestation du vrai*" [aquilo que determina as obrigações dos indivíduos quanto aos procedimentos de manifestação do verdadeiro].[490] No ano seguinte, nas conferências de Leuven, Foucault explicitará a forma particular de obrigação para com a verdade implicada na *auto-alèthurgie* [autoaleturgia] do sujeito no contexto do governo. Um regime de veridicção exprime um vínculo, e aquele da confissão — o *aveu*, entendido imediatamente como *jeux de langage* [jogo de linguagem] — é uma forma particular de relação na qual o exercício de um poder se encontra, literalmente, envolvido no — e não exercendo-se sobre o — discurso que o sujeito é levado a produzir sobre si.[491] O regime de veridicção, que inclui a ativação do sujeito como variável fundamental no plano vetorial do exercício do saber/poder, funciona, assim, como um arriscado *double bind*: para governar, é necessário vincular-se à

[489] FOUCAULT, M. *Du gouvernement des vivants*, cit., p. 77.

[490] FOUCAULT, M. *Du gouvernement des vivants*, cit., p. 91.

[491] FOUCAULT, M. *Mal faire, dire vrai*, cit., p. 7: "Não quero dizer que o indivíduo moderno deixe de estar ligado à vontade do outro que o comanda, mas este laço se entrelaça cada vez mais e se vincula com o discurso da verdade que o sujeito se vê na necessidade de agarrar-se a si mesmo".

veridicção do sujeito; enquanto o sujeito, para aceder à sua própria verdade — uma verdade que não está oculta no fundo, mas que se produz apenas na aleturgia do discurso, na capacidade de fala do sujeito, no seu *Wahrsagen* (para usar o termo de Nietzsche no qual Foucault fundamenta seu próprio cunho conceitual) —, aceita voluntariamente vincular-se ao poder que é exercido sobre ele.[492] Outra questão metodológica relevante emerge aqui: uma relação governada, como a da direção de consciência, não tem, por assim dizer, um "fora" e não se caracteriza pela imposição externa de um poder. Ela leva às últimas consequências a virada contrapositivista de Foucault: a verdade não se mede pela realidade — "*jamais le réel ne rendra compte de ce réel particulier, singulier et improbable qu'est le jeu de vérité dans le réel*" [jamais o real dará conta desse real particular, singular e improvável que é o jogo da verdade no real][493] —, e uma história política das veridicções só pode ser traçada no plano específico de emergência de *jeux de vérité* [jogos de verdade] singulares e de suas condições determinadas de produção.[494]

492 FOUCAULT, M. *Mal faire, dire vrai*, cit., p. 8.

493 FOUCAULT, M. *Subjectivité et vérité*: Cours au Collège de France 1980-1981. Paris: EHESS/Gallimard/Seuil, 2014, p. 225, destaque do autor. [FOUCAULT, M. *Subjetividade e verdade*: curso no Collège de France (1980-1981). Edição estabelecida por Frédéric Gros sob a direção de François Ewald e Alessandro Fontana. Tradução de Rosemary Costhek Abílio. São Paulo: Editora WMF Martins Fontes, 2016].

494 FOUCAULT, M. *Mal faire, dire vrai*, p. 8 9; FOUCAULT, M. *Subjectivité et vérité*, cit., p. 224-225.

III.

É com base nessa série de passagens no plano metodológico e nessas rearticulações gerais que Foucault reencontra os primeiros séculos cristãos. Deslocada de sua inclusão preliminar no quadro judiciário e da contaminação com as práticas inquisitoriais de tortura (tema recorrente entre *Vigiar e punir* e os cursos de 1974-75), a "confissão", no duplo sentido da prática sacramental (*aveu*) e da "profissão" de fé (*confession*) — caso extremo, como no caso do martírio, do laço performativo entre o indivíduo, a verdade e a palavra —, volta ao centro da investigação foucaultiana como forma governada de veridicção e de acesso a essa dimensão particular da subjetividade cristã — a forma ocidental de subjetividade, como Foucault reconhecerá — que, a partir dos primeiros séculos, e não a partir da era pós-tridentina, marca de forma decisiva a cultura a que pertencemos.[495] Foucault conduz aqui uma operação dupla. Primeiro, a dessoberanização definitiva do conceito de poder. Se a forma moderna de poder prevê a transferência do poder sobre si mesmo para outros, o complexo de estratégias de governo que orientam a direção da consciência — tanto no mundo antigo quanto no mundo cristão (neste ponto não há, aparentemente, ruptura entre os dois modelos[496]) — estabelece uma relação dual na qual o ato de dirigir, dada a constante coexistência das duas vontades em presença, não implica a abdicação da liberdade por parte do dirigido. Fundamental — e este é um elemento que Foucault retém de sua própria analítica da "governamentalidade" — é que aquela forma particular de vínculo, expressa na direção da consciência, mantenha no centro o "*jeu de l'entière liberté*", como

[495] Sobre a tensão entre "*aveu*" e "*confession*", cf. BÜTTGEN, Ph. Aveu et confession. In: BÜTTGEN, Ph.; CHEVALLIER, Ph.; COLOMBO, A.; SFORZINI, A. (ed.). *Foucault, les pères, le sexe*: autour des Aveux de la chair. Paris: Éditions de la Sorbonne, 2021, p. 85-107.

[496] É essa a tese de Michel Senellart: SENELLART, M. Paradossi e attualità della soggettivazione cristiana, cit.

ele chama: a repetição constante da livre aceitação como cifra da inclusão e da própria reprodução da relação de direção.[497]

A segunda operação decorre da diferenciação específica entre o modelo antigo e o modelo cristão. Se o modelo antigo de direção visava à autonomização do sujeito — sendo temporalmente delimitado; operando com uma matriz fundamentalmente jurídica, dado que seu objetivo é reinstalar como *sui iuris* aquele cujo processo de libertação é governado; e tendo, no exame de consciência estoico (por exemplo, em Sêneca), um foco principalmente na jurisdição dos atos e reações —, o modelo cristão estabelece como eixo a dependência indeterminada do indivíduo em relação ao seu diretor; adota uma racionalidade "pastoral" típica; e toma como matéria de exame pensamentos e *co-agitationes*, que devem ser irrevogavelmente proferidos, e não diretamente — ou não exclusivamente — ações ou reações.[498]

Dessa diferença, que assim se torna operacional, resultam pelo menos duas outras características específicas da direção da consciência cristã. A primeira é a descoberta da interioridade. A subjetividade grega — como mostram as leituras foucaultianas do procedimento homérico de adjudicação, bem como o próprio estatuto do discurso filosófico sofista, tal como ele o interpreta — está voltada inteiramente para fora de si; engajada na comparação e no jogo de forças de que depende seu reconhecimento e valor. Nas palavras de Jean-Pierre Vernant — que, junto com Marcel Detienne, é um dos autores de referência, ainda que nem sempre sejam citados, para a análise foucaultiana do mundo antigo —, não só o sujeito grego não é um indivíduo, como a multiplicidade dispersa que caracteriza o seu campo de experiência o torna algo radicalmente distinto de um núcleo inalterável de interioridade; ele

497 FOUCAULT, M. *Du gouvernement des vivants*, cit., p. 226.

498 FOUCAULT, M. *Du gouvernement des vivants*, cit., p. 302.

é, antes, um "sujeito extrovertido".[499] Serão os autores cristãos dos primeiros séculos — em especial no contexto da direção pastoral da consciência, ou com Agostinho, cuja presença em *Les aveux de la chair* é decisiva[500] — que tornarão possível aquela íntima consciência de si, da qual depende a formação da noção ocidental moderna de subjetividade. A segunda característica que distingue a direção cristã — diferente da grega por não visar à autonomização do sujeito e por sondar a interioridade — diz respeito à dissociação entre salvação e perfeição. "Salvar-se", para a hermenêutica antiga do sujeito, significa tornar-se capaz de exercer sobre si mesmo um domínio soberano; manter-se inalterável diante das desgraças da vida ou das tentações das paixões;[501] alcançar, como no texto de Epicteto, a imperturbabilidade perfeita de uma está-

[499] FOUCAULT, M. *Mal faire, dire vrai*, cit., Leçon du 22 avril 1981; FOUCAULT, M. Leçons sur la volonté de savoir: Cours au Collège de France, 1970-1971, suivi de Le savoir d'Œdipe. Édition établie sous la direction de F. Ewald et A. Fontana, par D. Defert. Paris: EHESS/Gallimard/Seuil, 2011. [FOUCAULT, M. *Aulas sobre a vontade de saber*: curso dado no Collège de France (1970-1971). Edição estabelecida sob a direção de F. Ewald e A. Fontana. Tradução de Rosemary Costhek Abílio. São Paulo: Martins Fontes, 2014]; VERNANT, J.-P. L'individu dans la cité. In: VERNANT, J.-P. *L'individu, la mort, l'amour*: soi-même et l'autre en Grèce ancienne. Paris: Gallimard, 1989, p. 224-225.

[500] AGOSTINO. *Confessioni*, XIII, 11-12. [AGOSTINHO, Santo. *Confissões*. Tradução de Lorenzo Mammì. São Paulo: Companhia das Letras, 2017]: "*Sum enim et scio et volo. Sum sciens et volens et scio esse me et velle et volo esse et scire*". Cf. HADOT, P. De Tertullien à Boèce: Le développement de la notion de personne dans les controverses théologiques. In: *Problèmes de la personne*. Berlin/Boston: De Gruyter/Mouton, 2019, p. 123-134.

[501] FOUCAULT, M. *L'Herméneutique du sujet*: Cours au Collège de France, 1981-1982. Édition établie sous la direction de F. Ewald et A. Fontana par Frédéric Gros. Paris: Gallimard/Seuil, 2001, p. 175-178 [=HS]. [FOUCAULT, M. *A hermenêutica do sujeito*: curso dado no Collège de France (1981-1982). Edição estabelecida sob a direção de François Ewald e Alessandro Fontana, por Frédéric Gros. Tradução de Márcio Alves da Fonseca e Salma Tannus Muchail. 3. ed. São Paulo: WMF Martins Fontes, 2010].

tua.[502] O grande problema do cristianismo, ao contrário, é edificar uma religião da salvação que não implique a perfeição daqueles que serão salvos. "O cristianismo", diz Foucault, "é uma religião da salvação na não-perfeição".[503] E é precisamente essa "dissociação" entre salvação e perfeição — junto com a descoberta da interioridade — que constitui a grandeza histórica do cristianismo, uma vez vencida a batalha contra as alternativas gnósticas das origens. Livre da influência weberiana sobre a centralidade da Reforma e da Contrarreforma para a gênese da modernidade, bem como dos aspectos mais propriamente confessionais da fé cristã,[504] Foucault pode então aceder — em anos nos quais seu interesse por fenômenos desse tipo está vivo — à dimensão espiritual específica do cristianismo dos primeiros séculos.

[502] EPITTETO. *Diatribe*, III, 9, 12. [EPICTETO. *As Diatribes de Epicteto*, Livro I. Série "Autores Gregos e Latinos". Tradução do grego, introdução e comentário Aldo Dinucci. Coimbra: Imprensa da Universidade de Coimbra, 2020].

[503] FOUCAULT, M. *Du gouvernement des vivants*, cit., p. 253. Sobre isto: CHEVALLIER, P. Michel Foucault et le «soi» chrétien. *Asterion*, n. 11, p. 1-12, 2013. Disponível em: http://journals.openedition.org/asterion/2403; ainda, sobretudo: CHEVALLIER, Ph. *Michel Foucault et le christianisme*. Lyon: ENS Éditions, 2011, indispensável para uma extensa reconstrução da leitura foucaultiana sobre o cristianismo.

[504] Cf. LYNCH, Th. Confessions of the Self: Foucault and Augustine. *Telos*, n. 146, p. 124-139, 2009. Sobre o "pontilismo" por meio do qual Foucault faz sua leitura dos Pais da Igreja: MATTEI, P. Le Tertullien de Foucault: entre publicatio sui, multiplication des œuvres et crainte de soi, quelle cohérence et quelle pertinence philologiques et historiques? In: BÜTTGEN, Ph.; CHEVALLIER, Ph.; COLOMBO, A.; SFORZINI, A. (ed.). *Foucault, les pères, le sexe*: autour des Aveux de la chair. Paris: Éditions de la Sorbonne, 2021, p. 111-122. Para uma leitura da relação entre Foucault e os Pais da Igreja: LOGUANÈRE, J. Foucault Patrologue. *Archives de sciences sociales des religions*, n. 63, p. 85-98, 2018.

IV.

É com esse complexo de questões que o quarto volume da *Histoire de la sexualité* se confronta. A análise do regime da *aphrodisia* pagã leva a um esquema que Foucault pode resumir em *L'usage des plaisirs*: a reflexão moral sobre os prazeres não se orienta nem para uma codificação dos atos (porque nada é, em si mesmo, proibido) nem para uma hermenêutica do sujeito (porque não há interioridade). Chega-se a uma "estética da existência" — expressão que expôs Foucault ao risco de mal-entendidos — que é puro exercício de liberdade e perfeito autodomínio. Não são os atos que estão em questão — não há práticas imorais, desejos inconfessáveis, ações inomináveis —, mas a atitude, por meio da qual se vive e se navega, ou seja, se governa, também aquela esfera particular e íntima da existência que diz respeito à sexualidade. É essa atitude, estilizada na prática livre de si e na modelagem das forças que atravessam o *eu*, que se oferece aos outros como prova do próprio valor, merecendo estima e memória.[505] Mesmo quando a economia dos prazeres se restringe ao âmbito matrimonial ou é orientada para a procriação, o que o mundo antigo valoriza é esse regime de exercício da temperança como uso da própria liberdade: trata-se de condutas, de regras de prudência, da transformação dos materiais da experiência tornada possível pela sabedoria. O caso cristão é distinto. Mesmo entre os autores mais helenizantes, como na obra de Clemente de Alexandria, observa-se não apenas uma desnaturalização da sexualidade, que altera a ética matrimonial — o modelo divino torna-se central, o logos que habita a natureza e a orienta, a forma como se vive a experiência, ainda que as regras para a vida conjugal e para a procriação permaneçam quase as mesmas —, mas também um deslocamento que não pode ser simplesmente explicado como efeito da austeridade ou do pessimismo antropológico ligado à ideia de pecado original. Penitência, virgindade,

[505] FOUCAULT, M. *Histoire de la sexualité 2*: L'usage des plaisirs, cit., p. 94.

ascese monástica não indicam um endurecimento de interdições ou de costumes — e pouco importa, para a analítica foucaultiana, que estejam implicadas as expectativas milenaristas ou o puro desejo de Deus na teologia moral dos Pais da Igreja[506] —, mas sim uma forma distinta de experiência de si. A carne torna-se o eixo em torno do qual gravita todo o complexo de relações em que se articulam anulação do mal e manifestação da verdade, autoconhecimento e transformação de si, capacidade de viver de outro modo o tempo — de suportar o tempo da espera (tema cristão da *patientia*) — e de predeterminar as condições da própria salvação, sempre precária e eventual. Não se trata mais de integrar o regime da *aphrodisia* no quadro geral de uma vida correta, mas de instaurar uma relação fundamental e imprescritível com a carnalidade da experiência; carnalidade de um desejo que assume precedência incontestável sobre quaisquer regras que se lhe imponham.[507]

O que muda drasticamente na experiência cristã da carne é a relação do sujeito com a verdade. Tanto para os gregos como para os Pais da Igreja, o sexo obstrui o acesso à verdade — e é isso que torna necessárias as práticas de purificação. Para o cristão, porém, cuja carne é habitada pelo desejo, essa prática implica a necessidade de estabelecer uma relação particular consigo mesmo, anterior ao ato de purificação e relativa à verdade do que se é. É necessário que o sujeito, integralmente envolvido na experiência da carne, seja capaz de decifrar a própria interioridade até o fim, revelando qualquer elemento que denuncie a presença secreta do desejo. Não são as ações, mas os pensamentos aquilo em que, para o cristão, o desejo se objetiva como "coisa" cognoscível. O sujeito deve

[506] Sobre o tema, preciosas observações em: LOGUANÈRE, J. Foucault Patrologue, cit. Sobre o desinteresse foucaultiano pelo plano doutrinal da teologia dos Pais: CHEVALLIER, Ph. Foucault et le sens spirituel: Un tournant parénétique? In: BÜTTGEN, Ph.; CHEVALLIER, Ph.; COLOMBO, A.; SFORZINI, A. (ed.). *Foucault, les pères, le sexe*: autour des Aveux de la chair. Paris: Éditions de la Sorbonne, 2021, p. 67-83.

[507] FOUCAULT, M. *Histoire de la sexualité 4*: Les aveux de la chair, cit., p. 50.

saber quem é e o que é. E somente depois desse conhecimento e da descoberta — na fibra mais íntima de sua própria carne — do vestígio da impureza de seu desejo, do qual se liberta pela purificação (ascetismo monástico, penitência pós-batismal, confissão), poderá ter acesso à verdade.[508]

A análise foucaultiana da confissão nos primeiros séculos cristãos — muito antes de ser institucionalizada como prática sacramental obrigatória para todos os fiéis — é conduzida nesse quadro. O batismo não salva por si só, pois o automatismo significaria submeter a onipotência e a graça de Deus. A confissão dos pecados, último ato do tempo catequético de preparação e prova, intervém como atestado e testemunho de si próprio — certificação da morte para o pecado e da ressurreição na fé, que instala o sujeito no "combate" ininterrupto da vida cristã — mais do que como uma efetiva recuperação anamnésica de erros e fragilidades singulares.[509] Trata-se de oferecer a verdade de si mesmo como cifra de uma forma de vida estruturada pela experiência da carne — imperfeição, tentação, falibilidade que precisam ser continuamente resgatadas e testemunhar a *metanoia* do sujeito, seu *facere veritatem* —, algo que retorna na *exomologesis* penitencial. Para a Igreja dos primeiros séculos, o pecado é mortal: não pode ser anulado ou resgatado. A penitência permite ao pecador mostrar-se tal como é e, assim, obter o estatuto que torna possível sua reconciliação com a comunidade.[510] Aqui, a *confessio* — termo com o qual a

[508] FOUCAULT, M. *Subjectivité et vérité*, cit., p. 159-161. Sobre a ruptura do *continuum* sociocultural da história da sexualidade e sobre a gênese do homem do desejo, Cf. LORENZINI, D. The Emergence of Desire: Notes Toward a Political History of the Will. *Critical Inquiry*, v. 45, p. 448-470, 2019.

[509] FOUCAULT, M. *Histoire de la sexualité 4*: Les aveux de la chair, cit., p. 76.

[510] FOUCAULT, M. *Sull'origine dell'ermeneutica del sé*: Due conferenze al Dartmouth College. Organização Materiali foucaultiani, postfazione di Arnold I. Davidson. Napoli: Cronopio, 2012, p. 68. [FOUCAULT, M. *El origen de la hermenéutica de sí*: conferencias de Dartmouth, 1980. Traducido por Horacio Pons. Buenos Aires: Siglo Veintiuno Editores, 2016].

exomologesis grega é traduzida em latim — é o ato de mostrar-se na verdade do próprio pecado: cinzas na cabeça, vestes de saco, aspecto macilento não servem para obter, como na súplica grega, a assunção, por transferência, da desgraça do culpado (como no caso de Édipo diante de Creonte), mas "*de montrer que l'on est pécheuri*" [para mostrar que se é pecador], sem a imputação jurídica de uma ação particular cometida.[511] É essa forma específica de visibilidade — à qual o sujeito se oferece livremente ao reconhecer a fragilidade ontológica de sua própria carne, a *publicatio sui* de que fala Tertuliano — que constitui o núcleo da experiência penitencial submetida ao olhar da comunidade.[512]

É, no entanto, na instituição monástica que a confissão — não uma manifestação de si, mas uma verbalização exaustiva da interioridade a um diretor da consciência — assume um papel decisivo. O exame de consciência é uma tecnologia que os estoicos utilizavam como uma espécie de chave administrativa: inspeção, gestão, uso de si. No monasticismo, sob a influência de dois elementos fundamentais da espiritualidade cristã — o princípio da obediência (*subditio*, *patientia* e *humilitas* como virtudes específicas do monge) e o princípio da contemplação (o monge deve voltar continuamente o seu pensamento para Deus, e não para o curso de suas ações) —, o exame de consciência passa a envolver uma esfera que antecede o campo da ação e a lidar com um material muito mais tenaz e indisponível do que aquele sobre o qual se concentra o filósofo. O monge deve revelar ao seu diretor de consciência a agitação infinitesimal de seus pensamentos, o fluxo, de outra forma imperscrutável, das *co-agitationes* que inquietam, perturbam e definem a permanente mobilidade da alma.[513] Não

[511] FOUCAULT, M. *Du gouvernement des vivants*, cit., p. 208.

[512] Sobre a etimologia do termo *exomologesis* como manifestação e reconhecimento de si: FOUCAULT, M. *Du gouvernement des vivants*, cit., p. 197.

[513] FOUCAULT, M. *Sull'origine dell'ermeneutica del sé*: Due conferenze al Dartmouth College. Organização Materiali foucaultiani, postfazione di Arnold I. Davidson. Napoli: Cronopio, 2012, p. 78. [FOUCAULT, M. *El origen de la hermenéu-*

está em questão a verdade ou falsidade das representações, nem a eventual adequação da ideia à realidade, mas a sua capacidade de resistir — ou não — à verbalização (*exagouresis*) pela qual são oferecidas em confissão.[514] Aos ouvidos do diretor de consciência, a verdade deve ser revelada sem reservas. E é essa veridicção do sujeito — que implica o sacrifício de si, a renúncia à própria existência real para reaparecer como simples enunciação inclinada à obediência — que desenha a trajetória específica da subjetivação pastoral cristã.

A propósito, cabe aqui destacar o papel decisivo de Agostinho. Não apenas pela descoberta da interioridade, mas pela definição do nexo entre o governo e a libido. A libido — experiência da carne na tumescência involuntária do pênis — descentraliza o problema em relação à alternativa pagã entre aceitação ou recusa da sexualidade, entre puro e impuro, e impõe uma presença irremovível e incômoda que é preciso governar. Se é verdade que o cristianismo afirma a possibilidade da virgindade feminina como contraconduta — subtração da mulher ao destino matrimonial, à procriação, à *patria potestas*; virgindade não como abstenção ou economia negativa do desejo, mas como "experiência complexa, positiva e agonística"[515] —, a verificação da ereção involuntária

---

tica de sí: conferencias de Dartmouth, 1980. Traducido por Horacio Pons. Buenos Aires: Siglo Veintiuno Editores, 2016]; FOUCAULT, M. *Histoire de la sexualité 4*: Les aveux de la chair, cit., p. 133-134.

[514] FOUCAULT, M. *Sull'origine dell'ermeneutica del sé*, cit., p. 87.

[515] M FOUCAULT, M. *Histoire de la sexualité 4*: Les aveux de la chair, cit., p. 185. Trata-se de um tema que — no vão da discussão entre Foucault e Peter Brown (ver BROWN, P. A Life of Learning. Charles Homer Haskins Lecture for 2003. *ACLS Occasional Paper*, n. 55, 2003, na qual vem colocada em seus limites) — encontra-se no cerne de um importante artigo de Brown de 1985: BROWN, P. The Notion of Virginity in the Early Church. In: MCGINN, B.; MEYERDORFF, J.; LECLERCQ, J. (ed.). *Christian Spirituality*: Origins to the Twelfth Century. New York: Crossroad, 1985, p. 427-443. Veja-se, também: SFORZINI, A. Brève généalogie des Aveux de la chair. In: BÜTTGEN, Ph.; CHEVALLIER, Ph.; CO-

(marca característica impressa na carne após o pecado original, que diferencia radicalmente a sexualidade pós-lapsariana da sexualidade conjugal de Adão e Eva), sexualidade que Agostinho, ao contrário da patrística, reconhece como existente também no Éden, mas então perfeitamente governada pela vontade, é o que revela a estrutura atual do sujeito: a expropriação da vontade que o habita e a transmissão ininterrupta da culpa.[516] *Concupiscentia* e *libido* — expressões da impessoalidade e da involuntariedade do desejo que atravessa o sujeito e o impossibilita de pensar-se *sui iuris* — são o que transforma o homem em voz confessante, vida penitente, forma governada e indefinidamente governável.

Na percepção mais íntima que o sujeito tem de si, insiste em uma inquietação que o expropria. Confessar-se ao próprio diretor de consciência significa enfrentar o zumbido interior de algo que, enquanto não verbalizado — ou resistente à verbalização —, designa a experiência da carne. É esta carne, aquela ainda não transposta em *logismos*, em discurso, *agitatio* mais que *cogitatio*, que deve ser sacrificada para que o sujeito possa ser restituído à sua verdade. A realidade do mundo, assim como a realidade da carne, não é, em si mesma, verdade. A verdade — e é esta conclusão que sustenta a necessidade do que Foucault chama de "análise política da verdade" — só se dá como suplemento do real, naquela prática específica, genealogicamente inferível, que são os jogos de veridicção.[517]

LOMBO, A.; SFORZINI, A. (ed.). *Foucault, les pères, le sexe*: autour des Aveux de la chair. Paris: Éditions de la Sorbonne, 2021, p. 19-36, e mais em geral: SFORZINI, A. *Michel Foucault*: une pensée du corps. Paris: PUF, 2014, p. 107 e ss.

516 FOUCAULT, M. *Histoire de la sexualité 4*: Les aveux de la chair, cit., p. 333 e ss. Sobre o tema da sexualidade no Éden e sobre o pecado original como o que torna definitivamente impossível o autogoverno da vontade, cf. PAGELS, E. *Adam, Eve and the Serpent*: Sex and Politics in Early Christianity. New York: Random House, 1988 (em particular sobre Agostinho, cap. 5: *The Politics of Paradise*).

517 FOUCAULT, M. *Subjectivité et vérité*, cit., p. 240. A aula do dia 18 março de 1981 é, a este respeito, uma reflexão decisiva.

O interesse que Foucault investe na pesquisa sobre os Pais da Igreja e sobre a experiência cristã da carne como disparador da forma ocidental de subjetividade é inquestionável. Igualmente central, nesta genealogia do "homem de desejo", é a explicitação da transição que permite instalar a forma indefinidamente governável da subjetividade sobre a *libera servitus* [servidão voluntária] que a espiritualidade cristã introduziu desde os primeiros séculos. A oscilação entre as duas técnicas de veridicção cristãs — a forma ontológica da manifestação penitencial (*exomologesis*) e a forma epistemológica da confissão (*exagoreusis*), que expõem aos olhos e ouvidos do Outro a interioridade do sujeito tomada como um fundo opaco, atravessado pela libido e pela *concupiscentia* que o habitam como forças impessoais — será resolvida com o progressivo predomínio da confissão e, por meio dela, de uma fórmula sacrificial da subjetividade. Marcado pela imperfeição que o domina, o sujeito cristão se prende a uma interminável direção da consciência, cujo preço é uma perda de identidade indefinida. Para ele, não há verdade sem autossacrifício.

Esta é a conclusão que Foucault formula já em 1980, no contexto das conferências que proferiu, primeiro na University of California, em Berkeley, e depois no Dartmouth College, em New Hampshire. O problema que então se coloca é como encontrar um modo de fundamentar a hermenêutica de si não no sacrifício, como no cristianismo dos primeiros séculos, mas, ao contrário, no que ele chama de "emergência positiva", teórica e prática, de si mesmo. A pesquisa sobre o cristianismo é apenas preliminar: serve não apenas para delinear uma genealogia das técnicas de veridicção historicamente funcionais à emergência da forma governada de subjetividade, mas também para formular o problema daquela "política de nós mesmos" que ocupará o último Foucault. A investigação conduzida entre 1980 e 1982, portanto, mantém um papel de transição. É provavelmente por essa razão que ele renunciará a publicar *Les aveux de la chair*.

7. A coragem da verdade: *parrhēsia* e crítica

Para o ouro há a pedra de toque para medir sua pureza; do valor humano e da sabedoria, a Verdade onipotente é o crivo.

(Baquílides)

A *parrhēsia* é uma noção complexa. Trata-se de um termo com longa história entre a Antiguidade e os primórdios da era cristã, continuamente ressignificado na passagem entre disciplinas (filosofia, retórica, teologia, por exemplo) e épocas históricas. Foucault, justamente pela complexidade de sua semântica, define a *parrhēsia* como uma "noção-aranha".[518] Este seminário busca re-

[518] FOUCAULT, M. *Le gouvernement de soi et des autres*: Cours au Collège de France, 1982-1983. Édition établie sous la direction de F. Ewald et A. Fontana par F. Gros. Paris: Gallimard/Seuil, 2008, p. 45 [= GSA]. [FOUCAULT, M. *O governo de si e dos outros*: curso no Collège de France (1982-1983). Edição estabelecida por Frédéric Gros, sob a direção de François Ewald e Alessandro Fontana. Tradução de Eduardo Brandão. São Paulo: WMF Martins Fontes, 2010]. Para uma primeira aproximação à história do termo: PETERSON, E. Zar Bedeutangsgeschiehte von Parrhesia. In: *Festschrift für R. Seeberg I*. Berlin: 1929, p. 283-297; JAEGER, H. Panhesia et fiducia. In: *Studia patristica I*. Berlin: 1959, p. 221-239; SCHLEIER, H. Parrhesia, parrhesiazomai. In: KITTEL, G.; BROMILEY, G. W.; FRIEDRICH, G. (ed.). *Theological Dictionary of the New Testament*. Grand Rapids: Eerdmans, 1964, v. 5, p. 871-886; GIGANTE, M. Filodemo sulla libertà di parola. In: *Ricerche filodemee*. Napoli: Maccharoli, 1969, p. 41-61; MOMIGLIANO, A. La libertà di parola nel mondo antico. *Rivista Storica Italiana*, v. 83, n. 3, p. 499-524, 1971; mas, sobretudo, o livro Foucault segue com maior insistência junto ao de Marcello Gigante: SCARPAT, G. *Parrhesia*: storia del termine e delle sue traduzioni in latino. Brescia: Paideia, 1964.

construir o uso que Foucault faz do conceito e recuperar as razões da centralidade que ele assume em sua interpretação do pensamento antigo e tardo-antigo. Uma interpretação (a dos gregos) que não é de modo algum acidental ou despolitizada, como parte da crítica sustentou até alguns anos atrás; pelo contrário, marca o batismo do ensino foucaultiano no Collège de France e, creio, possui relevância decisiva pela luz que lança sobre toda a analítica do poder em Foucault.[519] A presença do termo *parrhēsia* nas conferências, entrevistas e no conjunto de escritos hoje reunidos em *Dits et écrits* não é extensa — embora seja extremamente significativa, como pretendo demonstrar. O filósofo dedica-se a ele especialmente no ciclo de palestras em Berkeley, em 1983, e nos cursos do Collège de France entre 1981 e 1984, ano de sua morte.

Nesta contribuição, não se trata apenas de expor a forma como Foucault adota ou faz funcionar, no quadro interpretativo dos autores antigos, o termo *parrhēsia*. Pretendo, antes, argumentar uma tese interpretativa sobre o último Foucault. Em resumo: o tema da *parrhēsia* adquire importância crescente à medida que Foucault se interroga sobre o sentido da crítica (e, portanto, sobre o que é a filosofia) e que sua analítica do poder foca no tema da governa-

[519] Ver o primeiro curso ditado por Foucault no Collège de France: FOUCAULT, M. Leçons sur la volonté de savoir: Cours au Collège de France, 1970-1971, suivi de Le savoir d'Œdipe. Édition établie sous la direction de F. Ewald et A. Fontana, par D. Defert. Paris: EHESS/Gallimard/Seuil, 2011. [FOUCAULT, M. *Aulas sobre a vontade de saber*: curso dado no Collège de France (1970-1971). Edição estabelecida sob a direção de F. Ewald e A. Fontana. Tradução de Rosemary Costhek Abílio. São Paulo: Martins Fontes, 2014]. Mas recorde-se também as conferências dedicadas ao mito de Édipo realizadas por Foucault em 1973 no Rio de Janeiro (FOUCAULT, M. *La verità e le forme giuridiche*. Edição de Lucio d'Alessandro. Napoli: La città del sole, 1994. [FOUCAULT, M. *A verdade e as formas jurídicas*. 3. ed. 1. reimpressão. Tradução de Roberto Machado e Eduardo Morais. Supervisão final do texto de Léa Porto de Abreu Novaes et al. Rio de Janeiro: NAU Editora, 2003]). Sobre estes temas, ver o belo livro de BRINDISI, G. V. *Potere e giudizio*: giurisdizione e veridizione nella genealogia di Michel Foucault. Napoli: Editoriale Scientifica, 2010.

mentalidade. De um lado, a *parrhēsia* como figura da filosofia e da crítica, quando estas são pensadas fora do esquema constituinte teoria/práxis; de outro, a *parrhēsia* como figura central da "intransitividade da liberdade",[520] pela qual se materializam processos de subjetivação política na elipse que define o fato de governo como um confronto irredutível entre governante e governado. O último Foucault — seguindo uma intuição que remonta à segunda metade da década de 1970 — recusa tanto a ideia do Político quanto a lógica fundacional da Teologia Política que então entrava no debate: *a política passa por outro lugar*. O Estado moderno é interpretado como uma solução organizacional para a política, que teve êxito, mas cujo tempo já passou.

O seminário divide-se, portanto, em três partes. A primeira, dedicada à noção de crítica em Foucault. A segunda, à análise das linhas fundamentais da interpretação foucaultiana da *parrhēsia* nos cursos do Collège de France. A terceira tratará da recolocação da *parrhēsia* no esquema da governamentalidade, com foco na "*parrhēsia* dos governados", da qual Foucault fala em diversos momentos.[521]

I.

Pessoalmente, trabalho sobre duas hipóteses para as quais ainda não tenho respostas definitivas. A primeira: desde a segunda metade da década de 1970 e ao longo de todos os anos de ensino de Foucault no Collège de France, cresce progressivamente a incidência de seu confronto com Max Weber. Para o que nos interessa aqui — pretendo retornar a esse tema em outra ocasião —, não apenas a leitura weberiana do protestantismo e da *Lebens-*

520 FOUCAULT, M. *Le sujet et le pouvoir*. [1982]. In: DEII, p. 1.041-1.062, p. 1.058. [FOUCAULT, M. O sujeito e o poder. In: *Genealogia da ética, subjetividade e sexualidade*: Ditos e Escritos IX, p. 118-140].

521 FOUCAULT, M. Une esthétique de l'existence. Entretien avec A. Fontana. *Le Monde*, 15-16 juillet 1984. In: DEII, p. 1.549-1.554, p. 1.553. [FOUCAULT, M. Uma estética da existência. In: *Ética, sexualidade, política*: Ditos e Escritos V, p. 289-293].

führung[522] é decisiva (pelo menos a meu ver) para a formulação foucaultiana da resistência antipastoral, como também as conferências sobre a ética do trabalho intelectual e sobre o político de profissão o são para colocar em pauta — também no compromisso pessoal de Foucault — a questão da "coragem da verdade" como tomada de posição situada, na qual o trabalho intelectual se põe à prova da realidade, assumindo a responsabilidade, ou seja, o risco, do próprio discurso. Voltaremos a isso ao tratar de Platão. A segunda hipótese, que aqui buscarei ao menos esboçar, diz respeito a Kant. Como é sabido, entre 1978 e 1984, Foucault multiplica suas referências a Kant[523] — e o faz não nos termos de *As palavras e as coisas*[524] nem da tese complementar que dedicara à *Antropologia pragmática*,[525] mas sim em relação à noção de crítica, reconhecendo-se diretamente — no artigo assinado com o pseudônimo de Maurice Florence para o *Dictionnaire des philosophes* dirigido por Huisman (1984) — no interior da tradição kantiana.

No entanto, o texto ao qual desejo referir-me aqui é outro: a conferência — cujo teor não foi republicado em *Dits et écrits*, mas saiu em 1990 no *Bulletin de la Société Française de Philosophie* — proferida por Michel Foucault em 27 de maio de 1978 na Socié-

[522] "Forma de vida"; "estilo de vida"; "guia de vida"; "modo de condução de vida". [N.T.]

[523] Basta recordar FOUCAULT, M. Qu'est-ce que les Lumières? In: RABINOW, P. (ed.). *The Foucault Reader*. New York: Pantheon Books, 1984, p. 32-50. In: DEII, p. 1.381-1.397. [FOUCAULT, M. O que são as Luzes? In: *Arqueologia das ciências e história dos sistemas de pensamento*: Ditos e Escritos II. Organização e seleção de textos de Manoel Barros da Motta. Tradução de Elisa Monteiro. 3. ed. Rio de Janeiro: Forense Universitária, 2015, p. 273-295], assim como a lição inaugural de 5 de janeiro de 1983 do curso GSA no Collège de France, p. 3-39.

[524] FOUCAULT, M. *Les mots et les choses*. Paris: Gallimard, 1966, em particular, p. 314 e ss. [FOUCAULT, M. *As palavras e as coisas*: uma arqueologia das ciências humanas. Tradução de Salma Tannus Muchail. São Paulo: Martins Fontes, 1999].

[525] FOUCAULT, M. Introduction à l'anthropologie. In: KANT, E. *Anthropologie du point de vue pragmatique*. Présentation par D. Defert, F. Ewald, F. Gros. Paris: Vrin, 2008, p. 11-79.

té, intitulada *Qu'est-ce que la critique? (Critique et Aufklärung)*.[526] Considero este pronunciamento particularmente relevante por uma série de razões que passo a enumerar.

A primeira refere-se precisamente à relação entre crítica e positividades (isto é, os saberes: o discurso histórico da filosofia, da moral, do direito, da ciência, da política). Para Foucault — e creio que isso é decisivo também para compreender sua análise da governamentalização do poder —, a crítica *não deve legislar*. Ela *não prescreve o que se deve fazer*. Aqui está em jogo algo crucial: não apenas a polêmica de Foucault com Sartre sobre o papel do intelectual (que Foucault se recusa a ver como porta-voz do universal e redimensionando-o na figura do "intelectual específico", situado na singularidade de um confronto local entre liberdade e poder), mas, sobretudo, o esgotamento da última defesa do léxico teológico-político da soberania. A crítica não é a premissa de um raciocínio que deva concluir-se com uma prescrição do tipo "portanto, é isto que vocês devem fazer"; "não deve servir de lei para a lei", afirma Foucault em outro lugar no mesmo ano. Se a crítica tem sentido, não será o de recolocar um Sujeito constituinte numa posição soberana, sobrevoando as coisas; deve, antes, exercer-se como desafio ou resistência ao que é: "Ela deve ser um instrumento para aqueles que lutam, resistem e não querem mais o que é. Deve ser utilizada em processos de luta, de confrontos, de tentativas de recusa".[527]

Posição subordinada em relação aos processos reais, posição tática, posição que implica uma atitude determinada e, sobretudo, uma *decisão*, uma tomada de posição. Um ano mais tarde, Fou-

[526] De agora em diante citado como QCR.

[527] FOUCAULT, M. Table ronde du 20 mai 1978. In: PERROT, M. *L'impossible prison*: Recherches sur le système pénitentiaire au XIXe siècle. Paris: Seuil, 1980. In: DEII, p. 839-853, p. 851. [FOUCAULT, M. Mesa-redonda em 20 de maio de 1978. In: *Estratégia, poder-saber*: Ditos e Escritos IV. Organização e seleção de textos de Manoel Barros da Motta. Tradução de Vera Lúcia Avellar Ribeiro. 2. ed. Rio de Janeiro: Forense Universitária, 2006, p. 335-351].

cault escreverá em termos muito precisos: não há poder capaz de tornar absolutamente impossível a resistência, a desobediência, o *soulevement* [revolta, sublevação], por meio da qual uma minoria, um grupo ou um povo inteiro diz: "Não obedeço mais" (escrevia em 1979 com relação à Polônia e à dissidência no bloco soviético, o que considero pessoalmente muito significativo...).

A relação entre poder e resistência é matricial, está subjetivamente impulsionada pela liberdade e é "irredutível".[528] É precisamente dentro dessa relação — que não é formalizável nem juridificável — que se dá o que Foucault chama, contra o conceito de Político, de *política* ("campo de experiência", "jogo político ligado ao dizer verdadeiro", que supõe para os implicados certa relação consigo mesmos e com os outros[529]), que o trabalho intelectual deve ser repensado. Se consideramos que a sublevação, a rebelião, a subtração — e não a Revolução como apropriação e reocupação do lugar do Soberano — definem, para a crítica, um ponto de ancoragem muito mais potente que a retórica dos direitos humanos, então a condição do intelectual somente poderá definir-se como uma ética:

> Minha moral teórica é ser respeitoso quando uma singularidade se insurge, intransigente quando o poder infringe o universal. Escolha simples, trabalho penoso: pois é preciso, ao mesmo tempo, espreitar, um pouco abaixo da história, o que a rompe e a agita, e vigiar, um pouco atrás da política, o que deve incondicionalmen-

528 Pontuam oportunamente este dado — indispensável para compreender a analítica foucaultiana do poder — REVEL, J. *Michel Foucault*: expériences de la pensée. Paris: Bordas, 2005. [REVEL, J. *Michel Foucault*: conceitos essenciais. Tradução de Maria do Rosário Gregolin, Nilton Milanez, Carlos Piovesani. São Paulo: Claraluz, 2005]; ARTIÈRES, Ph.; POTTE-BONNEVILLE, M. *D'après Foucault*: Gestes, luttes, programmes. Paris: Les prairies ordinaires, 2007.

529 GSA, p. 146-147.

te limitá-la. Afinal, é meu trabalho — não sou nem o primeiro nem o único a fazê-lo. Mas o escolhi.[530]

O intelectual responde a si mesmo por sua escolha, assim como por sua própria vocação, poder-se-ia dizer, respondendo ao que o interpela a partir da inquietude da história. Esta é a segunda questão que considero importante. Na conferência para a Société de philosophie, Foucault expressa em termos claríssimos: a crítica como "virtude", como resposta a um "imperativo" muito mais urgente e radical que simplesmente enunciar os erros ou os desvios que parecem poluir o progresso das coisas.[531]

A terceira e última questão que me interessa — ainda que se trate de uma posição que será revisada mais tarde, em favor, precisamente na leitura de Kant da crítica como atitude moderna da filosofia — é como, naquele texto, o tema da crítica está ligado, para Foucault, ao tema do governo. A tese foucaultiana é conhecida. Há um duplo movimento que orienta os processos de governamentalização do poder: uma *laïcisation* [secularização] do pastorado cristão, que desloca o centro do campo da religião para o da política e das suas instituições; e uma dinâmica expansiva das artes de governo sobre o corpo da sociedade civil, que acaba inteiramente penetrado por elas. Aquilo que Foucault chama, recordando o ponto de máxima expressão do escrito kantiano sobre o Iluminismo, *attitude critique*, desenvolve-se paralelamente à ressignificação do pastorado cristão em técnica e em arte de governo.[532] Pois bem, é no interior destes processos — administra-

[530] FOUCAULT, M. Inutile de se soulever? (1979). In: DEII, p. 790-794, p. 794. [FOUCAULT, M. É inútil revoltar-se? In: *Ética, sexualidade, política*: Ditos e Escritos V, p. 77-81].

[531] QCR, p. 36.

[532] Cf. SENELLART, M. *Les arts de gouverner*: Du regimen médiéval au concept de gouvernement. Paris: Seuil, 1995. [SENELLART, M. *As artes de governar*: do regime medieval ao conceito de governo. Tradução de Paulo Neves. São Paulo: Ed. 34, 2006].

tivos, institucionais, de decisiva incidência material e não ligados ao encantamento teológico-político da soberania — que Foucault localiza a emergência (ou melhor: a reemergência, já que, no curso de 1983, *O governo de si e dos outros*, ele indicará uma linha de continuidade e transmissão direta entre a *parrhēsia* antiga e a atitude moderna da crítica em Kant[533]) de uma complexa relação entre política e verdade, em torno da qual gira a relação entre governamentalidade e crítica.

A crítica está ligada, enquanto forma especificamente moderna de pensamento, à vontade de não ser governado. Não no sentido absoluto, já que isso é impossível para uma posição como a de Foucault, que assume o desencanto wittgensteiniano como cifra de uma ética do trabalho intelectual (o poder, como a linguagem, simplesmente existe, e dele só podem ser descritos os jogos de veridicção[534]), mas de não sê-lo *tellement*, isto é, como *efetivamente se é*. Aquilo que, na conferência, Foucault chama de *jeu* [jogo] da governamentalização e da crítica — isto é, o movimento pelo qual o sujeito se arroga o direito de interrogar a verdade acerca de seus efeitos de poder, e o poder acerca de seus discursos de verdade — não apenas traça um limite no moderno processo de racionalização (a crítica protestante do saber bíblico eclesial; a crítica jusnaturalista dos poderes; a crítica científica do governo dos saberes...), invertendo metodologicamente Max Weber, ainda que assumindo sua questão,[535] mas atua sobretudo como problemati-

[533] GSA, p. 326.

[534] FOUCAULT, M. *La philosophie analytique de la politique.* [1978]. In: DEII, p. 534-551, p. 542. [FOUCAULT, M. A filosofia analítica da política. In: *Ética, sexualidade, política*: Ditos e Escritos V. Organização e seleção de textos de Manoel Barros da Motta. Tradução de Elisa Monteiro et al. 2. ed. Rio de Janeiro: Forense Universitária, 2006, p. 37-55].

[535] "Max Weber colocou a seguinte questão: se se deseja adotar um comportamento racional, e regular sua ação de acordo com princípios verdadeiros, a que parte de si mesmo se deve renunciar? Que ascetismo se cobra à razão? A que tipo de ascetismo se deve submeter? Da minha parte, coloquei a questão inversa:

zação do nó que enlaça (e, para Foucault, não apenas na Europa moderna) poder, verdade e sujeito.[536]

Desde este ponto de vista, Kant assume um papel central e estratégico à altura deste texto, porque, ainda que não postule a ideia de uma desobediência radical que ponha em crise, como tal, o governo em sua facticidade, assume como tarefa uma "coragem de saber" que possui um lado teórico e um lado político: o desassujeitamento, ou seja, a institucionalização de uma autonomia mantida diante de quem governa, em relação à implicação recíproca de verdade e poder.[537] No texto que Foucault publica em 1984, esse enfoque da questão cederá lugar à ideia de "atitude da modernidade", isto é, a ideia da relação que o pensamento mantém com a atualidade como com aquilo que está dado para se posicionar internamente. Não obstante, também neste texto, Kant sobressai como ícone weberiano de uma ética da subjetivação (um *ethos*, como o chama Foucault, e, poucas páginas depois, um "ascetismo indispensável");[538] a crítica "como trabalho de nós mesmos sobre nós mesmos enquanto seres livres".[539]

II.

É nesse contexto, creio eu, que Foucault elabora a crescente importância da noção de *parrhēsia*. Ou seja, a questão das modalidades pelas quais se pode (e se deve) dizer a verdade. A noção aparece

---

como certos tipos de saber sobre si chegaram a ser o preço a pagar por certas formas de proibição?" FOUCAULT, M. Technologies of the Self. [1982]. In: HUTTON, P. H.; GUTMAN, H.; MARTIN, L. H. (ed.). *Technologies of the Self*: A Seminar with Michel Foucault. Amherst: The University of Massachusetts Press, 1988. In: DEII, p. 1.602-1.632, p. 1.605. [FOUCAULT, M. As técnicas de si. In: *Genealogia da ética, subjetividade e sexualidade*: Ditos e Escritos IX, p. 264-296].

[536] QCR, p. 39.

[537] QCR, p. 41.

[538] FOUCAULT, M. Qu'est-ce que les Lumières?, cit., p. 1.387; p. 1.389.

[539] FOUCAULT, M. Qu'est-ce que les Lumières?, cit., p. 1.394.

no interior do curso *A hermenêutica do sujeito* (1981-1982) como cifra da franqueza e da abertura sobre a qual se orienta a relação de *maîtrise* que se estabelece entre o mestre e o aluno, num contexto em que o próprio da filosofia é reencontrado numa função transformadora, *ethopoietica*. Na *parrhēsia* — segundo o uso que Foucault lhe dá nesta primeira evocação da Antiguidade tardia —, o tipo de saber aqui em questão não é aquele que submeteria o indivíduo a uma verdade que outros detenham sobre ele, um saber abstrato e objetivante, como os que se apoiam no primado da representação, mas um saber relacional, um saber do mundo, do devir, da *inter-ação*, no qual está em jogo uma verdade que "afeta o sujeito" e que o leva a aderir, para dizer em termos impróprios, deleuzianos, ao acontecimento que ele é pela inteira duração da sua vida.[540]

Este é o ponto que leva Foucault, vale a pena sublinhar, a valorizar os modelos epicuristas, estoicos e cínicos (mas também socráticos) do cuidado de si, nos quais este cuidado se vê liberado do esquema pedagógico da preparação para a vida adulta e faz coincidir o processo de subjetivação com uma dinâmica imanente, interna ao processo das coisas, sem pressupor qualquer forma de divisão entre o indivíduo e o mundo. No curso intitulado *A hermenêutica do sujeito*, a *parrhēsia*, entendida como transmissão nua da verdade num vínculo nem sedutor nem retórico entre mestre e discípulo, mantém-se ligada a uma dimensão filosófica que os cursos subsequentes tenderão a colocar em questão, traçando-lhe a genealogia.

Esta, porém, é funcional à enucleação, por parte de Foucault, de uma noção ético-política de filosofia — a filosofia como *phi-*

540 FOUCAULT, M. *L'Herméneutique du sujet*: Cours au Collège de France, 1981-1982. Édition établie sous la direction de F. Ewald et A. Fontana par Frédéric Gros. Paris: Gallimard/Seuil, 2001, p. 233. [=HS]. [FOUCAULT, M. *A hermenêutica do sujeito*: curso dado no Collège de France (1981-1982). Edição estabelecida sob a direção de François Ewald e Alessandro Fontana, por Frédéric Gros. Tradução de Márcio Alves da Fonseca e Salma Tannus Muchail. 3. ed. São Paulo: WMF Martins Fontes, 2010].

losophie en action —,[541] na qual ele próprio investe pessoalmente numa fase em que três conceitos passam a marcar progressivamente o centro de seus escritos: *problématisation* (em relação ao saber e à história); *gouvernement* (em relação à política); *subjectivation* (em relação ao problema ético e político de pensar o dessasujeitamento, ou seja, a liberdade, uma vez esgotada a investigação sobre as práticas de sujeição que marcam a individualização).[542] Diria, portanto, que é em relação à política que, de *A hermenêutica do sujeito* até o curso *A coragem da verdade* (1984), Foucault constrói a sua própria história da *parrhēsia* — mas, atenção: reivindicada como *fiction historique*, isto é, como genealogia que não restitui a objetividade de um desenvolvimento, mas sim o quadro fragmentado de uma série de problemas que partem da questão imposta pelo presente, ou seja, novamente, da problematização do nexo entre governamentalidade e subjetivação.

Esquematicamente: a *parrhēsia*, entendida em termos muito gerais como "liberdade de fala", coincide com o direito de cidadania na Atenas clássica (*isonomia*, *isēgoria* e *parrhēsia* definem a relação entre o *politēs* [cidadão] e a cidade); é apropriada e transposta para outro plano pela filosofia, com a crise da democracia ateniense; e reemerge como forma própria da vida filosófica na Antiguidade tardia, em particular no epicurismo, no estoicismo e no cinismo. Esta é, em termos absolutamente gerais, a história que se cumpre para Foucault entre o *Íon*[543] de Eurípides e Diógenes e

[541] DEII, p. 929; p.1377.

[542] Ver: FLYNN, Th. R. Truth and Subjectivation in the Later Foucault. *The Journal of Philosophy*, v. 82, n. 10, p. 531-540, 1985. [Eighty-Second Annual Meeting American Philosophical Association, Eastern Division (Oct., 1985)]. Mais em geral: MOSS, J. (ed.). *The Later Foucault*: Politics and Philosophy. London: Sage, 1998; GROS, F.; LÉVY, C. (org.). *Foucault et la philosophie antique*. Paris: Kimé, 2003; DETEL, W. *Foucault and the Classical Antiquity*: Power, Ethics and Knowledge. Cambridge: Cambridge UP, 2005.

[543] Cf. EURÍPIDES. *El Cíclope. Ión. Reso*. Introducción, traducción y notas de Juan Miguel Labiano. Madrid: Alianza Editorial, 2010. [N.T.]

Demétrio, retomados por Epicteto como exemplos da ideia estoica de vida filosófica perfeita. Obviamente, a análise foucaultiana do arquivo antigo abre muitas ramificações laterais nesse percurso. O que direi, portanto, provavelmente deixará muitas coisas pelo caminho — mas é o preço que conscientemente aceito pagar em vista de uma interpretação, de algum modo, unívoca, da estratégia argumentativa de Foucault quanto à analítica e ao uso do termo *parrhēsia*, "franqueza da palavra".

Partamos, todavia, do início. A *parrhēsia* é uma modalidade da palavra. Mais precisamente, é uma maneira de dizer a verdade — uma maneira de dizer a verdade que implica um risco para o locutor justamente pelo fato de ele dizer a verdade. Ao assumir esse risco, o *parrhēsiasta* vincula-se livremente a si mesmo, é fiel a si mesmo na medida em que assume precisamente a coragem de dizer a verdade. Foucault afirma: "A *parrēsia* é a livre coragem pela qual alguém se liga a si mesmo no ato de dizer a verdade. Ou ainda, a *parrēsia* é a ética do dizer verdadeiro em seu agir arriscado e livre".[544] O que a *parrhēsia* produz, tanto em relação ao locutor — cuja subjetivação coincide com o *pacte* [pacto] que estabelece consigo mesmo e com a verdade — quanto em relação àquele que, junto dele, entra no que Foucault chama de "círculo de escuta", é a abertura, a eclosão de uma situação em relação aos códigos e às normas que a informam, bem como sua colocação em devir, expondo-a a um risco indeterminado. O enunciado *parrhēsiástico* — que Foucault distingue cuidadosamente do enunciado performativo, pois este é inteiramente ritualizado, de certo modo litúrgico, pressupõe um estatuto reconhecido do enunciador e produz efeitos predeterminados pela intencionalidade que aciona a linguagem — constitui o sujeito exatamente na medida em que o vincula à liberdade, à verdade e a uma *dramática* da enunciação (*dramma*, de *draō*: atuo, faço, trabalho, recordo), na qual o anta-

544 GSA, p. 64.

gonista é formado pelas instituições governamentais que garantem a ordem do discurso.

Em termos gerais, o que distingue a enunciação *parrhēsiástica* de um *speech act* performativo é o fato de que a *parrhēsia*, precisamente pelo risco imprevisível da situação a que se vincula, é uma *função de subjetivação*, não a "execução de um ato *no* dizer",[545] relativo a uma intencionalidade ou a um estatuto pré-existentes à enunciação.

No curso sobre *O governo de si e dos outros* (1982-1983), tal pressuposto é desenvolvido de dois modos. Primeiro, a história inteira de Íon é lida como uma história de reconhecimento destinada a reafirmar a plena cidadania do protagonista, através do complexo jogo de três diferentes formas de veridicção (a do oráculo, a da confissão de Creusa e a política, que Íon estabelece uma vez que ascende ao trono como fundador da estirpe iônica). Mas, em segundo lugar, Foucault recupera também uma forma de "dizer-verdadeiro" à qual confere um significado particularmente exigente. Não tenho tempo de retomar por inteiro nem a tragédia de Eurípides, nem o sistema completo de movimentos através do qual se desenvolve a interpretação de Foucault.[546] Não obstante, creio necessário voltar, brevemente, à trama da tragédia: Creusa, esposa do rei de Atenas Xuto, havia concebido um filho com o deus Apolo, chamado Íon. O marido ignorava tudo isso e, por essa razão, depois do parto, Creusa abandonou a criança numa

[545] AUSTIN, J. L. *How to Do Things with Words.* [1975]. Traduzione di C. Villata. Come fare cose con le parole: Le "William James Lectures" tenute alla Harvard University nel 1975. Edizione italiana a cura di C. Penco e M. Sbisà. Casale Monferrato: Marietti, 1988, p. 75. [AUSTIN, J. L. *Quando dizer é fazer*: palavras e ação. Tradução de Danilo Marcondes de Souza Filho. Porto Alegre: Artes Médicas, 1990].

[546] Sobre o tema: SFORZINI, A. Dramatiques de la vérité: la parrêsia à travers la tragédie attique. In: LORENZINI, D.; REVEL, A.; SFORZINI, A. (org.). *Michel Foucault*: éthique et vérité 1980-1984. Paris: Vrin, 2013, p. 139-160; ROMETTA, G. Autoctonia e parrhesia: Foucault lettore dello Ione. In: CESARONI, P.; CHIGNOLA, S. *La forza del vero*: un seminario sui Corsi di Michel Foucault al Collège de France (1981-1984). Verona: ombre corte, 2013, p. 102-103.

caverna, destinando-a à morte. Sob as ordens de Apolo, contudo, o deus Hermes levou Íon ao oráculo de Delfos para servir como seu auxiliar. Anos mais tarde, Creusa e Xuto vão a Delfos para saber por que não conseguem ter filhos. O oráculo prediz a Xuto que a primeira pessoa que encontrar ao sair do templo será um filho seu. Na saída, Xuto depara-se com Íon e, acreditando tratar-se do fruto de uma antiga aventura, convence-o a segui-lo para Atenas para tornar-se herdeiro do trono. Creusa não aceita a escolha do marido, pois desejava no trono um filho seu, e então planeja matar Íon. O plano falha, e só a intervenção de Pitonisa permite o reconhecimento entre ambos. Finalmente, aparece a deusa Atena *ex machina*, que sugere uma solução: manter Íon como herdeiro ao trono, deixando Xuto acreditar que se trata de seu filho.

Pois bem: na estrutura do discurso de Creusa, que repreende Apolo por tê-la forçado a expor Íon — discurso de *imprecação*, discurso do *fraco*, discurso de *desafio*, no qual uma mulher declara a injustiça de um deus —, Foucault reivindica algo como — e se trata de uma expressão particularmente exigente — "uma matriz do discurso político" ocidental.[547]

Parece-me uma questão realmente muito importante para chegar, em seguida, ao ponto conclusivo do meu raciocínio, como veremos. O discurso desigual, agonístico, mediante o qual o fraco, apesar de sua debilidade, assume o risco de recriminar o poderoso pela injustiça que cometeu, "denomina-se precisamente *parrhēsia*",[548] escreve Foucault; e constitui um ponto imprescindível para a própria racionalidade governamental, que se inicia e se estabiliza sobre esta elipse — sobre a impossibilidade de resolver aquilo que outro, no terreno histórico-jurídico, identificou como a estrutura fundamental da história constitucional europeia.[549]

[547] GSA, p. 126.

[548] GSA, p. 124-126.

[549] NÄF, W. Die Frühformen des modernen Staates im Spätmittelalter. *Historische Zeitschrift*, v. 171, n. 2, p. 225-243, 1951. [Tradução italiana em: ROTELLI, E.;

Mas vejamos melhor como Foucault desenvolve seu próprio argumento. Em primeiro lugar, é interessante notar o forçamento interpretativo que realiza: no discurso de Creusa, não aparece o termo *parrhēsia*. Isso significa que Foucault está interessado na forma argumentativa euripidiana, porque nela encontra mais do que um simples uso da palavra, mais do que uma ocorrência que poderia ser alinhada a outras. O que interessa a Foucault, nessa estrutura particular, definida pela denúncia de uma injustiça, é sobretudo a disposição dos discursos um frente ao outro: trata-se de duas formas de discurso que se enfrentam, ou melhor, que estão profundamente ligadas uma à outra — o discurso do poderoso, daquele que, de algum modo, ocupa o lugar de produção da normalidade comunicativa, e o discurso do fraco, que o desafia subjetivando uma coragem da verdade que o primeiro não sustenta.

Ora, não creio que possamos encontrar uma figura de dois focos, que exprima um vínculo, que não seja a elipse. O discurso do governo e da "governamentalidade" assume, nesse Foucault, um papel estratégico. Trata-se do que ele chama de "acoplamento estruturante", que mais tarde — e obviamente não no *aveu* de Creusa (*confissão* muito diferente daquela que se tornará central na direção de consciência cristã) — dará forma ao discurso político ocidental: de um lado, o discurso racional que permite governar os homens; de outro, irredutível ao primeiro, o discurso do fraco que censura o forte pela injustiça, dizendo-lhe, precisamente, a verdade.

Trata-se de uma passagem fundamental na argumentação de Foucault. E o é ao menos em dois planos. O primeiro é aquele que permite a transição em direção à *parrhēsia* filosófica. A quem governa se pede sabedoria, e esta deverá ser formada, sustentada, aconselhada. O discurso de quem governa, para ser razoável, deverá fundar-se sobre o discurso de outro — um conselheiro, um ministro, um professor — necessariamente mais fraco que ele, que deverá assumir o risco de dirigir-se ao poderoso, olhá-lo

---

SCHIERA, P. (ed.). *Lo Stato moderno*: v. 1, dal Medioevo all'età moderna. Bologna: Il Mulino, 1971, p. 51-78].

no rosto e denunciar a injustiça (ou a falta) que o primeiro possa ter cometido,[550] inclusive contra si mesmo. Deste ponto de vista, vale salientar um aspecto decisivo. Essa passagem não é apenas relevante para o percurso foucaultiano em Platão — ou seja, para o esgotamento da *parrhēsia* política durante a crise democrática ateniense, na qual o princípio da igualdade indetermina, até fazê-lo desvanecer, o jogo agonístico das ascendências que sustenta a formação das decisões coletivas — mas também para a constituição de uma analítica da política, aquela de Foucault, que se desenvolve fundamentalmente fora do Estado e assume a centralidade de dimensões institucionais (em sentido amplo: camerísticas, administrativas, sociais) que a ideologia do Político oculta ou relega à insignificância.[551] Em um segundo plano — que veremos ao final — a assimetria constitutiva das posições registradas pelo *couplage structurant*, de que fala Foucault, torna-se fundamental para compreender o sentido que ele atribui à noção de crítica.

Criticar o governo não significa ter de propor respostas "razoáveis" à sua agenda de problemas, mas sim interpelá-lo sobre as finalidades que se atribui, sobre os meios escolhidos para alcançá-las e sobre a própria "razoabilidade" geral dos procedimentos e dos motivos com que reveste a sua ação. *Não é tarefa dos governados governar*. E isso, de algum modo, marca uma saída definitiva do léxico — e da lógica — da soberania e da representação: não há, de fato, nenhuma identidade entre povo e soberano. É isto, creio eu, que orienta a genealogia da governamentalidade que Foucault realiza no fim da década de 1970, quando se inicia — precisamente a partir daquela que o relatório Crozier, Huntington e Watanuki, na

[550] GSA, p. 127.

[551] Sobre o tema, muito bem: BÜTTGEN, Ph. Théologie politique et pouvoir pastoral. *Annales: Histoire, Sciences Sociales*, v. 62, n. 5, p. 1.129-1.154, 2007. Vê-se também em: KARSENTI, B. La política del fuori: una lettura dei Corsi di Foucault al Collège de France (1977-1979). In: CHIGNOLA, S. (coord.). *Governare la vita*: un seminario sui corsi di Michel Foucault al Collège de France (1977-1979). Verona: ombre corte, 2006. p. 71-90.

Comissão Trilateral, chama de "crise da democracia" — a administrativização pós-representativa da política e a concepção e implementação de novas tecnologias de *governance* pós-democrática.[552]

Falava de uma espécie de *umbesetzung* [reocupação] do tema da *parrhēsia* por parte da filosofia. Este é o passo seguinte da genealogia foucaultiana. Se consideramos que, ao longo de um período apenas parcialmente analisado por Foucault nos seus dois últimos cursos no Collège de France, a "coragem da verdade" sedimenta uma série de figuras que remetem a outras formas de vida (o discurso do conselheiro; o do ministro; o da crítica, cujo núcleo *parrhēsiástico*, para Foucault, *nunca é diretamente constituinte ou legislativo*; o discurso do revolucionário, como "mártir" da verdade), o que se mostra particularmente relevante, precisamente em função da definição da tecnologia de governo, é a passagem por Platão.

Serei, também neste caso, hiper-esquemático e peço desculpas. Se é a filosofia que reúne a herança do "falar franco" — em Platão, veremos em breve, tanto na formação do futuro governante (*Alcibíades*) quanto na prova em que a filosofia encontra o seu real, se pretende ser algo mais que mera conversação (*Carta VII*, *Carta V*) —, essa tarefa realiza-se apenas depois que, na crise ateniense, vem à luz o impasse estrutural da democracia. Digo "impasse estrutural" porque, numa das poucas passagens em que Foucault emprega diretamente a sua análise textual para compreender o presente — ainda que numa linguagem não plenamente controlada, como a oral — ele sustenta que a democracia é, ao mesmo tempo, aquilo que não pode subsistir nem ser governado sem um discurso verdadeiro e aquilo que, no entanto, ameaça a própria possibilidade de que esse discurso verdadeiro exista. E acrescenta,

[552] CROZIER, M.; HUNTINGTON, S. P.; WATANUKI, J. *The Crisis of Democracy*: Report on the Governability of Democracies to the Trilateral Commission. New York: New York University Press, 1975. Tratei de algumas destas questões em outro lugar: CHIGNOLA, S. In the Shadow of the State: Governance, governamentalità, governo. In: FIASCHI, G. (ed.). *Governance*: oltre lo Stato? Soveria Mannelli: Rubbettino, 2008, p. 117-141.

de forma explícita: "isto também se aplica ao presente". Trata-se, a meu ver, de mais uma passagem muito importante. Na estrutura da democracia, o que põe em risco a possibilidade do discurso verdadeiro é o desaparecimento da *diferença* que Foucault considera indispensável para que tal discurso possa ser enunciado e produzir seus efeitos.[553]

Na antiga Atenas, isso significa, fundamentalmente, a explosão da "má *parrhēsia*", o nexo entre demagogia e retórica, o esgotamento do certame no qual se reconhece, de modo aberto, por parte dos antagonistas, aquele que — numa situação que Foucault chama de "superioridade permanentemente contestada" — será chamado a provocar as decisões coletivas. Trata-se, precisamente, da mesma diferença que alimenta as outras formas de discurso pautadas na *parrhēsia*: o discurso do médico, do piloto, de quem é chamado a governar. Creio que, na forma moderna da democracia, Foucault tem em mente a *in-diferenciação* na tomada da palavra.

Se é certo que a diferença entre a *parrhēsia* e um discurso performativo está precisamente na ausência de um estatuto que caracteriza, no caso da primeira, o locutor, é fato que, numa democracia, qualquer pessoa possa falar — e não como *governado*, isto é, posicionado numa situação que não é a de quem governa; uma posição específica, localizada dentro de circuitos parciais de poder, intimamente ligada a necessidades ou desejos que orientam a subjetivação; mas como *governante*, a democracia moderna, dizia antes, baseia-se na indistinção dessas duas figuras, ou seja, na figura abstrata, identitária e ambivalente do povo soberano —, isto é, tendo a pretensão de uma intervenção e de uma competência universais, que coincidem com o olhar do soberano e se identificam com seu âmbito de palavra. Essa posição trabalha, assim, para recompor as *doxai* sobre as quais deslizam o senso comum, a conversa, o discurso do poder — funções discursivas que não requerem nenhuma forma de coragem, mas um instinto mimé-

[553] GSA, p. 166-167.

tico repetitivo e gregário, perfeitamente funcional ao pastorado. Tocqueville foi o primeiro a compreender isso: basta recordar os capítulos conclusivos de *A democracia na América* e a referência ao "déspota de novo tipo" como pastor de um rebanho de ovelhas tímidas e diligentes.[554]

Essa liberdade de palavra, na qual a subjetividade se *indiferencia*, acaba, portanto, por distorcer a liberdade de expressão contra si mesma, tornando evanescentes as próprias premissas da democracia. A *parrhēsia* do governado, veremos na conclusão, incita, para Foucault, processos de subjetivação que não pretendem a universalidade, nem tampouco — e isso considero decisivo — dissolver a diferença entre quem detém o poder e quem o enfrenta; ou seja, quem está diante dele não como assujeitado, mas como ator de uma tomada de palavra irredutível, como sujeito, literalmente, antagonista.

De Platão, Foucault recupera a importância da *parrhēsia* filosófica e sua vinculação ao discurso do conselheiro. E, ainda, um dado que se torna central, sempre nos diálogos platônicos: a linha que vai de Sócrates aos cínicos. Diógenes, como *Sokrates mainomenos* [Sócrates enlouquecido], é uma figura que reaparece pelo menos até Christoph Martin Wieland.[555] Vamos por ordem: o primeiro ponto é o *Alcibíades*. Na leitura foucaultiana do diálogo platônico, reaparecem pelo menos duas questões decisivas para a compreensão da *parrhēsia*: *kairós* e *ergon*. Sócrates aproveita a ocasião não apenas para entrar em relação com o jovem Alcibíades e estimulá-lo ao conhecimento e ao governo de si — premissa indispensável para aspirar ao governo dos outros —, mas também, e acima de tudo, para dar corpo, isto é, significado, ao próprio *logos* filosófico, que somente no risco da franqueza — ao sustentar

[554] Sobre o tema: CHIGNOLA, S. *Il tempo rovesciato*: La Restaurazione e il governo della democrazia. Bologna: Il Mulino, 2011.

[555] Cf. NIEHUES-PRÖBSTING, H. Die Kynismus-Rezeption der Moderne: Diogenes in der Aufklärung. In: GOULET-GAZÉ, M. O.; GOULET, R. (coord.). *Le cynisme ancien et ses prolongements*. Paris: PUF, 1993, p. 519-555.

o risco da verdade fora de si, colocando-se à prova — encontra, enfim, a si mesmo. Entre o *Alcibíades* e a *Carta VII* — na qual, como se sabe, Platão relata suas missões políticas na Sicília, à corte de Dionísio —, consolida-se a figura do discurso do conselheiro como elemento central da analítica foucaultiana da *parrhēsia*. A *parrhēsia*, escreve Foucault, "é a atividade que Platão reconhece e reivindica na raiz de sua atuação como conselheiro".[556] Seja para estabilizar o "círculo da escuta" na relação erótica com o jovem Alcibíades, seja para estabelecer, com o tirano, um vínculo político que permita verificar, literalmente, o sentido e a vocação da filosofia, a franqueza da palavra atua aproveitando o *kairós* [ocasião] de uma oportunidade (a disponibilidade para ouvir como contraface de um pacto *parrhēsiástico* que o locutor estabelece, neste caso, não só consigo mesmo, mas também com o outro, e que sempre pode ser unilateralmente revogado ou descumprido; que pode sempre ser frustrado na contingência de uma relação assimétrica e mutável), e que é também um autêntico *ergon* [passagem ao ato] de um discurso que inscreve a filosofia no horizonte de uma *prática*.

A *parrhēsia* é diferente da retórica por muitos motivos. Sobretudo, porque é um dizer irruptivo sobre a política. Dizer que rompe a repetição, a reprodução litúrgica ou adulatória do *récit* [relato] através da qual o poder se legitima; ao contrário, trata-se de um dizer ligado ao risco e ao acontecimento. A *parrhēsia* não indica o que se deve fazer, nem como organizar um discurso verdadeiro que se pretenda formal, abstrato e que desça do exterior, a partir de uma localização impossível em relação à realidade na qual, pelo contrário, está plenamente situada. O *parrhēsiasta* exerce a veridicção na relação com quem governa; seja o objeto dessa função de governo o próprio sujeito que entra em relação com o *parrhēsiasta*, sejam os outros, os governados, no interior de um vínculo propriamente — e este "propriamente" vai entre aspas,

[556] GSA, p. 259.

dado que Foucault, nos anos 1980, está cada vez mais interessado na política do sujeito — político.

Para argumentar essa série de elementos — a filosofia como prática; a veridicção como risco; e sua relação constitutiva com a contingência da situação —, Foucault recorre a dois textos platônicos (o Livro IV de *A República* e o Livro IV de *As Leis*) nos quais apresenta, como forma de esclarecer o discurso do conselheiro, a relação entre filosofia e medicina. O filósofo deve intervir para diagnosticar os males da cidade; como o médico dos homens livres — e não aquele que trata dos escravos, para os quais basta uma prescrição seca —, deve persuadir, fazer-se ouvir; e, como um bom médico, deve cuidar não apenas do sintoma, mas também da saúde geral, global, da cidade. Eis um dado geral no que se refere ao conjunto do engajamento filosófico-político de Foucault.

Se a filosofia quiser *realizar-se*, ou seja, não ser apenas discurso, mas *exergazesthai* [efetuar, elaborar; pôr um argumento em ação], levar suas palavras a efeito, não pode se instalar na posição vazia da crítica negativa: não pode se limitar à simples contestação ou protesto. Deve, sobretudo, dizer a verdade a quem a escuta e aceitar o desafio implicado nessa escuta, uma vez que ela não é de forma alguma garantida e pode se tornar perigosa. O *kairós* é, exatamente, nesse sentido, a ocasião que se produz quando se verificam as condições da escuta e, no pacto entre quem aconselha e quem é aconselhado, pode realizar-se o *ergon* da filosofia como operação da verdade e como prática transformadora — tanto para o primeiro quanto para o segundo.

No *Alcibíades*, o *kairós* é marcado pelo amor que Sócrates sente pelo jovem destinado a uma importante carreira política. Na *Carta VII*, a ocasião para Platão assumir a responsabilidade por sua própria filosofia — isto é, de *exergazesthai* seu próprio discurso — é dada pelo convite de Dionísio, que se diz necessitado de ajuda e disposto à escuta. Em ambos os casos, trata-se de *parrhēsia*. "A *parrhēsia* é, portanto, a atividade que Platão reconhece e reivindica no fundo", conclui Foucault, "na raiz de sua atividade de conselheiro".[557] Conselheiro, portanto, — e repita-se: a estrutura do conselho é o *couplage* [acoplamento] que dispõe o governado diante de quem governa, o modelo de uma prática política que atravessa toda a história constitucional ocidental; uma prática que marginaliza o Estado e que, neste último, encontra apenas uma "peripécia do fato de governo";[558] uma formalização parcial e provisória do problema da institucionalização das práticas[559] — é, fundamentalmente, o *parrhēsiasta*: aquele que é o seu próprio discurso, que nele se empenha, que assume a responsabilidade pela opinião que expressa e formula-a cruzando princípios gerais com a análise da situação; aquele que, embora se dirija a todos, não pode senão convencer individualmente.[560]

A última característica inventariada por Foucault — o trabalho do conselho, *enquanto* discurso político distinto daquele de quem detém a *dunasteia*[561] [poder efetivo], *omnes et singulatim* (o *parrhēsiasta* fala a todos, mas também a cada um) — evidencia o

[557] GSA, p. 259.

[558] FOUCAULT, M. *Sécurité, territoire, population*: Cours au Collège de France, 1977-1978 [=STP]. Édition établie sous la direction de F. Ewald et A. Fontana par M. Senellart. Paris: Gallimard/Seuil, 2004, p. 253. [FOUCAULT, M. *Segurança, território, população*: curso dado no Collège de France (1977-1978). Edição estabelecida por M. Senellart sob a direção de F. Ewald e A. Fontana. Tradução de Eduardo Brandão. Revisão da tradução de Claudia Berliner. São Paulo: Martins Fontes, 2008].

[559] Ver, numa posição muito próxima: BOURDIEU, P. *Sur l'État*: Cours au Collège de France 1989-1992. Édition établie par P. Champagne, R. Lenoir, F. Poupeau et M. Ch. Rivière. Paris: Raisons d'agir/Seuil, 2012. [BOURDIEU, P. *Sobre o Estado*: Curso no Collège de France (1989-1992). Edição estabelecida por Patrick Champagne, Remi Lenoir, Frank Poupeau e Marie-Christine Rivière. Tradução de Rosa Freire d'Aguiar. São Paulo: Companhia das Letras, 2014].

[560] GSA, p. 259.

[561] "Posição de poder, de domínio. Dominação." [N.T.]

vínculo especular entre *parrhēsia* e governamentalidade.[562] Contudo, há outro aspecto relevante: um discurso pode ser considerado verdadeiro *somente se for politicamente posto à prova*, parece dizer Foucault. "Tudo isso resulta em um discurso", escreve, "cuja verdade deve ser provada pelo fato de se tornar realidade".[563] E não no sentido de que a verdade da filosofia, segundo um esquema teoria/práxis, derive de seu êxito ou da capacidade de materializar seu próprio projeto; mas no sentido de que sua verdade é efetiva apenas quando sustenta o processo de subjetivação de uma tomada de palavra e de posição que assume a responsabilidade pelo que diz, enfrentando sem mediações ou timidez o risco de dizê-lo.

Por isso, é essencial para a filosofia dizer a verdade em relação à política; e, para qualquer prática política, é fundamental manter relação constante com a veridicção filosófica. "Mas, evidentemente", observa Foucault, "o dizer verdadeiro da filosofia não coincide com o que pode e deve ser uma racionalidade política".[564] A prática filosófica e as práticas políticas não se sobrepõem, pois a relação entre quem ocupa o lugar da *dunasteia* e quem ocupa o lugar da crítica nunca é de coincidência — não pressupõe identidade. A assimetria das posições preserva a diferença necessária para que possa emergir a palavra do governado: palavra de desafio, palavra resistente, palavra verdadeira precisamente porque subtraída à má imagem, ao mimetismo da racionalidade legislativa ou governamental.[565]

"Para Platão e, de maneira geral, parece-me que para a filosofia ocidental", escreve Foucault, "o verdadeiro objetivo jamais foi dizer aos políticos o que fazer. Seu objetivo frente aos políticos, fren-

[562] FOUCAULT, M. *Omnes et singulatim*: vers une critique de la raison politique. 1981. In: DEII, p. 953-980. [FOUCAULT, M. "Omnes et singulatim": uma crítica da razão política. In: *Estratégia, poder-saber*: Ditos e Escritos IV, p. 355-385].

[563] GSA, p. 259.

[564] GSA, p. 266.

[565] Para um panorama sobre estes temas, independentemente da *parrhēsia*: ROSANVALLON, P. *La contre-démocratie*: la politique à l'âge de la défiance. Paris: Seuil, 2006.

te às práticas políticas, frente à política, foi sempre existir como discurso filosófico e como veridicção filosófica".[566] A filosofia se *efetua* na medida em que requer coragem: assumir o risco da situação. Ela jamais se substitui ao político, porque não diz nem decide o que se deve fazer. Como para Weber, no fundo, simplesmente obedece ao demônio que maneja os fios da vida de quem se mostra filósofo. Ou, noutro sentido, de quem se materializa como forma de vida política, como *subjectum* e não como *subjectus*.[567]

III.

Há uma terceira figura que Foucault recupera de Platão: a de Sócrates no *Laques*, diálogo em que fala-se de coragem. No *Laques*, o que interessa a Foucault, creio, são fundamentalmente três questões. A primeira: o que autoriza Sócrates a falar de coragem? Por que seus interlocutores no diálogo, Nícias e Laques, o envolvem na discussão sobre a educação dos filhos de Lisímaco e Melesias? Não é pela competência técnica de combatente em Delio, nem pelo corajoso comportamento, então demonstrado, que Sócrates está habilitado a falar, diz Foucault. O que o qualifica é, sobretudo, o acordo musical entre palavras e ações, sobre o qual harmoniza a sua vida (*Laques*, XIV, 188d: "*autós autóu toù bíou súmphônon tois lógois pros ta érga*" [dá-me muitíssima alegria ver que quem fala e o que diz estão, ao mesmo tempo, mutuamente afinados e que isto é harmonioso].[568] É, justamente, a coerência de uma vida.

566 GSA, p. 267.

567 Cf. BALIBAR, É. *Citoyen Sujet et autres essais d'anthropologie politique*. Paris: PUF, 2011, em particular, p. 67 e ss. [BALIBAR, É. *Ciudadano sujeto*: volumen 1: el sujeto ciudadano. Traducción de César Marchesino. Buenos Aires: Prometeo, 2013; BALIBAR, É. *Ciudadano sujeto*: volumen 2: ensayos de antropología filosófica. Prólogo y traducción de César Marchesino. Buenos Aires: Prometeo, 2014].

568 FOUCAULT, M. *Le courage de la vérité*: Le gouvernement de soi et des autres II. Cours au Collège de France, 1984. Édition établie sous la direction de F. Ewald et A. Fontana par F. Gros. Paris: Gallimard/Seuil, 2009, p. 138. [=CV].

Aqui, a segunda questão que interessa a Foucault: há um *décalage* [defasagem, deslocamento] significativo entre o Alcibíades e o Laques na expressão do sentido da *parrhēsia* socrática, que diz respeito ao *didonai logon* [o dar conta de si], objetivo da *parrhēsia* socrática. Se, no Alcibíades, trata-se da *psyché*, isto é, do eixo sobre o qual gira a passagem entre o governo de si e o governo dos outros, no Laques não se trata da alma, mas do *bíos*: a vida como obra de arte, o que implica uma estilística, uma forma, um trabalho de polimento consigo mesmo (para usar o termo estoico: esculpir, retirando, subtraindo, singularizando até o essencial, a própria estátua[569]) — e isto constitui um jogo tremendamente sério.

Para Epíteto, um dos autores do último Foucault, o filósofo é aquele que, interrogando, joga. O jogo estabelecido entre os argumentos produz o devir da *zētēsis* [busca, investigação, pesquisa] filosófica. Epíteto fala de Sócrates como de um bom jogador, que, inclusive nos tribunais, joga o jogo sério da filosofia:[570] "o que é que se jogava naquela ocasião?", acrescenta. "Tratava-se de viver, de seguir acorrentado, de ser mandado ao exílio, de beber veneno, de perder a mulher, de deixar os filhos órfãos. Isto é que estava em jogo, com isso se jogava (*tauta en mesō ois epaîzein*) e, todavia, jogava e manuseava a bola com grande destreza." Citação que realmente me agrada muito. Recorda-me outro testemunho da verdade no sentido socrático: um companheiro e professor que, enquanto aguardava, após cinco anos e meio de prisão preventiva, uma sentença que poderia condená-lo a décadas de reclusão — e que, de fato, o absolveria de todas as acusações —, ao invés de chegar acorrentado

---

[FOUCAULT, M. *A coragem da verdade*: o governo de si e dos outros II. Curso no Collège de France (1983-1984). Edição estabelecida por Frédéric Gros, sob a direção de François Ewald e Alessandro Fontana. Tradução de Eduardo Brandão. São Paulo: Editora WMF Martins Fontes, 2011].

569 EPITTETO. *Diatribe*, II, 19, 23-24. [EPICTETO. *As Diatribes de Epicteto*, Livro I. Série "Autores Gregos e Latinos". Tradução do grego, introdução e comentário Aldo Dinucci. Coimbra: Imprensa da Universidade de Coimbra, 2020].

570 EPITTETO. *Diatribe*, II, 5, 18-20.

ao tribunal, permaneceu em Rebibbia, sereno de uma serenidade filosófica, jogando muito seriamente uma partida de tênis.

No *Laques*, trata-se, portanto, do *bíos* e não da *psyché* de quem é educado para a função de governo à qual aspira. A terceira questão que Foucault sublinha é a linha de transmissão desse socratismo às escolas helenísticas posteriores, a trajetória excedente que essa filosofia, como testemunho e como atividade da verdade, marca em relação ao platonismo para se redefinir, de modo particularmente radical, no cinismo. O cínico, o filósofo-cão, faz do *bíos* — de sua vida, de seu corpo, de sua língua afiada — uma *alethurgia*[571] imediata da verdade.

Quem é o cínico? Antes de tudo, o cinismo, como reconhece Hegel,[572] retomando evidentemente Diógenes Laércio,[573] é um estilo, um modo de vida, mais do que uma filosofia. Poderíamos dizer, sem mais, um modo de vida que encarna uma filosofia. Uma vida inteiramente pública, completamente exposta como dramatização da verdade: sem segredo, sem privacidade, sem dissimulação, tendencialmente sem intenção. O cínico vive uma vida totalmente natural, na qual — como para o amor de que fala Platão em *O Banquete* — não há motivo para vergonha.

Essa recuperação de uma naturalidade não dissimulada, que empurra na direção de uma estrita animalidade como paradigma de uma *autarkeia* [autossuficiência] que esmaga o divino na imanência perfeita de uma vida sem necessidades nem desejos, sem altos nem

571 "*Alethúrgico*" é um adjetivo que procede do grego "*alêthourgês*", que significa "verídico". Termo a partir do qual Foucault constrói a compreensão do substantivo "*alethurgia*" (fr. "*alethurgie*"). O termo, no grego, compreende, e é composto, pelos termos "*alêtheia*" (verdade) e "*ergôn*" (ação). [N.T.]

572 G HEGEL, G. W. F. *Lezioni sulla storia della filosofia*. Traduzione de E. Codignola e G. Sanna. Firenze: La Nuova Italia, 1981, v. 2, p. 113; p. 142-151. [HEGEL, G. W. F. *Filosofia da história*. 2. ed. Tradução de Maria Rodrigues e Hans Harden. Brasília: Editora UnB, 2008].

573 LAÉRCIO, D. *Vidas e doutrinas dos filósofos ilustres*. VI, 103. Tradução do grego, introdução e notas de Mário da Gama Kury. Brasília: Editora UnB, 2008.

baixos, porque é feita apenas de superfícies e corpos, de choques, provas e encontros (o cínico é devoto do culto surpreendente e impessoal de *tuchē*, de seu proceder *aloghistos*, de forma completamente impessoal e anárquica[574]), remete a uma estética da pureza.

A *adiaphoros bíos* do cínico — vida indiferente, por certo, mas de uma indiferença que se define através da *talaiporia* [adversidade, trabalho árduo], de milhares de trabalhos e *ponoi* [padecimentos], para se construir como uma vida difícil, viril, hercúlea — é a vida perfeitamente independente por meio da qual é *alterado*, *transvalorado* o signo (e o significado mesmo) da filosofia. Diógenes, o falsificador, como recita a doxografia ("*paracharaxon to nomisma*" [invalidar a moeda em curso, cunhar novamente as convenções] é a divisa cínica). Vida de pobre, também. Nela, a pobreza é *provocada*, não sofrida: uma escolha de despossessão e de inserção material no fluxo dos acontecimentos, sem medo de perder algo, e como estratégia de fortalecimento e incremento de potência resistente: o cínico como filósofo-atleta.[575] Vida que procura a desonra e que enfrenta a *adoxia* [impopularidade] para ser experimentada como escolha de desconstrução radical da tirania do desejo. Diógenes Laércio, sobre Bion de Borístenes (IV, 50), havia afirmado de um homem rico: "não é ele que possui a sua fortuna, mas sua fortuna que o possui". Sêneca, ao falar de Diógenes (*De Beneficiis*, IV, 4, 3-4): "Há homens de tal maneira isentos de ganância que mal podem ser afetados pelas necessidades da humanidade. Confesso ser vencido por Diógenes", reflete, "que caminha nu em meio aos tesouros da Macedônia e joga por terra a riqueza dos reis. Diógenes está acima daqueles que tinham tudo a seus pés. Diógenes era mais poderoso, mais rico que Alexandre,

[574] Cf. GOULET-CAZÉ, M.-O. *L'ascèse cynique*: un commentaire de Diogène Laërce VI, 70-71. Paris: Vrin, 2001.

[575] Cf. G. DELEUZE, G. La vie comme Oeuvre d'art: Entretien avec C. Fernet (1960). In: *Pourparlers 1972-1990*. Paris: Minuit, 2003, p. 129-161. [DELEUZE, G. A vida como obra de arte. In: *Conversações, 1972-1990*, p. 118-126].

então senhor do mundo, *porque poderia rejeitar muito mais do que o rei poderia oferecer*".

Não tenho tempo, aqui, para analisar de modo detalhado a doxografia sobre o cinismo.[576] Basta, brevemente, o que disse acima. Filosofia viril, filosofia da animalidade e do corpo, teatro filosófico (dramatização, *performance*, palavra breve e descarada[577]) em que a verdade é a medida da coerência entre o discurso e o *bíos*. Para retornar ao nosso tema, bastam as palavras de Dião Crisóstomo [Dião de Prusa] (IX, 18):

> assim, portanto, não é suficiente, para quem quiser fazer profissão de cinismo, adotar o manto, o bastão, os alforjes e os cabelos compridos e caminhar, áspero e analfabeto, como por uma aldeia desprovida de cabeleireiro e de escola, mas deve ter, por atributos da filosofia cínica, a razão no lugar do bastão e a regra de vida no lugar do alforje. *A* parrhēsia *é válida, uma vez que se demonstrou o próprio valor*. Como fizeram, acredito eu, Diógenes e Crates.

O cinismo — é isto que interessa a Foucault — *trans-forma*, no sentido da transvalorização e da passagem a uma forma *outra*, o problema relevante, tanto no plano filosófico quanto no político, do pensamento grego: a coragem da verdade. Conhecemos, a esta altura, diversas modalidades de seu exercício. A primeira é a da democracia ou do conselheiro: "a ousadia política, tanto a do democrata como a do palaciano", escreve Foucault, recapitulando e explicitando seu próprio percurso, "consiste em dizer algo distinto, algo contrário ao que pensam a assembleia ou o príncipe. É contra a opinião deste príncipe ou desta assembleia, e em favor da verdade, que o político, se for corajoso, arrisca a própria vida". A esta primeira fórmula, Foucault chama "a valentia política do dizer-ver-

[576] Textos e doxografia reunidos em PAQUET, L. (org.). *Les cyniques grecs*: fragments et témoignages. Choix, traduction, introduction et notes par L. Paquet; avant-propos par M.-O. Goulet-Cazé. Paris: Librairie Générale Française, 1992.

[577] Ver: KENNEDY, K. Cynic Rhetoric: The Ethics and Tactics of Resistance. *Rhetoric Review*, v. 18, n. 1, p. 26-45, 1999.

dadeiro". A segunda é a da ironia socrática, figura-ponte entre a instauração filosófica da *parrhēsia* e a coragem cínica da verdade. Na ironia socrática, o risco — de provocar em quem escuta irritação, cólera, vingança, processos e condenações — é assumido como prova de coerência; e o ato de dizer a verdade, como instrumento para fazer deslizar ("*glisser*", diz Foucault) para dentro de um saber que os interlocutores ignoram possuir, uma verdade que os leve a assumir como tarefa o cuidado de si. Com o cinismo, entra *em cena* (literalmente, nesse caso) uma terceira modalidade de *parrhēsia* ou de coragem da verdade. Na vida escandalosa do cínico, Foucault identifica o próprio escândalo da verdade: "A coragem cínica da verdade consiste em fazer com que as pessoas condenem, rejeitem, desprezem, insultem a manifestação mesma daquilo que admitem ou pretendem admitir no plano dos princípios".[578]

A *parrhēsia* cínica tem seu ponto de emersão na vida mesma daquele que deve tornar visível a verdade sob a forma de uma existência: *alēthēs bíos* [vida verdadeira]. Banalidade da filosofia, talvez — mas uma banalidade que funciona como o espelho trincado em que se reflete o escândalo que a filosofia é quando efetivamente encarnada em uma prática.[579] O epitáfio de Cercidas de Megalópolis, nos *Meliâmbicos*: "Diógenes, filho de Zeus (*Dio-genés*) e cão do céu...". Sêneca, retomando Demétrio sobre o significado do filósofo e do filosofar:[580] "Se consagra a alma à virtude, e encontra o caminho ao qual ela o conduz; se, como ser social nascido para viver em comunidade, vê o mundo como a morada comum de todos; se abre a consciência aos deuses e vive sempre como se estivesse em público, respeitando-se mais a si mesmo do que aos outros; se, enfim, escapando das tempestades, alcança um

[578] Sobre o tema: CESARONI, P. La filosofia in Il coraggio della verità. In: CESARONI, P.; CHIGNOLA, S. *La forza del vero*: un seminario sui Corsi di Michel Foucault al Collège de France (1981-1984). Verona: ombre corte, 2013, p. 132-160.

[579] CV, p. 214-215.

[580] *De Beneficiis*, VII, I 3-7.

porto seguro e calmo: assim terá toda a ciência útil, a necessária. O resto não passa de diversão ou prazer do ócio".

O resto: a filosofia como verbosidade, discurso, doutrina — futilidade pura para o severo filósofo-cão. Basta lembrar a discussão entre Favorino e Demonax, transmitida por Luciano:[581] "Quem é você para se intrometer nos meus discursos?", pergunta Favorino ao cínico, evidentemente irritado. Demonax responde: "Sou um homem cujos ouvidos não se deixam enganar facilmente". "Do que então dispõe para passar dos jogos infantis à filosofia?", replica o primeiro. "De atributos" (*orcheis* [testículos], literalmente), retruca o cínico barbudo ao imberbe Favorino. *Parrhēsia* como golpe fulgurante, gracejo cortante, zombaria — puro gesto que dá corpo ao sentido.

IV.

Falando de seu trabalho na célebre entrevista a Duccio Trombadori, no final de 1978 (mais tarde publicada em *Il Contributo*, em 1980), Michel Foucault utiliza algumas expressões sobre as quais não havia me detido no passado e que agora, no entanto, me parecem extremamente significativas. É como se, na entrevista em questão, ele estivesse efetivamente inaugurando, com forte investimento subjetivo, o campo de investigação que ocupará os cursos da década de 1980 no Collège de France. E isso, creio, leva-nos novamente às questões colocadas no início desta minha breve contribuição. Retomando, pela enésima vez, as linhas de seu trabalho de pesquisa, Foucault responde à pergunta do entrevistador: "Meu problema é fazer eu mesmo, e convidar outros a fazer comigo, através de um conteúdo histórico determinado, uma experiência do que somos, do que é não somente o nosso passado, mas também o nosso presente, uma experiência da nossa modernidade de tal

[581] *Vita di Demonatte*, 12.

modo que saiamos dela transformados".[582] Foucault escreve livros de *fiction historique*, como ele os chama — isto é, livros que usam documentos autênticos, materiais de arquivo, textos existentes, não para restituir a objetividade de um processo, mas "de tal maneira que, por seu intermédio, seja possível efetuar não só uma constatação da verdade, mas também uma experiência que permita uma alteração, uma transformação da relação que temos com nós mesmos e com o mundo, o qual, até aquele momento, reconhecíamos sem problemas" —, com o objetivo, portanto, de produzir experiências de transformação. A filosofia, a crítica, posta ao trabalho: *philosophie en activité*, e não pretensão soberana de verdade.[583]

O que Foucault chama de "jogo" entre verdade e ficção, entre constatação e fabricação, entre analítica e montagem — sobre o qual se organizam seus livros —, é aquilo que permite desencadear um efeito de alteração capaz de resgatar os possíveis não realizados do tempo em que vivemos. Esse tempo é posto, por assim dizer, em movimento, fluidificado, para tornar perceptíveis as forças e os processos que cristalizam naquele sólido monólito que tomamos por realidade e para permitir, portanto, o desprendimento de sua pretensão de verdade. *Déprise*[584] é uma das palavras-chave para o último Foucault. É exatamente com esse tipo de consciência — junto com o problema de pensar a prática da filosofia como experiência de desassujeitamento e de subjetivação —, creio, que Foucault estuda o pensamento antigo.

Mas não somente. Respondendo a Trombadori, que o solicita sobre este ponto e, particularmente, sobre o tipo de ensino que deveria orientar esta dita transformação, Foucault precisa: "recha-

[582] FOUCAULT, M. Entretien avec D. Trombadori. Paris, 1978. *Il Contributo*, n. 1, p. 23-84, jan.-mar. 1980. In: DEII, p. 860-914, p. 863. [FOUCAULT, M. Conversa com Michel Foucault. In: *Repensar a política*: Ditos e Escritos VI, p. 289-347].

[583] DEII, p. 929.

[584] Derivado de *dé-prendre*: desprender, desapegar, apartar. O termo alude ao "*déprise de soi*" de Foucault, traduzido habitualmente como "desprendimento de si", "desprendimento de si mesmo", "alheamento...". [N.T.]

ço a palavra 'ensino'. Um livro sistemático que levasse à prática um método generalizável ou fizesse a demonstração de uma teoria conteria ensinamentos. Meus livros não têm exatamente este valor. São mais convites, gestos feitos em público".[585] Convites, certamente. Mas, sobretudo, *gestos feitos em público*, gestos não dissimulados, despojados de qualquer retórica, integralmente visíveis como parte de um saber que se coloca sobre a superfície das coisas — a filosofia helenística, dizia Deleuze, como saber da superfície, diferente do saber pré-socrático dos abismos e da filosofia platônica das alturas. São os gestos do fazer parresiástico da filosofia dos cínicos. E ainda mais: a reivindicação, algumas linhas mais adiante, do "socratismo" presente no suposto efeito *paralisante* denunciado por alguns especialistas de segurança carcerária depois da leitura de *Vigiar e punir* (1975): "Esta reação, justamente, prova que o trabalho deu resultado, que funcionou como eu queria". Os livros de Foucault como *livres-expérience*, construídos conscientemente e diferenciados, portanto, dos *livres-vérité* ou dos *livres-démonstration* da tradicional filosofia universitária ou acadêmica.[586] E, neles, uma filosofia em transformação, uma filosofia em ação, que não ensina, mas paralisa quanto mais trabalha na *problématisation* da racionalidade ocidental e de suas práticas. Difícil pensar que Foucault não tivesse em mente o *Mênon*.

Em uma segunda entrevista, desta vez com Alessandro Fontana, antecipada em maio de 1984 e republicada no *Le Monde* em julho do mesmo ano ("Une esthétique de l'existence" [Uma estética da existência]), Foucault é levado a explicar o porquê de seu interesse pela Antiguidade. Trata-se de pensar algo como uma interferência entre o Ocidente cristão e o pensamento grego motivada pelo deslocamento da história da moral. A passagem da Antiguidade ao cristianismo é marcada pelo assujeitamento daquilo que, na Grécia, era a "ética pessoal" (seja lá o que isso signifique, dado

585 FOUCAULT, M. Entretien avec D. Trombadori, cit., p. 866.

586 DELEUZE, G. *Logique du sens.* Paris: Minuit, 1969.

que, pessoalmente, considero bastante problemática esta afirmação de Foucault...) a um dispositivo de obediência a sistemas de regras. Em outro lugar, Foucault já havia frisado: se há algo literalmente impensável para um grego, é a ideia de uma submissão a um poder que dure toda a vida. As pesquisas sobre esses sistemas de disciplina e de obediência na Antiguidade indicariam, portanto, uma passagem motivada pela progressiva evanescência da ideia de obediência a regras e pela necessidade de repensar a ética segundo as fórmulas existenciais antigas: "Se me interessei pela Antiguidade foi porque, por toda uma série de razões, a ideia de moralidade como obediência a um código de regras está desaparecendo, já desapareceu. E a esta ausência de moral corresponde, deveria corresponder, uma busca estética da existência."[587]

É preciso esclarecer, contudo, que a referência a uma "estética da existência" não indica uma retirada impolítica. Ao contrário: a atenção de Foucault recai sobre o surgimento de uma *política do sujeito* em relação ao corpo, à sexualidade e às relações entre os sexos (e, em outros momentos, sobre necessidades e desejos irrepresentáveis, condensando-se em práticas e movimentos sociais de êxodo e destituição, que se entrecruzam com temáticas ambientais, feministas, gays, etc.), política que marca um excedente irrecuperável em relação ao âmbito de vigência da soberania e de seus dispositivos normativos. Os processos de subjetivação que atravessam o presente não podem ser pensados — é este, creio, o problema de Foucault — com os códigos e dispositivos que, na modernidade, os amarraram por meio de técnicas de poder como a representação política ou a soberania; categorias, estas últimas, que tornam exigível, e por toda a vida, a obrigação absoluta e irresistível que os gregos consideravam legítima, no fundo, apenas para os escravos. Não se trata, portanto, de uma afirmação infantilmente extremista da minha parte. Basta recordar, mais uma vez, um grande liberal, Tocqueville: "Em um sistema como este

[587] FOUCAULT, M. Une esthétique de l'existence, cit., p. 1.551.

— o sistema democrático definido por procedimentos decisórios representativos —, os cidadãos saem, por um momento, da dependência para indicar o seu governante e logo a ela retornam",[588] escreve a prosa seca do normando.

E não só. Nesta mesma entrevista, Foucault esclarece a irrecuperabilidade, para fins de crítica, da própria noção de indivíduo e de direitos individuais, que o liberalismo tradicionalmente opõe à invasividade dos aparatos estatais. Por duas razões, vale a pena recordar a questão. Por um lado, não existe algo como um sujeito soberano, um sujeito fundador e fundamento, uma forma universal da subjetividade que possa ser encontrada em qualquer lugar. Por outro, esse mesmo sujeito, supostamente soberano, não é senão o resultado das práticas de sujeição que o constituem. Pelo contrário, o sujeito se constitui através de práticas de assujeitamento ou, de modo mais autônomo, através de práticas de liberação, de liberdade, como na Antiguidade, diz então Foucault. Ou seja: não como práticas que pressuponham um sujeito absolutamente livre, mas como práticas capazes de dobrar e aproveitar, como recursos, regras, convenções e estilos que fazem parte do ambiente social — da *Lebensform* [forma de vida], para retomar o termo do último Wittgenstein — em que o sujeito está situado, funcionalizando-as ao uso criativo e inventivo que a liberdade souber delas fazer.

Aqui a última passagem que me interessa abordar. Isso significa, assim, aceitar a realidade como se apresenta diante de nós, com seus dispositivos, suas máquinas e suas leis? Significa aceitar a realidade como verdadeira? É neste ponto que, na entrevista, entra a questão da veridicção. E o faz de uma forma que a relaciona diretamente ao problema da crítica e da governamentalidade. "Creio

588 TOCQUEVILLE, A. *De la démocratie en Amérique*. [1840]. Tome II, Partie IV, Chapitre VI, *Quelle espèce de despotisme les nations démocratiques ont à craindre*. [TOCQUEVILLE, A. *A democracia na América*: sentimentos e opiniões; de uma profusão de sentimentos e opiniões que o estado social democrático fez nascer nos americanos. Livro II. Tradução de Eduardo Brandão. São Paulo: Martins Fontes, 2004].

bastante na verdade para não supor que haja distintas verdades e diferentes maneiras de falar da verdade", diz Foucault. "Com certeza, não se pode pretender que um governo diga a verdade, toda a verdade e nada mais que a verdade — a verdade não é, hobbesianamente, monopólio do soberano, poderíamos dizer —; por outro lado, é possível exigir daqueles que nos governam uma certa verdade quanto a suas metas fundamentais, às opções gerais de sua tática e a diversos pontos específicos de seus programas: *esta é a* parrhēsia *(a palavra livre) dos governados*".[589]

Aquilo que é, portanto, possível é uma *parrhēsia* política à altura da contemporaneidade. Uma *parrhēsia* preservada de sua captura filosófica e reinvestida como modalidade específica da crítica e da subjetivação, no centro da governamentalização do poder. Esta forma de *parrhēsia* pode ser resumida de formas muito distintas, que têm todas, todavia, a característica — seja ao cobrar explicações sobre uma decisão, o sentido de uma ação, o motivo de um acontecimento, e independentemente de se estar incluído no exercício do governo como especialista ou intelectual, sujeito materialmente implicado no que ocorre ou como simples cidadão — de uma interpelação que subjetiva a posição do governado e o coloca diante de quem governa como um risco que este deve percorrer, atravessar, para poder efetivamente governar.

E sem inversão de papéis, obviamente, pois a função da crítica está em estabilizar uma diferença. O que a crítica deve evitar, para poder se exercer como tal — isto é, como foco de inovação, transformação e resistência dentro da elipse governamental —, é o encantamento com que o poder se esforça para exorcizar a *parrhēsia* do governado, recuperando sua excedência no dispositivo de soberania. Assim como faz ao dizer: "Ponham-se em nosso lugar e digam-nos o que fariam...". O realismo como prova de maturidade da crítica; o último contrafluxo do efeito de verdade do poder e de

[589] FOUCAULT, M. Une esthétique de l'existence, cit., p. 1.552-1.553, destaque do autor.

sua capacidade de imaginar a enunciação apenas como programa, plano, discurso soberano que contenha uma práxis a organizar.

Trata-se, portanto, de uma questão que deve ser cuidadosamente posta de lado, pois é perfeitamente inútil e perniciosa para os fins da veridicção. Independentemente do que o poder exija, não é de realismo fictício que a crítica necessita. Se ela é, de fato, coragem da verdade, *parrhēsia*, risco assumido em primeira pessoa, então não pode jamais estar integrada à liturgia discursiva que toma o realismo e o desencanto como cifra de uma reversibilidade das posições de governante e governado, na qual o segundo é fagocitado e anulado enquanto tal. A subjetivação política do governado se produz numa tomada de palavra que não diz o que se deve fazer, mas que intima quem decide e governa a *prestar contas do que faz.*

"Como governados" — não como sujeitos de direito, não como representados, não como *assujettis*, portanto, mas enquanto *governados*, isto é, como parte implicada num processo em que a medida da legitimidade da ação do governo se dá pelo confronto aberto com o governado — "temos todo o direito de colocar questões acerca da verdade".[590]

A veridicção aqui em jogo é aquela possível numa tomada de palavra que subjetiva a posição do governado, atribuindo-lhe o papel de crítica permanente do exercício das funções de governo — as quais, por sua vez, não podem se subtrair à interpelação constante que obriga quem governa a prestar contas de si. Ao contrário, é somente o exercício corajoso dessa injunção permanente ao poder que ativa o saber e retira o sujeito de sua passividade. Trata-se, mais uma vez, do governo de si e do governo dos outros — a estrela polar que orienta o percurso intelectual, político e pessoal do último Foucault.

[590] FOUCAULT, M. Une esthétique de l'existence, cit., p. 1.553.

8. Sobre o dispositivo: Foucault, Agamben, Deleuze[591]

Sobre a relação de Agamben com Foucault, circulam atualmente, na literatura, numerosos estudos. Basta remeter ao número 10 (2010) da *Foucault Studies* ou aos trabalhos de Tom Frost (2010), Mika Okajangas (2005), Colin McQuillan (2010), Katia Genel (2004, 2006), entre muitos outros.[592] Isso se deve, sobretudo, ao fato de que o próprio Agamben — em momentos decisivos para definir a direção e os instrumentos de seu próprio projeto de investigação — dialoga diretamente com Foucault. É o que ocorre quando trata de biopoder e de biopolítica (em vários dos volumes que compõem *Homo sacer*), quando retoma o tema da arqueologia filosófica (em *Signatura rerum* e também em *O sacramento da linguagem: Arqueologia do juramento*), ou quando se volta ao tema foucaultiano da sujeição e da subjetivação. Pontos de articulação decisivos na trajetória de pesquisa de Agamben são colocados sob o signo de Foucault, e talvez se possa dizer que, na vasta rede de

[591] Por se tratar de uma conferência, as fontes dos textos foram por nós colocadas, procurando-se manter os originais, e apontando-se também a fonte em português quando existente. [N.T.]

[592] FROST, T. Agamben's Sovereign Legalization of Foucault. *Oxford Legal Studies*, v. 30, n. 3, p. 545-577, 2010; OKJANGAS, M. Impossible Dialogue on Biopower. *Foucault Studies*, n. 2, p. 5-28, 2005; MCQUILLAN, C. Philosophical Archeology in Kant, Foucault and Agamben. *Parrhesia*, n. 10, p. 39-49, 2010; MCQUILLAN, C. Agamben's Fictions. *Philosophical Compass*, v. 7, n. 6, p. 376-387, 2012; GENEL, K. Le biopouvoir chez Foucault et Agamben. *Methodos: Savoir et textes*, n. 4, 2004. [GENEL, K. The Question of Biopower: Foucault and Agamben. *Rethinking Marxism*, v. 18, n. 1, 2006].

referências sobre as quais se estruturam suas análises, Foucault, juntamente com Benjamin, Arendt e Heidegger, desempenha o papel de um dos pontos cardeais de sua orientação.

Para me aproximar do problema, vou me concentrar na densa conferência agambeniana de 2006.[593] Seu título, "O que é um dispositivo?", retoma o título de um importante ensaio de Gilles Deleuze,[594] apresentado no Colloque International dedicado à filosofia de Michel Foucault, organizado poucos anos após sua morte pela Association pour le Centre Michel Foucault, responsável por reunir os textos inéditos e promover a edição de seus cursos no Collège de France. Mais adiante, voltarei a este admirável texto de Deleuze, mas, neste momento, interessa-me examinar de que modo Agamben coloca a questão. Como qualquer um que tenha lido integralmente os textos de Foucault — não apenas os grandes livros, mas também os artigos, as conferências, os seminários, os cursos no Collège de France e, sobretudo, as entrevistas, quer dizer, a série de textos que Deleuze, pioneiramente, considera parte integrante e prolongamento de suas investigações —, Agamben reconhece que, em meados da década de 1970, o uso do termo *dispositivo* se torna frequente e generalizado. Muitos críticos notaram — e Agamben também notou — que a esse uso recorrente do termo por parte de Foucault nunca correspondeu uma defini-

[593] Para maiores detalhes da crítica a Agamben: CHIGNOLA, S. Regla, ley, forma-de-vida: alrededor de Agamben: um seminario. *Pléyade*, n. 12, p. 57-97, 2013. Texto dedicado ao livro: AGAMBEN, Giorgio. *Altissima povertà*: regole monastiche e forma di vita (Homo sacer IV, 1). Vicenza: Neri Pozza, 2011. [AGAMBEN, G. *Altíssima pobreza*: regras monásticas e formas de vida (Homo sacer IV, 1). Tradução de Selvino Assmann. São Paulo: Boitempo, 2014].

[594] Já referido no primeiro capítulo deste livro: DELEUZE, G. Qu'est-ce qu'un dispositif? In: BALBIER, E. et al. *Michel Foucault philosophe*. Paris: Seuil, 1989, p. 185-195. [DELEUZE, G. ¿Qué es un dispositivo? In: BALBIER, E. et al. *Michel Foucault, filósofo*. Barcelona: Gedisa, 1990, p. 155-161; DELEUZE, G. *O mistério de Ariana*. Tradução e prefácio de Edmundo Cordeiro. Lisboa: Passagens, 1996, p. 56-62]. [N.T.]

ção última. Isso motivou a indagação sobre sua origem: de onde Foucault teria tomado o termo *dispositivo*? A tese de Agamben é sugestiva: Foucault teria escolhido o termo como um *Ersatz*, isto é, como uma substituição, da noção de *positividade* que havia empregado anteriormente e que recuperara de Jean Hyppolite.[595]

Obviamente, este não é o lugar para discutir a relevância de Hyppolite para Foucault e para toda a geração de filósofos franceses que se formou a partir de suas lições. O que interessa aqui é a tese de Agamben. Hyppolite retoma o termo "positividade" do jovem Hegel. Este, num texto de 1795-1796 ("A positividade da religião cristã"),[596] emprega a expressão "religião positiva" em oposição a "religião natural": enquanto, nesta última, trata-se de uma relação imediata entre a razão humana e Deus, numa religião positiva entram em jogo "sentimentos que ficam impressos nas almas através da constrição e dos comportamentos que são resultado de uma relação de mando e obediência, e que se cumprem sem um interesse direto", escreve Hegel. Sem dúvida, este ponto é relevante para o duplo movimento que Agamben põe em evidência: a religião positiva — ou seja, institucionalizada, histórica — não apenas codifica uma relação de mando e obediência por meio de ritos, liturgias ou regras que se impõem ao sujeito desde o exterior, mas também — e aqui está o segundo aspecto — atua sobre o fiel *a partir do interior*, que internaliza sentimentos, atitudes e formas de sua própria autopercepção e autoconsciência, bem como fórmulas e preceitos pelos quais a religião se "positiva" como instituição. Segundo Agamben, Foucault teria recebido de Hegel, via Hyppolite, essa noção de *positividade*, termo recorrente

595 HYPPOLITE, J. *Introduction à la philosophie de l'histoire de Hegel*. [1948]. [HYPPOLITE, J. *Introdução à filosofia da história de Hegel*. Tradução de Hamilcar de Garcia. Rio de Janeiro: Civilização Brasileira, 1971].

596 HEGEL, G. W. F. *Die Positivität der christlichen Religion*. [1795-1796]. [HEGEL, G. W. F. La positividad de la religion Cristiana [1795-1796]. In: *Escritos de juventud*. Edición, introducción y notas de Jose M. Ripalda. Traducción de Zoltan Szankay e José M. Ripalda. Mexico: Fondo de Cultura Economica, 1978, p. 73-162].

nos escritos foucaultianos dos anos 1960, para designar o elemento histórico e para formular o problema da relação entre os indivíduos e o conjunto definido pelas instituições, pelos processos de subjetivação que estas mantêm sob tensão e pelas regras nas quais se concretizam as relações de poder. *Dispositivo* seria o termo — de modo um tanto misterioso — escolhido na década de 1970 para desempenhar o papel antes atribuído à *positividade*.

Uma das principais estudiosas europeias de Foucault, Judith Revel, sugere outra derivação[597] — ou melhor, outra forma de substituição. Foucault utiliza o termo *dispositivo* de forma mais difusa à medida que este assume e aprofunda a função que antes cabia a outro conceito foucaultiano, o de *episteme*, formulado em *As palavras e as coisas* (1966). A relação entre *episteme* e *dispositivo* aparece num dos poucos textos em que Foucault foi instado a definir este último termo (*Le jeu de Michel Foucault*, 1977), e no qual chega perto de fazê-lo.[598] Numa passagem muito densa da introdução ao livro de 1966, Foucault coloca imediatamente em relação positividade e episteme. O objeto de investigação que Foucault — retomando o termo kantiano e aludindo a um livro futuro — qualifica como "arqueológico" é a *région médiaine* [região intermediária] que se estende entre os esquemas perceptivos e linguísticos que moldam a experiência do mundo e o conjunto de saberes que buscam dar-lhe uma interpretação teórica ou científica. Essa região intermediária, separada tanto pela língua quanto pelo pensamento, porque organiza uma cultura — isto é, o conjunto das relações que ligam diferentes tipos de discurso numa época de-

597 REVEL, J. *Dictionnaire Foucault*. Paris: Elipses, 2008. [Em português, contamos com a tradução do anterior *Le vocabulaire Foucault* (2002): REVEL, J. *Foucault*: conceitos essenciais. Tradução de Maria do Rosário Gregolin, Nilton Milanez, Carlos Piovesani. São Paulo: Claraluz, 2005].

598 FOUCAULT, M. *Le jeu de Michel Foucault*: Entretien avec D. Colas, L. Grosrichard, G. Le Gaufey, J. Livi, G. Miller, J. Miller, J.-A. Miller, C. Millot, G. Wajeman. [1977]. In: DEII, p. 298-329. [FOUCAULT, M. O jogo de Michel Foucault. In: *Genealogia da ética, subjetividade e sexualidade*: Ditos e Escritos IX, p. 44-77].

terminada, não como sobredeterminação geral nem como "base" comum, mas como aquilo que torna possível sua simultaneidade e o jogo de suas diferenças — é o que Foucault chama de *champ épistémologique* [campo epistemológico] ou *episteme*: o sistema das condições de possibilidade em que os acontecimentos mergulham a sua positividade.

Aqui se coloca em questão uma drástica espacialização da história. Por meio dela, Foucault busca desativar a noção evolucionista ou de desenvolvimento implícita na história das ideias ou nas teorias da racionalização. Este será, por outra parte, um dos motivos de sua constante desconfiança tanto em relação a Max Weber quanto à Escola de Frankfurt. Atribuir a remissão dos sistemas de pensamento ao que os torna possíveis — quer dizer, à *expérience nue* [experiência nua] da ordem e de seus modos de ser, como a chama Foucault — significa alcançar o plano sobre o qual se assenta o *socle positif* [embasamento positivo] dos conhecimentos implementados nos saberes que definem a ordem do discurso de uma fase histórica determinada. Um campo epistêmico é recortado do fluxo do devir como espaço da ordem que tornou possível a constituição de um saber, e que a análise busca rastrear — para retomar, pela última vez, as palavras do autor —, visando identificar o *a priori* histórico e o elemento de positividade sobre o fundo do qual "poderão aparecer ideias, constituírem-se ciências, refletirem-se experiências filosóficas, formarem-se racionalidades para, quem sabe, logo se desfazerem ou desaparecerem".[599] Regras de formação e de transformação de sistemas de pensamento espacializados em campos epistemológicos e não organizados em séries de desenvolvimento: é isto o que interessa ao Foucault dos anos 1960.

Retorno à entrevista de 1977. Nela, Foucault não apenas coloca em relação os conceitos de *episteme* e de *dispositivo*, como também se aproxima de algo semelhante a uma definição desta

[599] FOUCAULT, M. *Les mots et les choses*. Paris: Gallimard, 1966. [FOUCAULT, M. *As palavras e as coisas*: uma arqueologia das ciências humanas. Tradução de Salma Tannus Muchail. São Paulo: Martins Fontes, 1999].

última categoria — sendo, talvez, um dos poucos textos em que se arrisca a fazê-lo. "O que chamo *dispositivo*", diz Foucault, "é um caso de *episteme* muito mais geral". O dispositivo caracteriza-se por uma heterogeneidade mais pronunciada em seus elementos constitutivos. Esta afirmação, creio eu, deve ser tomada a sério. O que marca a reorientação da investigação foucaultiana na segunda metade da década de 1970? Nesta entrevista, Foucault nos propõe uma resposta em primeira pessoa: tratava-se, segundo ele, de superar o impasse no qual se encontrava justamente quando escrevia *As palavras e as coisas*. A noção de *episteme* havia se mostrado adequada para recolocar em seu campo de referência enunciados e estruturas do discurso — a própria episteme, aqui, é definida como um "dispositivo especificamente discursivo" —, mas se revelou inutilizável para investigações voltadas a sondar o que Foucault chamará de "jogos de poder" (com evidente referência wittgensteiniana, que em breve aprofundaremos). Um dispositivo não é apenas a ordem epistêmica que esgota o dizível e o enunciável de uma época, mas também a relação de força que sustenta saberes e que deles se alimenta: "O dispositivo é isto: estratégias de relações de força suportando tipos de saber e suportadas por eles".[600]

Com o termo *dispositivo*, Foucault distancia-se da análise discursiva. Ou melhor, descentra sua própria analítica do arquivo de textos da filosofia — a ela, no fundo, referem-se às análises da teoria da representação, da linguagem, das ordens naturais, da riqueza e do valor, que Foucault chama de Idade Clássica — para acessar o espaço estriado pelo rumor de saberes filosoficamente anônimos, isto é, imputáveis somente ao fazer e desfazer de táticas e de estratégias visibilizadas como trajetórias de circulação de um poder cuja fórmula exclusivamente jurídica também será desconstruída. Um dispositivo é, portanto, numa primeira instância, o ponto de conexão de elementos heterogêneos: discursos, certamente, mas também regulamentos, soluções arquitetônicas, decisões adminis-

[600] FOUCAULT, M. O jogo de Michel Foucault, cit., p. 47.

trativas, proposições filosóficas e morais, tecnologias. Ele se impõe, num momento determinado e num campo específico, como resposta a um objetivo estratégico. Este é o segundo momento da definição foucaultiana. Tome-se o problema — que assinala as fases do que Marx chama de acumulação originária — da reabsorção de uma massa de população móvel, indisciplinada e pobre, que representa um desafio para a sociedade mercantilista. O objetivo estratégico de colocá-la sob controle e disciplina-la ao trabalho — trata-se das análises que Foucault levará a cabo entre o curso dedicado à *Sociedade punitiva* (1972-1973) e *Vigiar e punir* (1975) — dá origem a um dispositivo: a prisão, cuja matriz de submissão, formada pelo intrincado entrelaçamento do conhecimento dos teóricos da penalidade, da intervenção filantrópica, do discurso moral e da teoria filosófica, bem como da organização material de espaços eficientes de contenção e clausura, poderá ser aplicada fora do campo econômico e orientar o reinvestimento de táticas de controle, desenvolvidas em seu interior, para campos radicalmente distintos, como os da saúde, do tratamento da loucura ou da neurose, e da educação dos jovens. Hospitais, fábricas, prisões, manicômios e escolas representam, do final do século XVI a meados do século XVII, diferentes aplicações de um dispositivo estratégico que se alimenta dos elementos que conecta e que define sua referência imediata também de um ponto de vista polêmico. Daí decorre uma consequência fundamental: um dispositivo representa um processo de sobredeterminação funcional com relação a elementos heterogêneos que ele põe em rede e valoriza, mas que jamais consegue controlar completamente, como se pudesse antecipar até o fim, desde cima, o sistema de consequências que provoca, o sistema de relações que põe em funcionamento, interligando-as. A prisão, sob essa perspectiva, alcança o objetivo estratégico de colocar sob vigilância e fixar aquilo que podemos chamar de "multidão" — termo que, sem esforço, define o reverso do sujeito jurídico coletivo (o povo) —, mas é precisamente o seu êxito, isto é, o mecanismo de concentração, seleção e filtragem da mobilidade de vagabundos e irregulares que ela realiza, o que dará origem a uma população delinquente profissional, como aquela evocada, como espectro, na literatura burguesa do início do século XIX.

Trata-se apenas de um exemplo, evidentemente, mas útil para nos concentrarmos em algumas questões decisivamente relevantes, caso queiramos compreender Foucault. A primeira concerne à noção de poder. Para Foucault, o poder não é uma coisa. Não é algo que alguém detenha, nem representa uma espécie de intencionalidade transcendente em relação aos dispositivos que sustentam seu exercício. Em última instância, como Foucault terá ocasião de afirmar em diversas oportunidades, o poder, como tal, *não existe*: é o sistema — mais ou menos organizado, mais ou menos hierárquico, mais ou menos coordenado e, de todo modo, sempre reversível — de relações que tece e mantém sob tensão.

Há pouco, referi-me a Ludwig Wittgenstein. Numa conferência realizada no Japão, em 1978 — cujo texto em francês, *La philosophie analytique de la politique*, pode ser lido nos *Ditos e escritos* e que, pessoalmente, considero decisivo —, Foucault aproxima explicitamente seu próprio projeto a uma filosofia analítica da linguagem, em especial no que toca a seus possíveis desdobramentos futuros. Assim como o segundo Wittgenstein recusa-se a indagar sobre o ser da linguagem para refletir sobre o "uso cotidiano" das palavras e das regras que regem os jogos linguísticos, Foucault propõe destacar não a estrutura profunda do poder, nem sua fórmula definitiva ou substância, mas os diferentes *jeux* táticos e estratégicos que o compõem e que marcam "a trama da nossa vida cotidiana".[601] O poder é uma pura instância de circulação: reparte, ordena, coordena. Está tão próximo da nossa vida que se torna imperceptível, a menos que algo — algo como um reagente, um

[601] FOUCAULT, M. *La philosophie analytique de la politique*. [1978]. In: DEII, p. 534-551. [FOUCAULT, M. A filosofia analítica da política. In: *Ética, sexualidade, política*: Ditos e Escritos V. Organização e seleção de textos de Manoel Barros da Motta. Tradução de Elisa Monteiro et al. 2. ed. Rio de Janeiro: Forense Universitária, 2006, p. 37-55].

"catalisador químico", como Foucault dirá noutra ocasião[602] — o torne visível de tempos em tempos. O reagente que torna visível o poder, nas formas locais e específicas de seu exercício, é a resistência que se opõe a ele — a "linha de fuga", como a chamará Deleuze —, que deve ser continuamente perseguida.

Daqui deriva uma série de consequências importantes. Muitas delas foram registradas com precisão por Gilles Deleuze no texto sobre o dispositivo a que me referi no início. A primeira é que Foucault — noutra ocasião identificado por Deleuze como "cartógrafo"[603] — pensa por linhas. Um dispositivo é um *écheveau* [madeixa], escreve Deleuze; um conjunto multilinear composto por diferentes traços. Independentemente de Foucault falar de dispositivos concretos — prisões, hospitais, manicômios ou divisões da sexualidade —, trata-se de vetores, derivações, variações de direção. Ademais, tratando-se de forças, um dispositivo não é outra coisa senão um esquema de composição dessas forças: uma relação, um nó. Saber, poder e subjetividade — as três instâncias às quais se pode reconduzir inteiramente, em arco, toda a trajetória de investigação de Foucault — não são três campos cujo perímetro possa ser fechado, mas cadeias de variação que se entrelaçam e se escapam mutuamente.[604] Nessa perspectiva, Deleuze identifica no poder uma espécie de terceira dimensão do espaço: coisas e palavras relacionam-se segundo curvas de enunciação que as conectam aos saberes; e, nos saberes, expressam-se forças que o poder dobra e dirige, conferindo direção à relação que as une. Linhas que se conectam, dizíamos, e que voltam a se afastar a partir do ponto de encontro em que se haviam cruzado. Deleuze sublinha

602 FOUCAULT, M. *Le sujet et le pouvoir*. [1982]. In: DEII, p. 1.041-1.062. [FOUCAULT, M. O sujeito e o poder. In: *Genealogia da ética, subjetividade e sexualidade*: Ditos e Escritos IX, p. 118-140].

603 DELEUZE, G. *Foucault*. Paris: Minuit, 1986. [DELEUZE, G. *Foucault*. Tradução de Claudia Sant'Anna Martins et al.; revisão de Renato Ribeiro. São Paulo: Editora Brasiliense, 2006].

604 DELEUZE, G. ¿Qué es un dispositivo?, cit., p. 155.

um elemento decisivo dessa filosofia cartográfica de Foucault: o próprio sujeito, cuja relevância se torna extraordinariamente importante nos últimos anos do pensamento de Foucault — segundo a radicalização de seu projeto de investigação, que, a meu ver, não pode ser imputada, como se fez nos anos imediatamente posteriores à sua morte, a um fracasso ou a uma retração política — é também um dispositivo. Se o poder e o saber, embora reais, não são "coisas", mas condensações, cruzamentos, nós multilineares de vetores e direções — a genealogia, recordo, diz respeito a *Entstehung* [procedências] e *Herkunft* [emergências], não à *Ursprung* [origem] das coisas[605] —, o próprio sujeito não pode ser pensado como natureza ou como substância. O sujeito é, como disse antes, uma linha — uma linha de fuga. É por isso que o termo foucaultiano que o identifica — quando não prevalece em sua analítica o mecanismo de sujeição (a fábrica do sujeito que saberes e poderes põem em movimento, dobrando sua resistência, disciplinando a força, normalizando o excedente de vida), mas sim o traçado pelo qual o sujeito se faz e se produz livremente, não como consciência ou interioridade, mas como projeto ou inflexão da inventividade e da liberdade — é "processo de subjetivação". Uma linha de subjetivação é, ao mesmo tempo, um processo e um dispositivo. O "si mesmo", escreve Deleuze, não é para Foucault nem um saber nem um poder: coincide com um processo de individuação — singular ou coletivo — definido como *subtração* às relações de força estabelecidas por saberes e poderes, dobrando e desdobrando de outro modo as normas ou convenções de uma época ou de um momento histórico determinado. O sujeito é o resultado de uma série, que, por sua vez, ativa outras séries possíveis. O "si" é um dispositivo, porque conecta-se e se articula a tantas outras multiplicidades e forças.

[605] FOUCAULT, M. Nietzsche, la généalogie, l'histoire. In: *Hommage à Jean Hyppolite*. Paris: PUF, 1971. In: DEI, p. 1.004-1.024. [FOUCAULT, M. Nietzsche, a genealogia, a história. In: *Arqueologia das ciências e história dos sistemas de pensamento*: Ditos e Escritos II, p. 273-295].

Com isto, entramos mais a fundo naquilo que Deleuze chama de "filosofia dos dispositivos". Gostaria agora de retomar o fio e delinear, de modo esquemático, alguns corolários que dela derivam. O primeiro é uma ulterior radicalização do implícito wittgensteiniano da filosofia analítico-política que Foucault, na citada conferência japonesa de 1978, esboça como seu próprio projeto. Tanto o poder quanto a linguagem *não têm um fora*: circulam como fórmulas de cisão e de conexão entre vetores de força, e não têm uma direção preestabelecida. Neste momento, posso exercer poder — falo, alguns de vocês me escutam, estou diante de vocês, tenho vontade de sorrir, como uma autoridade — e, ao mesmo tempo, na mesma situação, posso sofrer o poder: tenho uma filha tirana de poucos meses que não me deixa dormir; padeço do poder de línguas estrangeiras quando, encontrando-me no exterior, não consigo comunicar-me como gostaria; posso, a qualquer momento, ter um mal-estar que me deixe nas mãos de um médico... Mas, se é verdade que não existe um fora do poder, também é verdade que, para Foucault, os dispositivos que sustentam o seu exercício são sempre bilaterais e reversíveis, justamente porque o poder é uma relação.

A segunda consequência é que toda a analítica foucaultiana — seja na reconstrução de campos epistemológicos, de positividades ou de dispositivos — é inteiramente histórica, mas não conhece universais, ou seja, categorias, conceitos ou substâncias que possam ser pensados como constantes no redemoinho da variação. Cada dispositivo representa o posicionamento recíproco de forças. O que a filosofia tradicional chama de "verdade", "todo", "sujeito" e "objeto" são simplesmente processos singulares de veridicção, de totalização, de subjetivação ou de objetivação, *imanentes à disposição* que se realiza através deles. Portanto, parece-me que Agamben não tem razão quando, no decorrer de sua conferência, qualifica a noção de dispositivo como o último universal presente em Foucault, como aquilo que restaria sem desconstruir — ou melhor, como logo veremos, quando passa a pensar por conta própria. Para Foucault, cada dispositivo é um posicionamento: o modo pelo qual se organiza uma multiplicidade em devir segundo a singularidade que lhe é própria e que a distingue do devir de outros processos em outros dispositivos.

Daqui deriva o terceiro e último corolário que Deleuze — mais uma vez, o primeiro a interpretá-lo — põe em evidência. A crítica dos universais e a centralidade do devir são as condições de uma filosofia inventiva. Estamos sempre capturados por dispositivos, mas, no interior deles, atuamos — e isto significa que, em cada situação na qual nos encontramos, é necessário distinguir o que somos (isto é, aquilo que, de fato, já não somos mais) do que estamos sendo. Não se trata de uma interpretação forçada de Deleuze. Todo o último Foucault — o da "*trip* grega", como ele próprio a chama com ironia — trabalha exatamente sobre esta hipótese: pensar o sujeito não como algo autêntico ou como uma interioridade (neste ponto, Foucault acerta as contas com Heidegger), mas como a meta de uma tensão constituinte que *des-dobra* uma força e que, como na metáfora estoica, olha para si mesmo como o alvo de um arqueiro, e não como um fundamento. O estoico ou o cínico como atleta do acontecimento, fiel à própria vicissitude, e a filosofia como dispositivo de subjetivação: a referência à Antiguidade tardia não é sintoma de uma derrota em Foucault, mas sim uma potencialização da filosofia e uma politização da vida.

Volto a Deleuze porque há um último elemento que me interessa sublinhar: a distinção entre *histórico* e *atual*. Foucault disse, em muitas oportunidades, que o que lhe interessava era praticar uma filosofia completamente fora de si, integralmente política e integralmente histórica. Uma filosofia na materialidade da história e não encerrada em sua própria tradição, porque a verdade é imanente ao mundo. Deleuze elabora essa posição de Foucault pensando o dispositivo como aquilo que põe em relação a parte da história (o que somos e, enquanto devimos, o que continuamente deixamos de ser) com a parte do atual (o que estamos sendo, a linha na qual o porvir é constantemente antecipado, segundo a modalidade do futuro anterior). Essa distinção é muito importante porque permite compreender não somente a relevância que Foucault atribui ao trabalho histórico — por assim dizer, ao isolamento e à análise dos arquivos, onde se reúnem os testemunhos do passado e o seu contínuo persistir como virtualidade no presente ao qual pertencemos —, mas também a absoluta centralidade daquilo que, em outra parte, chamei de política da filosofia,[606] capaz de ver, com a visão zenital de uma águia, as trilhas do futuro que se antecipam no presente. Aquilo que se dá entre liberdade e poder é um corpo a corpo que mantém ininterruptamente em tensão os processos e determina os posicionamentos, as *dis-posições imanentes* que atravessam o campo histórico.

Quando Agamben isola, no início das conferências que retomam o título do texto deleuziano, os três pontos nos quais resume o significado da noção de *dispositivo* em Foucault, ele recolhe alguns dos elementos fundamentais que levantamos. Mas é como se, na própria decisão de reescrever Deleuze — evidenciada na escolha do título —, quisesse imprimir, desde o princípio, uma torção no argumento de Foucault. Um dispositivo, nos diz Agamben, é, para Foucault: 1) "Um conjunto heterogêneo que inclui virtualmente qualquer coisa, o linguístico e o não linguístico da mesma maneira: discursos, instituições, edifícios, leis, medidas da polícia, proposições filosóficas etc. O dispositivo é, em si mesmo, a rede que se estabelece entre esses elementos"; 2) "Possui sempre uma função estratégica concreta e se inscreve numa relação de poder"; 3) "Como tal, resulta do cruzamento entre relações de poder e relações de saber".[607] Como procuramos mostrar, para Agamben um dispositivo é também, fundamentalmente, "um termo técnico essencial do pensamento de Foucault", um "conceito operativo", deliberadamente escolhido porque nele se reúne a inteira semântica jurídica,

[606] Cf. CHIGNOLA, S. Política de la filosofia. *Caja Muda*, n. 6, 2014.

[607] AGAMBEN, G. O que é um dispositivo? In: *O que é o contemporâneo? e outros ensaios*. Tradução de Vinícius Nicastro Honesko. Chapecó, SC: Argos, 2009, p. 25-51, p. 29.

tecnológica e militar que corresponde ao seu uso em francês. No léxico do processo judicial, um dispositivo é a parte da sentença que, no final de um julgamento, decide e dispõe; no vocabulário tecnológico, é um aparato, um mecanismo; no contexto militar, designa o conjunto de meios dispostos conforme uma estratégia.[608]

Entretanto, o que interessa principalmente a Agamben é a relação que se pode estabelecer, em Foucault, entre a crescente frequência do uso do termo *dispositivo* e o diagnóstico que descreve a progressiva governamentalização do poder. Falar de *governamentalidade* — conceito que Foucault introduz na segunda metade da década de 1970 para aludir à perda de centralidade da soberania e da forma-lei e à ressemantização do poder no sentido administrativo, econômico e biopolítico — exigiria, no entanto, outro seminário.[609] O que importa a Agamben, aqui, é o nexo que se pode traçar entre *dispositivo* e *biopolítica.*

É nesse ponto que se marca a separação entre Agamben e Foucault. Quero dizer: o modo como Agamben abandona Foucault para pensar por si mesmo, modificando, em relação ao filósofo francês, o núcleo conceitual e as categorias de *dispositivo* e *biopolítica.* Um dos fundamentos metodológicos de Agamben — que ele reivindica em vários de seus textos[610] — é definido por uma proposição de Feuerbach, segundo a qual é preciso identificar, nos textos e contextos frequentados por um autor, o ponto em que se anuncia aquilo que ele chama de *Entwicklungsfähigkeit*, isto é, uma potência de desenvolvimento. Há um *locus* e um momento em que o pensamento do autor que se lê e o pensamento de quem lê tendem a se confundir e, para usar uma expressão que aparece nos momentos decisivos da reflexão de Agamben, eles se "indeter-

[608] AGAMBEN, G. O que é um dispositivo? cit., p. 34.

[609] Cf. neste livro, o capítulo 5: "A política dos governados: governamentalidade, formas de vida, subjetivação". [N.T.]

[610] Cf. AGAMBEN, G. *Signatura rerum*: sul metodo. Torino: Bollati Boringhieri, 2008. [AGAMBEN, G. *Signatura rerum*: sobre o método. Tradução de Andrea Santurbano e Patrícia Peterle. São Paulo: Boitempo, 2019]. [N.T.]

minam" um no outro, tornando-se impossível — ou "indecidível", como ele escreve — distinguir entre autor e intérprete. Talvez se possa dizer que Agamben, extraordinário leitor e colecionador de citações — à semelhança de Walter Benjamin, uma de suas referências —, trabalha metodicamente os textos nos quais fixa a atenção para encontrar neles o brilho da centelha que permite reconhecer aquele "momento particularmente feliz" em que se sabe "que é hora de abandonar o texto que se está analisando e proceder por conta própria".[611]

Não me interessa, portanto, a filologia — isto é, aferir em que medida as noções de *dispositivo* e *biopolítica* empregadas por Agamben forçam ou se afastam do texto foucaultiano. Pretendo, antes, examinar algumas passagens do "pensar por si mesmo" de Agamben em torno dessas noções, para avaliar em que medida podem ser úteis a nós. Com Foucault, penso que a filosofia não existe para compreender, mas para tomar posição, se a verdade for deste mundo. Assim, não se trata de escolher entre Foucault e Agamben, mas de avaliar até que ponto a filosofia do dispositivo pode servir para abrir esse "espaço da ação humana, que um dia reivindicou para si o nome de política", como afirma o próprio Agamben.[612]

Retorno, então, à conferência de Agamben. Em particular, ao ponto de ruptura em que seu caminho se bifurca do de Foucault. Numa passagem repentina, Agamben aponta a existência de dois grupos ou classes que dividem o existente: de um lado, os seres viventes; de outro, justamente, os dispositivos "em que estes são incessantemente capturados".[613] Se, por um lado, é bastante simples aceitar a definição geral de seres viventes — a esta altura, Agamben ainda não faz a distinção aristotélica, retoma-

[611] AGAMBEN, G. O que é um dispositivo? cit., p. 39-40.

[612] AGAMBEN, G. *Stato di eccezione* (Homo sacer II, 1). Torino: Bollati Boringhieri, 2003. [AGAMBEN, G. *Estado de exceção* (Homo sacer II, 1). Tradução de Iraci D. Poleti. São Paulo: Boitempo, 2014].

[613] AGAMBEN, G. O que é um dispositivo? cit., p. 40.

da por Hannah Arendt e antecipada por Károly Kerényi, entre os dois termos gregos para designar a vida, isto é, *bíos* e *zoé* —, mais complicado é compreender o que entende por "dispositivo" e "captura". Em seguida, nos oferece a definição: "Chamarei de dispositivo, literalmente, qualquer coisa que tenha, de algum modo, a capacidade de capturar, orientar, determinar, interceptar, modelar, controlar e assegurar os gestos, as condutas, as opiniões e os discursos dos seres viventes".[614] A partir dessa definição geral, podemos reter pelo menos duas questões. A primeira concerne à ordem binária da conceitualização — consequência da divisão de que falamos há pouco. De um lado, os seres viventes; de outro, os dispositivos. Entre estes, Agamben inclui não apenas fábricas, escolas ou prisões, seguindo o exemplo de Foucault, mas também a escrita, a filosofia, o charuto toscano que fumo, os telefones celulares e até mesmo a linguagem *tout court*: "talvez o mais antigo dos dispositivos, quando, há milhares de anos, um primata [...] teve a inconsciência de se deixar capturar".[615] A segunda questão é o caráter evidentemente unidirecional e jamais reversível do vetor de captura, de orientação ou de governo. Para Agamben, o sujeito compõe um terceiro espaço nessa cisão entre a vida e o dispositivo: "Chamo sujeito o que resulta da relação e, por assim dizer, do corpo a corpo" — aqui, o corpo a corpo não configura uma forma de luta, mas a adesividade de um contato — "entre os viventes e os dispositivos", diz ele. E acrescenta: "Ao ilimitado crescimento dos dispositivos no nosso tempo corresponde uma igualmente disseminada proliferação de processos de subjetivação".[616] Ou seja, um mesmo indivíduo pode ser, simultaneamente, muitas coisas, segundo o dispositivo que, ao capturá-lo, registra uma "máscara" mais que uma identidade. Posso ser professor, militante político, usuário de computadores, fumante — segundo a máquina na qual

[614] AGAMBEN, G. O que é um dispositivo? cit., p. 40.

[615] AGAMBEN, G. O que é um dispositivo? cit., p. 41.

[616] AGAMBEN, G. O que é um dispositivo? cit., p. 41.

estou, em cada caso e sem cessar, conectado; segundo o aparato ou o dispositivo que controla minha gestualidade, minha autopercepção e meu próprio estilo. A subjetivação, aqui, assume um significado muito diferente daquele de Foucault: o termo coincide com um submetimento, uma passividade.

Em Agamben, trabalha oculta — escondida, mas não tanto — não apenas uma tentação metafísica, muito afastada da genealogia de Foucault, mas também uma visão bastante catastrófica do presente em que vivemos. Por um lado, a vertiginosa circulação de máscaras que coincide com o próprio girar em falso da linguagem, naquilo que, utilizando Debord, chama de "sociedade do espetáculo em que vivemos" (cabe recordar que *Meios sem fim*[617] é dedicado à memória de Debord). Por outro, a definição da fase atual do capitalismo como atravessada por potentes dispositivos de "dessubjetivação agindo do lado do consumo".[618]

Estamos aqui muito longe de Foucault. Não apenas porque Foucault — poderíamos recordar — define os anos 1980 como a "época da governamentalidade", justamente em oposição a Debord, mas também porque toda a sua análise dos dispositivos opera sob a ideia de que o dispositivo, para funcionar, deve ligar-se à liberdade do sujeito para compatibilizá-la, governá-la e orientá-la a fins gerais, mesmo assumindo-a como *intransponível* para o poder. Os processos de subjetivação — as linhas de fuga que por um momento o poder conecta por meio dos dispositivos — nunca são neutralizados por aquilo que os governa; pelo contrário, é precisamente a dificuldade de pensar, ao mesmo tempo, a irredutível resistência do governado e um poder já incapaz de manter a *fictio* da soberania (monopólio da violência, irresistibilidade da vontade geral, expressão da vontade individual na vontade geral do povo) que obriga a uma *governamentalização* dos dispositivos

617 AGAMBEN, G. *Mezzi senza fine*: note sulla politica. Torino: Bollati Boringhieri, 1996. [AGAMBEN, G. *Meios sem fim*: notas sobre a política. Tradução de Davi Passos. São Paulo: Autêntica, 2015].

618 AGAMBEN, G. O que é um dispositivo? cit., p. 48-49.

do Estado.[619] Foucault leva muito a sério, vale a pena assinalar, a centralidade do governado nos processos de dessoberanização pós-representativa da política, que se iniciam com o fim da época dos movimentos sociais dos anos 1970.

Mas não é disto que devemos falar aqui. Volto, então, a Agamben. As sociedades contemporâneas "se apresentam como corpos inertes atravessados por gigantescos processos de dessubjetivação que não são acompanhados por nenhuma subjetivação real".[620] É realmente assim? Pessoalmente, creio que não. E não apenas porque estou entre aqueles que leem os movimentos migratórios como linhas de fuga subjetivas, como desejos que passam ao ato, mas também porque, ao menos no Ocidente, a própria sociedade fabril acabou, justamente, porque o tipo de disciplina que lhe correspondia já não era capaz de fazer frente à insubordinação, nem de moldar comportamentos dóceis e submissos. Um rápido olhar para os anos 1960 e 1970 na Europa bastaria para demonstrá-lo. Da mesma maneira, poderosos movimentos de subjetivação pós-colonial sacudiram, nos últimos anos, o Magreb e o Oriente Médio; movimentos sísmicos de politização radical interromperam o grande *récit* do mercado ou o espetáculo do Mundial de Futebol; mecanismos financeiros se esforçam para capturar o que a cooperação e a autonomia do trabalho cognitivo produzem subjetivamente. Talvez a cena do capitalismo global não seja tão terrivelmente — e desesperadamente — pacífica quanto parece assumir Agamben.

É preciso destacar que, para Agamben, a tendência biopolítica fundamental não é, como para Foucault, que a administração e o governo assumam o bem-estar da população — tema da genealogia pós-disciplinar da política empreendida por Foucault nos cursos do Collège de France de 1977-1978 e 1978-1979 (*Segurança,*

[619] CHIGNOLA, S. A la sombra del Estado: Governance, gubernamentalidad, gobierno. *Utopía y Praxis Latinoamericana: Revista internacional de filosofia ibero-americana y teoria social*, v. 19, n. 66, p. 37-51, 2014.

[620] AGAMBEN, G. O que é um dispositivo? cit., p. 48.

território, população e *Nascimento da biopolítica*) —, mas que o próprio desta mecânica de dessubjetivação induzida é a captura da vida. Parece-me particularmente sintomático que Agamben descubra um impasse no raciocínio foucaultiano sobre a biopolítica justamente onde ele não teria sido capaz de captar o seu revés sempre possível em tanatopolítica. Na perspectiva de Agamben, o dispositivo é uma máquina de dessubjetivação radical e, portanto, é apresentado como um complemento da estrutura da soberania que funciona como máquina biopolítica absoluta.

É possível verificar dois momentos dessa reflexão. O primeiro refere-se à soberania. Sabe-se que, desde o primeiro volume de *Homo sacer*, Agamben identifica no *Lager* [campo] — centro de detenção para migrantes clandestinos, zonas de espera nos aeroportos internacionais — o paradigma biopolítico do Ocidente: o campo, e não a cidade, como o lugar da política. No campo, indetermina-se a diferença entre *zoé* e *bíos*, e a "vida nua" é abandonada em terra de ninguém entre a casa e a cidade — ou melhor, nos termos da fundamentação aristotélica da política, entre *oikonomía* e *pólis*, entre espaço de reprodução e espaço público —, emergindo, do ponto de vista da soberania, como elemento político originário.[621] A soberania produz a exceção que a funda, separando sempre de novo o cidadão do puramente vivente. Esse resultado incorpora o que Foucault, de outro modo, não seria capaz de explicar: o fato de que as tarefas de bem-estar assumidas pelo poder ao longo do século XX possam, a qualquer momento, e de forma imediata, converter-se em fúria homicida — como de fato sucedeu com o nazismo —, representando, ao mesmo tempo, a própria soberania (compendiada em um poder de vida e de morte absolutamente legítimo) e a máxima radicalização do processo de dessubjetivação operado pelo seu dispositivo. O segundo momento é precisamente este: no livro dedicado a Auschwitz, a

[621] AGAMBEN, G. *Homo sacer*: il potere sovrano e la nuda vita. Torino: Einaudi, 1995. [AGAMBEN, G. *Homo sacer*: o poder soberano e a vida nua. Tradução de Henrique Burigo. Belo Horizonte: Editora UFMG, 2002, p. 187-194].

figura foucaultiana do *arquivo* é contraposta à figura biopolítica do *testemunho*. Agamben segue esse processo de dessubjetivação até a figura extrema do muçulmano: o interno do campo de extermínio já afásico, sem mais consciência de si mesmo e dos outros, vida nua encaminhada agora à câmara de gás.

Aqui não está em questão simplesmente a história, como Agamben implicitamente imputa a Foucault, mas uma intencionalidade biopolítica fundamental que organiza o trânsito do povo à população e da população à vida nua meramente matável, à qual nada resta de sujeito. Para Agamben, o testemunho do campo nos transmite — em seu paradoxo de subjetivar uma experiência impossível, a da aniquilação — uma "substância biopolítica absoluta".[622] Se, para Foucault, a biopolítica se dá como a abertura de um campo de intervenção para o Estado que inclui a população, entendida como massa demográfica e como soma de interesses individuais e coletivos, como objeto de uma regulação que excede a pura definição formal e jurídica de povo, para Agamben, a passagem do segundo para a primeira comporta uma progressiva redução do sujeito à sua vida natural e um sequestro, por parte dos dispositivos técnicos de poder, de todo resíduo que ainda permaneça subtraído à sua ação.

O dispositivo — qualquer dos dispositivos que nos dessubjetivam — organiza uma cisão. Se o dispositivo de soberania separa a vida do cidadão da vida nua que é abandonada à exceção, qualquer dispositivo tecnológico, segundo a conferência de Agamben, mantém a separação entre homem e animal induzida pela hominização. O animal está perfeitamente adaptado ao seu ambiente e, precisamente por isso, não tem mundo, entendido como espaço aberto de possibilidades. "O ambiente animal está constituído de modo tal que nunca pode manifestar-se nele algo assim como

622 AGAMBEN, G. *Quel che resta di Auschwitz*: l'archivio e il testimone (Homo sacer III). Torino: Bollati Boringhieri, 1998. [AGAMBEN, G. *O que resta de Auschwitz*: o arquivo e a testemunha (Homo sacer III). Tradução de Selvino Assmann. São Paulo: Boitempo, 2008, p. 156].

uma pura possibilidade", escreve Agamben.[623] O homem, inibindo a sutura instintiva do animal, obtém, ao contrário, um mundo — mas ao preço de uma separação que se reproduz no operar de cada dispositivo. Isto significa que o homem está sempre capturado por eles. E a linguagem, como assinalei agora há pouco, revela-se como o primeiro dos dispositivos de captura. A antropogênese — a abertura às possibilidades do mundo — produz-se mediante a suspensão e a desativação da animalidade, e o homem falante — o *ánthropos politikón zōon kai lógon échon* de Aristóteles —, imediatamente capturado na linguagem, exclui o próprio mutismo, como ainda não humano ou como resíduo animal.[624]

O que têm em comum, então, a máquina biopolítica, a linguagem e os inúmeros *dispositivos* com os quais interagimos todos os dias? Nada, poderia parecer. Para Agamben, ao contrário, há algo que os une. E, em particular, a operatividade de uma dessubjetivação radical que sempre retoma a vida, produzindo a nudez e a animalidade — e que não pode ser desconstruída, pois qualquer processo constituinte, qualquer reivindicação de direitos, qualquer pretensão de dar forma à liberdade não faria senão reiniciar, naquilo que é uma repetição de uma perniciosa infinidade, essa mesma operatividade e essa mesma captura. Somente uma profanação dessa lógica do sagrado — o sagrado da soberania, da propriedade e das mercadorias — poderia desativar o código por meio do qual se sustenta a operatividade dos dispositivos. No direito romano, profanar significa devolver ao uso comum aquilo que anteriormente foi separado na esfera do sagrado. Em sentido amplo, significa *des-aplicar* o direito e a soberania.

Agamben defende uma perspectiva *an-árquica* e messiânica. Não é por acaso que um de seus textos de referência seja "Para uma

623 AGAMBEN, G. *L'aperto*: l'uomo e l'animale. Torino: Bollati Boringhieri, 2002. [AGAMBEN, G. *O aberto*: o homem e o animal. Tradução de Pedro Mendes. Revisão técnica de Joel Birman. Rio de Janeiro: Civilização Brasileira, 2013, p. 111].

624 AGAMBEN, G. *O aberto*: o homem e o animal, cit., p. 57-65.

crítica da violência", de Walter Benjamin.[625] Nele, Benjamin se opõe à violência que funda e à violência que conserva o direito a uma *reine Gewalt* [violência pura], qualificada como tal por ser puro meio, meio sem fim. Pura é a violência que não se encontra numa relação de meio e fim, mas aquela que "mantém em relação a sua própria medialidade" — isto é, aquilo que se verifica como pura "exposição e deposição" da relação entre violência e direito.[626]

É como se a *Entwicklungsfähigkeit* [potência de desenvolvimento] que Agamben concede à noção de dispositivo de Foucault chegasse aqui a um ponto de detenção. Se o único que podemos dizer do sujeito é que ele funciona como parte do dispositivo que o dessubjetiva, nada resta à política senão esta ética da profanação desencarnada de um sujeito qualquer. Uma passivização implícita — na condição de falante — marca o sujeito e o toma como refém. Muito distinta, nesse sentido, é a filosofia do dispositivo em Foucault, que abre outras possibilidades, entre elas — e não a menos importante — a de saber que a besta magnífica do poder jamais consegue reter completamente ou *pré-moldar* o que um corpo pode: o que pode a radical e incapturável linha de fuga que é a liberdade como forma-de-vida.

[625] Cf. BENJAMIN, W. *Crítica da violência*: crítica do poder. In: *Documentos de Cultura, Documentos de Barbárie* (escritos escolhidos). Seleção e apresentação de Willi Bolle. Tradução de Celeste de Sousa et al. São Paulo: Cultrix/Editora da USP, 1986, p. 160-175. [N.T.]

[626] AGAMBEN, G. *Estado de exceção* (Homo sacer II, 1), cit., p. 94-95.

COORDENAÇÃO EDITORIAL
Fabiana Vieira Gibim, Rodrigo Corrêa e Alex Peguinelli

TRADUÇÃO
Augusto Jobim do Amaral (coord.), Evandro Pontel,
André Rocha Sampaio, José Luís Ferraro

PREPARAÇÃO
Hugo Maciel

REVISÃO
Alex Peguinelli, Mariana Bercht Ruy e Lívia Cruz

PROJETO GRÁFICO
Rodrigo Corrêa

Dados Internacionais de Catalogação na Publicação (CIP)
de acordo com ISBD

C534f Chignola, Sandro
Foucault e a política dos governados / Sandro Chignola. - São Paulo :
sobinfluencia edições, 2025.
304 p. : 14cm x 21cm.

Inclui bibliografia.

ISBN: 978-65-84744-56-1

1. Filosofia. 2. Política. 3. Neoliberalismo. 4. Subjetividade.
5. Pós-estruturalismo. 6. Michel Foucault. I. Título.

2025-4761 CDD 100
CDU 1

Elaborado por Vagner Rodolfo da Silva - CRB-8/9410
Índice para catálogo sistemático:

1. Filosofia 100
2. Filosofia 1

sobinfluencia.com

Galeria Metrópole
Av. São Luís, 187, Sala 12, Piso 1,
República – São Paulo, 01046-001

fontes Neue Haas Grotesk e Minion Pro
impresso Pallotti
papel Lux Cream 70g/m²
500 exemplares